中国社会科学院学部委员专题文集
ZHONGGUOSHEHUIKEXUEYUAN XUEBUWEIYUAN ZHUANTI WENJI

论中国社会主义初级阶段的生产关系

项启源◎著

中国社会科学出版社

图书在版编目（CIP）数据

论中国社会主义初级阶段的生产关系/项启源著．—北京：中国社会科学出版社，2013.1

（中国社会科学院学部委员专题文集）

ISBN 978 - 7 - 5161 - 1739 - 2

Ⅰ.①论… Ⅱ.①项… Ⅲ.①社会主义初级阶段—生产关系—研究—中国 Ⅳ.①F120

中国版本图书馆 CIP 数据核字（2012）第 271551 号

出 版 人	赵剑英
出版策划	曹宏举
责任编辑	赵 丽
责任校对	李 莉
责任印制	戴 宽

出 版	中国社会科学出版社
社 址	北京鼓楼西大街甲 158 号（邮编 100720）
网 址	http://www.csspw.cn
	中文域名:中国社科网 010 - 64070619
发 行 部	010 - 84083685
门 市 部	010 - 84029450
经 销	新华书店及其他书店

印刷装订	环球印刷(北京)有限公司
版 次	2013 年 1 月第 1 版
印 次	2013 年 1 月第 1 次印刷

开 本	710×1000 1/16
印 张	18.5
插 页	2
字 数	296 千字
定 价	56.00 元

前　　言

　　哲学社会科学是人们认识世界、改造世界的重要工具，是推动历史发展和社会进步的重要力量。哲学社会科学的研究能力和成果是综合国力的重要组成部分。在全面建设小康社会、开创中国特色社会主义事业新局面、实现中华民族伟大复兴的历史进程中，哲学社会科学具有不可替代的作用。繁荣发展哲学社会科学事关党和国家事业发展的全局，对建设和形成有中国特色、中国风格、中国气派的哲学社会科学事业，具有重大的现实意义和深远的历史意义。

　　中国社会科学院在贯彻落实党中央《关于进一步繁荣发展哲学社会科学的意见》的进程中，根据党中央关于把中国社会科学院建设成为马克思主义的坚强阵地、中国哲学社会科学最高殿堂、党中央和国务院重要的思想库和智囊团的职能定位，努力推进学术研究制度、科研管理体制的改革和创新，2006 年建立的中国社会科学院学部即是践行"三个定位"、改革创新的产物。

　　中国社会科学院学部是一项学术制度，是在中国社会科学院党组领导下依据《中国社会科学院学部章程》运行的高端学术组织，常设领导机构为学部主席团，设立文哲、历史、经济、国际研究、社会政法、马克思主义研究学部。学部委员是中国社会科学院的最高学术称号，为终生荣誉。2010 年中国社会科学院学部主席团主持进行了学部委员增选、荣誉学部委员增补，现有学部委员 57 名（含已故）、荣誉学部委员 133 名（含已故），均为中国社会科学院学养深厚、贡献突出、成就卓著的学者。编辑出版《中国社会科学院学部委员专题文集》，即是从一个侧面展示这些学者治学之道的重要举措。

　　《中国社会科学院学部委员专题文集》（下称《专题文集》），是中国社会科学院学部主席团主持编辑的学术论著汇集，作者均为中国社会科学院学部委员、荣誉学部委员，内容集中反映学部委员、荣誉学部委员在相关学科、专业方向中的专题性研究成果。《专题文集》体现了著作者在科学研究实践中长期关注的某一专业方向或研究主题，历时动态地展现了著作者在这一专题中不断深化的研究路径和学术心得，从中不难体味治学道路之铢积寸累、循序渐进、与时俱进、未有穷期的孜孜以求，感知学问有道之修养理论、注重实证、坚持真理、服务社会的学者责任。

2011 年，中国社会科学院启动了哲学社会科学创新工程，中国社会科学院学部作为实施创新工程的重要学术平台，需要在聚集高端人才、发挥精英才智、推出优质成果、引领学术风尚等方面起到强化创新意识、激发创新动力、推进创新实践的作用。因此，中国社会科学院学部主席团编辑出版这套《专题文集》，不仅在于展示"过去"，更重要的是面对现实和展望未来。

这套《专题文集》列为中国社会科学院创新工程学术出版资助项目，体现了中国社会科学院对学部工作的高度重视和对这套《专题文集》给予的学术评价。在这套《专题文集》付梓之际，我们感谢各位学部委员、荣誉学部委员对《专题文集》征集给予的支持，感谢学部工作局及相关同志为此所做的组织协调工作，特别要感谢中国社会科学出版社为这套《专题文集》的面世做出的努力。

《中国社会科学院学部委员专题文集》编辑委员会

2012 年 8 月

目　　录

第三篇　商品经济·按劳分配·工资改革

第四篇　坚持公有制的主体地位,壮大国有经济

第五篇　争鸣与商榷

代序言

学习、宣传、捍卫马克思主义经济理论是我毕生的追求[*]

1959 年，我在中国人民大学经济系研究班毕业后，被分配到中国科学院经济研究所工作。从 1959 年到 2011 年，已经过去了 52 年。根据主客观条件的变化，我把这 50 多年的学术活动分为四个阶段。

1959—1964 年。我在经济研究所工作的具体岗位是担任《经济研究》杂志的编辑。当时编辑部人手较少，工作紧张，但我还是挤出时间思考一些理论问题。这期间在公开刊物上发表了七篇文章，大部分是同别人合写的。当时担任经济研究所所长的是著名马克思主义经济学家孙冶方。他很关心《经济研究》杂志的工作。曾多次给予直接的指导。此外，我曾与当时也在编辑部工作的张卓元一起，按照孙冶方的思想起草过《关于经济研究工作如何为农业服务问题》一文的初稿，还为孙冶方写的《社会主义计划经济管理体制中的利润指标》一文做过一些文字润色的工作。由于我同孙冶方接触比较多，在 1964 年 10 月开始的经济研究所"四清"试点和后来的"文化大革命"中被划入"孙冶方反党集团"的成员。但是我对这段经历从不后悔，因为孙冶方历经磨难，甚至被打成"苏修特务"入狱达 7 年之久，但他对马克思主义的信仰始终坚如磐石，这种无私无畏、坚持真理、敢于斗争的精神，使我受到深深的教育。

1965—1977 年。我在"文化大革命"中受到冲击，后来在工宣队、

---

* 2011 年应《毛泽东邓小平理论研究》编辑部之约，写了一篇自述体的治学经历，发表在该刊 2011 年第 10 期。现以此文略加修改作为本书的代序言。

军宣队领导下下乡劳动，接受再教育，经济理论研究工作完全中断达 13 年之久。

1978—1988 年。1978 年，中国社会科学院成立，我也随经济所的同志一起回到北京，恢复了科研工作。在党的十一届三中全会提出改革开放，把党的工作重点转移到经济建设中来、解放思想、实事求是的精神鼓舞下，许多理论工作者自勉自励，力争追回失去的时间，为社会主义事业多作贡献，我也是其中一员。从 53 岁到 63 岁，是我工作最繁忙、写作最勤奋、研究成果最多的一段时间。1982 年到 1985 年担任经济研究所副所长。1985 年任满，因已到 60 岁，未再安排行政职务，在返聘三年后离休。由于工作条件有利，我有较多机会外出调查，参加多次学术会议，并曾到美国、日本考察，在职称上，1983 年评定为研究员。总计这段时间共出版专著两本，发表文章 54 篇（包括公开报刊、内部刊物、调查报告）。

1989—2010 年。离休后，我对马克思主义经济理论的研究仍在继续。但由于既没有外出调查的机会，也得不到系统的内部资料，再加上精力日衰，研究成果逐年递减。计从 64 岁到 85 岁的 20 年间出版专著一本，主编专著两本，自选论义集一本，发表文章 87 篇（包括公丌报刊和内部刊物）。

党的十一届三中全会以来。我所研究的重点随着改革开放和社会主义建设实践的进展，随着我国经济学界研讨的热点和争论的焦点的起伏变化，从时间顺序来看，大体上可以分为三个段落。从 20 世纪 80 年代到 90 年代初，我着重研究的是社会主义经济规律系统问题；90 年代中期着重研究的是社会主义市场经济条件下的按劳分配和工资改革问题；90 年代末到 21 世纪头 10 年着重研究的是社会主义初级阶段的基本经济制度和国有经济的改革、发展问题。下面就大致按照以上的顺序对我的研究工作作一简要回顾。

一　关于经济规律的相互关系和经济规律系统

第一，经济规律系统范畴的提出。

我国经济学界历来重视对经济规律的研究，改革开放前有过两次讨论高潮。一次是 1956 年前后，围绕过渡时期的经济法则问题进行了热烈的讨论。一次是 1961—1964 年，以总结"大跃进"的经验教训，贯彻"调整、巩固、充实、提高"八字方针为背景，以再生产、经济核算、经济效果三大问题的讨论为中心，发表了许多有价值的文章。但过去受苏联政治经济学教科书的影响，往往侧重于对一个一个经济规律如何表述，如何起作用等关注得比较多，而对于从实践中总结出规律和诸经济规律在同时起作用中的相互关系关注不够。

1978 年，胡乔木发表了《按经济规律办事，加快实现四个现代化》的重要文章。我国老一辈著名经济学家薛暮桥、孙冶方、许涤新、于光远也对经济规律的研究提出新的要求。薛暮桥说：经济规律都是相互联系的，形成一个整体，所以我们不宜把各个规律割裂开来孤立地来进行研究，而必须把它当作整体的一部分来进行研究。孙冶方也说：我们必须记住：马克思的政治经济学只是对客观经济过程作科学的分析，并指出这些过程中客观存在的规律。在他的论述方法中，是从来不把客观经济过程中存在的诸种经济规律一条一条地孤立地表述的。如果把经济学一个一个规律分开来研究，就会变成孤立地来考察问题的形而上学方法。

上述一系列论述使我深受启发。正是循着这样的思路，我在 1980 年初写出《认识和运用经济规律的一个关键问题》一文（《东岳论丛》1980 年第 1 期），认为按照经济规律之间客观存在的相互关系来认识和运用经济规律，对于按经济规律办事带有关键性。在该文中我第一次提出经济规律体系这个范畴。1981 年我写出《认识和运用社会主义经济规律的问题》（河北人民出版社 1981 年版，合著），重点探讨社会主义诸经济规律在同时起作用中的相互关系，并且得出这样的认识：如果只承认单个经济规律的客观性，而不承认经济规律之间相互关系的客观性，这在逻辑上是不彻底的：只看到某一个经济规律的作用，而看不到任何经济规律总是在同别的有关规律同时起作用，这在认识上是不全面的。

第二，研究经济规律在同时起作用中的相互关系是马克思主义政治经济学的题中应有之义。

马克思在《资本论》第一版序言中说："本书的最终目的就是揭示现代社会的经济运动规律。"他虽然没有像有些人想象的那样，把资本主义社会诸经济规律一条一条地罗列出来并分别加以表述，但在《资本论》全书中他全面地系统地深入地揭示了资本主义发生、发展并最终为社会主义所取代的运动规律。还应看到，《资本论》对若干经济过程的分析也曾具体地阐明经济规律同时起作用中的相互关系。例如，对于工资，他曾说过调节工资的各种规律是非常复杂的，随着情况的不同，时而这个规律占优势，时而那个规律占优势。又如，第一卷关于资本主义积累的一般规律，第三卷关于利润率趋向下降的规律，也都是在深刻分析了一系列相关规律及其相互作用后得出的结论。恩格斯在讲到资本主义制度下的平均利润率时，也说过经济规律只是一种近似值、平均数而不是直接的现实。其所以如此，部分地是由于它们起的作用与其他规律同时起的作用相互交错在一起。由上可见，把经济规律系统作为一个理论范畴进行专门的研究是对马克思主义政治经济学学科建设的有益探索。

第三，经济规律系统的内涵。

经济规律系统是以辩证唯物主义和历史唯物主义中包含的系统思想为基础，以当代一般系统论为参考，研究经济规律相互关系的成果。人类社会是由为数众多的，关系极其错综复杂的要素、部分、方面所组成的大系统。作为一个大系统，它包含着亚系统、子系统、支系统等若干层次。各层次之间的内在联系和各层次自身的运动都有客观存在的规律性。属于全系统一层的是生产力与生产关系、上层建筑与经济基础交互作用的规律，亚系统主要指生产力规律、生产关系规律和上层建筑规律，在各亚系统内还存在着带有局部性的子系统，如生产、交换、分配每个环节都受多种经济规律的制约。还要看到，人类社会这个大系统是在不断地、持续地运动之中的，从而存在于各个层次的经济规律也是动态的而非静态的。随着一种新的社会经济形态取代原有的社会经济形态，有若干新的经济规律登上了历史舞台。即使在同一社会经济形态内，由于经济条件在不同发展阶段发生了一定程度的变化，有些规律的作用会越来越显著，有些规律的作用则逐渐弱化。

综上所述，我认为经济规律系统就是以不同层次、不同方面的诸经济规律之间客观存在的相互联系为基础，从整体上反映经济运动过程的深层本质的范畴。

第四，研究经济规律系统的重大现实意义。

经济规律系统的研究如何为改革开放和社会主义现代化建设服务，这是我们所以要研究这个问题的首要目的。我在1981年《认识和运用社会主义经济规律的问题》一书中就着重谈到了这个问题，并且对我国的经济建设提出了四点建议。

1984年，党的十二届三中全会提出了许多新思想、新政策、新任务。我认真学习了大会文件，并于1985年写了《论研究社会主义社会经济规律体系的现实意义》一文（《经济科学》1985年第4期），从经济发展战略、社会主义有计划的商品经济、经济杠杆的综合运用、如何做到持久地提高经济效益和公私两种所有制并存中的相互关系五个方面论述了研究经济规律系统的重大现实意义。

1992年党的十四大决定建立社会主义市场经济体制。强调指出社会主义市场经济是同社会主义基本经济制度结合在一起的。我在1995年《研究经济规律要同时代脉搏紧紧相连》（《中国经济问题》1995年第5期）一文中，从经济规律的相互关系探讨了这个问题。

市场经济是在以私有制为基础的社会形态中发展起来的。我们在公有制基础上建立市场经济，这既是最大的特点，也是最大的难点。针对当时一些人或明或暗地反对社会主义市场经济存在的必然性和合理性。我提出建立社会主义市场经济不但要处理好社会主义社会一系列特有的经济规律与商品经济、市场经济一系列一般规律的相互关系，而且要明确主次。商品经济、市场经济在几种社会经济形态中长期存在，但它从未成为诸经济形态的基本经济制度。相反，它在不同社会经济形态中的不同特点，恰恰是由那个社会经济形态的基本经济制度决定的。因此必须分清主次，明确社会主义市场经济以社会主义基本经济制度为基础，不但是可能的，而且是必然的。

在这里值得一提的是，1982年由我提议，会同几位志同道合的学者，在山东济南召开了第一次专门研讨经济规律体系问题的座谈会。1984年经批准正式成立了"中国社会主义经济规律体系研究会"（1986年经批准把"体系"改为"系统"，简称"中国经济规律研究会"）。从1983年到2010年，这个学会在全国各地先后举办过20届年会，每届年会的中心议题都体现了经济规律系统与当时、当地重大的实际问题相结合，从而促进了我国学术界对经济规律和经济规律系统的研究。

二　关于按劳分配和工资改革

在社会主义市场经济条件下，按劳分配能否实现和如何实现，工资改革应该遵循什么原则，是 20 世纪 80 年代至 90 年代中期我国经济学界争论的热点之一。争论中出现的不同意见可以归纳为三种基本观点：第一种，认为在商品经济条件下不可能实行按劳分配；第二种，承认按劳分配，但强调在社会主义市场经济中，按劳分配与按劳动力价值分配是一回事；第三种，按劳分配与市场经济可以兼容。但是社会主义市场经济体制同马克思设想的实行按劳分配的环境和条件存在着重大差别，从而注定按劳分配的实现形式必将发生重大的变化。

针对第一种观点，我在《认真解决我国分配领域中的问题》（《求是》1990 年第 3 期）一文中指出，现阶段我国仍必须坚持按劳分配为主体是因为现阶段公有制经济在我国国民经济中居于主体地位，公有制企业的劳动者仍然是使用公有的生产资料进行联合劳动。由于存在多种经济成分和商品货币关系，按劳分配的实现形式必将发生不同于马克思主义创始人设想的重要变化。但据此得出按劳分配不复存在的论断是错误的。

针对第二种观点，我在《在社会主义商品经济条件下必须坚持按劳分配》（《中国工业经济研究》1987 年第 4 期）一文中指出，按劳分配和按劳动力价值分配是在分配原则上本质不同的两种分配制度：第一，两者体现的经济关系不同；第二，两者形成的途径不同；第三，两者的发展趋势不同。因此，将两者混为一谈是错误的。

关于第三种观点，我在《商品经济·按劳分配·工资改革》（《学术月刊》1987 年第 3 期）一文中进行了探讨。我认为，按劳分配在社会主义初级阶段的实现形式实质上是在市场机制作用下形成的平均工资率与劳动者在公有制企业中享有按劳分配的权利——两者是什么关系以及应如何处理的问题。我依据按劳分配规律、价值规律、按劳动力价值分配等规律在分配领域中同时起作用及其相互关系的理论得出这些规律的作用有主有次，其中按劳分配规律始终起主要作用，这是研究现阶段的分配方式所必须遵循的。

对于国有企业的工资改革，我在《社会主义市场经济与按劳分配》（《经济纵横》1996 年第 12 期）一文中提出"按劳分配为主，市场机制调节，企业自主分配，国家宏观管理"的改革模式。按劳分配为主，是指国有部门和国有企业在职工收入多元化的新情况下，应做到基本工资、奖金等以按劳分配为主要依据的报酬，在职工个人收入总额中占较大比重。市场机制调节，是指在劳动力市场已基本形成的情况下，国有企业职工的工资水平应该有两个参照系：一是在劳动力市场上形成的平均工资率，二是在国有经济范围内形成的平均工资率。这样可以把国有企业职工的工资变动与劳动力市场的信号建立一定程度的联系。企业自主分配，是指企业按照各自的经营情况对职工的实际工资水平和劳动报酬形式有自主的决策权。国家宏观管理，是指政府从国民经济健康发展的角度通盘考虑对国有企业的工资总额和平均工资水平所作的宏观调控。

三　关于社会主义初级阶段的基本经济制度与国有经济的改革与发展

对国有经济的改革与发展，是我长期关注的焦点。一方面，因为国有经济的兴衰关系我国的社会性质、党的执政地位和全国人民的根本利益；另一方面，资产阶级自由化分子始终把攻击的矛头对准国有经济，企图用贬低、诬蔑的手法把国有经济妖魔化。对这些谬论也必须给予有力的批驳。20 年来，围绕国有经济的改革与发展，我发表了 30 多篇文章。下面对几篇有代表性的文章作一简要回顾。

第一，社会基本矛盾学说与我国改革开放的根本指导思想。

我在 1992 年和 2009 年先后发表了《社会基本矛盾学说的新发展》（《哲学研究》1992 年第 8 期）和《社会主义社会基本矛盾理论与我国的经济体制改革》（《马克思主义研究》2009 年第 8 期，后收入《36 位著名学者纵论新中国发展 60 年》，中国社会科学出版社 2009 年版）。这两篇文章指出，社会基本矛盾学说是历史唯物主义的核心。第一位把这一学说应用于中国革命和建设实践的是毛泽东。1956 年前后，他在《关于正确处理人民内部矛盾的问题》等著作中，提出社会主义社会基本矛盾的理论，对马克思的社会基本矛盾学说从几个方面作了重大发展。其中最重要的是，要把社会主义的基本制度，即生产关系和上层建筑中体现社会主义根本性质的内容，同生产关系和上层建筑的具体方面、具体环节区别开来。社会主义基本经济制度是同先进生产力相适应的，因此，要巩固它、发展它。而生产关系和上层建筑中的某些具体方面、具体环节又是同生产力发展的要求相矛盾的，必须自觉地加以调整和变革。社会主义社会就是在既相适应、又相矛盾的运动中向前发展的。

邓小平继承和发展了社会主义社会基本矛盾理论。他从当代中国的实际出发，一方面多次强调对生产关系和上层建筑中那些不适合生产力要求的内容必须进行全面的改革；另一方面又反复强调通过改革要巩固和发展社会主义基本经济制度。在邓小平理论的指引下，我们党提出了社会主义初级阶段的基本路线，即"一个中心，两个基本点"。在贯彻落实基本路线的过程中，邓小平十分重视"两个基本点"之间相互依存、相互贯通的辩证关系。他多次强调：改革是社会主义制度的自我完善；在整个改革开放过程中必须始终坚持四项基本原则；改革的总的目的是有利于巩固社会主义制度，有利于在社会主义制度下发展生产力。我体会，这就是我国改革开放的根本指导思想。

第二，从生产关系的整体性深入领会我国国有经济的全民所有制性质。

1982 年发表的《坚持国营经济的主导地位，保证多种经济形式健康发展》（《江汉论坛》1982 年第 12 期）一文的中心内容是学习党的十二大决议的体会。十二大已经明确提出发挥国营经济主导作用的重要性和多种经济形式存在的必然性。我认为，国营经济的主导作用主要表现在两方面：一是国家通过国营经济掌握国民经济命脉；二是只有在国营经济占主导地位的条件下，合作经济才具有社会主义性质，个体经济才能较好地发挥补充作用，并且使两极分化的可能性受到制约。此外，我还批评了当时比较流行的错误观点，认为由于我国生产力水平低下，国营经济不可能具有全民所有制性质，甚至提出国营经济的存在就已经超出了现有生产力可能容纳的水平。

1996 年发表的《国有经济改革的政治经济学思考》(《西方经济学与我国经济体制改革》(第二辑),中国社会科学出版社 1996 年版)一文以马克思主义关于生产关系范畴的系统论述为依据,指出生产资料所有制不仅是指生产资料归谁所有,为谁所用,而且是贯穿在生产、交换、分配诸领域的人与人之间的关系之中的。因此,它决定着整个生产关系的性质。我国宪法规定,国有经济即全民所有制经济。因此不应把国有经济仅仅看作是一种归国家所有的财产或资本,而忽视其全民所有制生产关系的特质。文章还着重批评了当时颇为流行的几种错误观点,如认为:国有经济、国有企业即国有财产、国有资本、国企改革不必考虑生产关系的观点;全民所有制名义上是人人皆有,实际上是人人皆无的观点;把马克思关于"重新建立劳动者个人所有制"的论述,歪曲为把集中于国家手中的生产资料通过各种形式分解为个人所有的观点。

1997 年发表了《建立现代企业制度要同我国的国情相结合》(《高校理论战线》1997 年第 7 期)一文。我认为,在社会主义市场经济条件下,国有经济实行公司制改革,建立现代企业制度,使企业的管理体制和经营机制与市场经济的要求相适应,这无疑是十分重要的。但是有一种流行观点,认为在国有企业中建立现代企业制度出现了所有者、经营管理者和劳动者三个不同的利益主体。代表国家行使所有者权益的所有者以追求资本收益最大化为目标,经营管理者受聘于所有者以实现自身价值最大化为目标,劳动者以追求个人收入最大化为目标。正因为三者追求的利益目标不同,才能使他们之间产生真正的制衡机制,各自发挥最大的积极性。回避三者之间的利益矛盾,把国有企业视为一个统一的利益共同体,号召三者为国家、为人民而共同努力,显然是不现实的。我在文章中批判了这种错误观点,指出:现代企业制度源自西方,资本主义制度下企业经营管理的经验,我们应当借鉴,但绝不能照搬;我国的国有企业不但与资本主义企业性质不同,而且与资本主义国家的国有企业性质也不同。在社会主义制度下国有企业具有全民所有制性质。国有企业中的所有者、经营管理者和劳动者根本利益一致是主要的,相互之间的矛盾是次要的,因此形成一个利益共同体。在我国的国有企业中建立现代企业制度目的恰恰在于更好地发挥这个利益共同体的优越性，为国家、为人民多作贡献。

2008年发表了《从〈反垄断法〉制定到实施的过程看两种改革观的争论》（《纵论改革开放30年刘国光等26位学者多视角解析》，河南人民出版社2008年版）。从2006年到2008年全国人大常委会审议《反垄断法》前后，资产阶级自由化分子利用各种舆论工具掀起了一股"反垄断"的高潮，矛头指向重要行业和关键领域的大型国有企业。其目的在于制造舆论，力图对《反垄断法》的审议施加影响；误导群众，进一步挑拨国有经济与人民群众的关系。针对这股逆流，坚持改革的社会主义方向的人们理所当然地给予有力的驳斥。这是两种改革观的又一次碰撞。我在文章中详细列举了有代表性的错误观点，并把它们概括为三个方面：一是根本反对国家通过国有经济控制国民经济命脉；二是反对国有资本向关键领域集中，做大做强国有企业；三是利用关键领域中某些国有企业的工资偏高而夸大事实，说成是社会上出现两极分化的重要原因。针对"反垄断"思潮中的种种谬论，文章也列举了有关部门负责人、有良知的学者和来自人民群众的深刻而尖锐的批驳意见。总结这场争论中得到的启发，我认为有三个基本观点必须坚持：一是绝不能把我国的国有经济同发达资本主义国家的国有经济混为一谈，许多错误观点根源在此；二是要认清我国的国有经济是公有经济的核心，不断壮大国有经济，更好地发挥其主导作用，是坚持社会主义初级阶段基本经济制度的关键；三是我们要坚持科学社会主义理论，对两种改革观的斗争不但要从经济上看问题，而且要从政治上看问题。

2010年发表了《发展中国特色社会主义与壮大国有经济》（与杨承训合作，《毛泽东邓小平理论研究》2010年第3期）一文，其主要内容是揭露资产阶级自由化分子歪曲事实。给关系国家安全的重要行业和关键领域中的国有经济、国有企业扣上所谓"垄断行业"、"垄断企业"的帽子，并以反垄断为名加以攻击。我们认为，把上述国有经济、国有企业称作"垄断行业"、"垄断企业"这本身就是一个伪命题。因为它与史不符，与理不通，与法无据，与党相违，于民有害。因此，应当给予批判。但值得关注的是，近几年来，在中央的一些正式文件和党报党刊发表的文章中，也出现了类似的称谓。一方面党和政府决定将国有资本逐渐向重要行业和关键领域集中，把国有企业做大做强，更好地发挥国有经济的控制力；另一方面又把它们称作垄断行业、垄断企业，这是自相矛盾，授人以柄。我们建议，应该根据《反垄断法》第一章第七条、《企业国有资产法》第一章第七条的规定，为国有企业正名，把关系国家安全和国民经济命脉的行业中的大型国有企业统一称作重要行业和关键领域中的国有企业。

除以上几方面外，关于社会主义政治经济学学科建设密切相关的几个基础问题，我也进行了一些探索。

（一）关于新中国成立后前30年社会主义政治经济学学说史的初步探索。

1988年，我与几位学者合作出版了《社会主义经济理论的回顾与反思——中国社会主义政治经济学学说史概要》一书（江苏人民出版社1988年版）。这本书是由我主笔的。时限从新中国成立到党的十一届三中全会。我们之所以要写一部回顾新中国成立后前30年的书，是认为从学说史的高度，总结我国社会主义政治经济学发展的历史，理清思想演进的脉络，肯定那些理论与实践相结合的科学的理论观点；抛弃那些已经被实践所否定的错误的或片面的观点。这对于此后的社会主义政治经济学的健康发展是有益的。

（二）关于劳动价值论在当代的新发展。

1995年发表了《科技进步与劳动价值论的继承与发展》（《马克思主义研究》1995年第6期）一文。此文结合新技术革命带来的新特点，围绕经济学界对劳动价值论的争论，力图以马克思主义经典著作为依据，加深对劳动价值论的理解。文章中同否定劳动价值论的种种说法进行了商榷。例如，以高科技在生产中的应用，出现了机器人、"无人工厂"等新现象，否定活劳动创造价值的原理：认为在信息化社会里价值的增长不是通过劳动而是通过知识来实现的，应该用"知识价值论"取代"劳动价值论"；以当代社会生产中活劳动相对减少，而价值总量不断增加的现象为依据，对劳动价值论提出质疑，等等。

（三）关于社会主义初级阶段的历史定位。

2001年出版了《社会主义初级阶段的历史定位》一书（经济科学出版社2001年版）。社会主义初级阶段是有中国特色的社会主义的理论基石之一，在邓小平理论中处于关键地位。但是社会主义初级阶段的内涵是什么，它同马克思主义的科学体系有什么内在联系，在当时的学术界还存在不同看法。特别是初级阶段仍将长期存在商品经济、市场经济，有些人认为这在马克思主义科学体系中是没有的。这就需要对马克思主义经典著作进行深入的研究。围绕社会主义初级阶段存在的特点，我重新学习了马克思、恩格斯论述社会经济形态演进的主要著作，对马克思主义创始人提出的社会发展"五形态论"和"三形态论"作了认真的梳理，认识到"五形态论"和"三形态论"分别揭示了生产和交换发展演进的一般规律。因此，两者的统一是衡量社会发展阶段的科学尺度。根据这一认识，我在书中对社会主义初级阶段作了新的论证。认为我国从新民主主义到社会主义走的是一条特殊的道路。从"五形态论"来看，我国已经跨越了资本主义的"卡夫丁峡谷"进入社会主义社会了。但是从1956年到现在，我国的商品经济、市场经济还不发达，从"三形态论"来看我国还处在第二大社会形态，即人们还必须通过商品和市场相互交换其劳动的阶段。因此，商品经济、市场经济在我国的长期存在是历史的必然。这也就是说，从"五形态论"和"三形态论"两个视角的统一来衡量我国社会呈现出的特点，就能清楚地解读我国将长期处于社会主义初级阶段的根本原因。

第一篇

学习马克思主义、毛泽东思想、邓小平理论的若干体会

马克思恩格斯对社会形态演进的研究

马克思主义创始人关于社会经济形态演进和区分不同社会经济形态的主要依据的论述，揭示了人类社会发展的普遍规律。因此，是确定当代中国所处的历史阶段和发展水平的理论基础。

一　马克思关于五种社会形态和三种社会形态的论述

马克思、恩格斯自创立唯物史观以来，从 19 世纪 40 年代到 80 年代，始终重视对社会形态演进的研究。最为人们所熟悉的是五形态论，即原始社会、奴隶社会、封建社会、资本主义社会和共产主义社会（包括第一阶段即社会主义）。此外还有两形态论，把从原始社会到资本主义社会为止称作人类社会的史前时期，共产主义才是真正的人类历史的开端。①《1857—1858 年经济学手稿》提出了三形态论——人对人的依赖关系的社会，人对物的依赖关系的社会，人的全面自由发展的社会。马克思晚年，又提出人类社会发展的原生形态、次生形态和再次生形态。② 虽然这几种划分方法都是以历史唯物主义为基础的，有其内在的统一性，但又是从不同角度、不同侧面来考察人类社会的，各有其侧重点。我认为其中最重要的是五种社会形态的划分和《1857—1858 年经济学手稿》中提出的三种社会形态的划分。

关于五形态论的思想贯穿于马克思、恩格斯的主要著作中，从《德意志意识形态》、《共产党宣言》、《雇佣劳动与资本》、《〈政治经济学批判〉

---

① 《马克思恩格斯选集》第 2 卷，人民出版社 1995 年版，第 33 页。
② 《马克思恩格斯全集》第 19 卷，人民出版社 1963 年版，第 432—433 页。

序言》、《1857—1858 年经济学手稿》、《资本论》、《反杜林论》直至《家庭、私有制和国家的起源》不断得到充实与完善。从这些代表作中可以看出，马克思、恩格斯是以生产力与生产关系的辩证关系为依据，用生产资料所有制形式的变革来划分社会形态的。斯大林 1938 年在《论辩证唯物主义和历史唯物主义》中论述的五种基本类型的生产关系：原始公社制的、奴隶占有制的、封建制的、资本主义的、社会主义的，其基本内容是同马克思、恩格斯的五形态论相符的。

三形态论见之于《1857—1858 年经济学手稿》（以下简称《手稿》）。原文是这样的："人的依赖关系（起初完全是自然发生的），是最初的社会形态，在这种形态下，人的生产能力只是在狭窄的范围内和孤立的地点上发展着。以物的依赖性为基础的人的独立性，是第二大形态，在这种形态下，才形成普遍的社会物质变换、全面的关系、多方面的需求以及全面的能力的体系。建立在个人全面发展和他们共同的社会生产能力成为他们的社会财富这一基础上的自由个性，是第三个阶段。第二个阶段为第三个阶段创造条件。"[①]

对于三形态论，长期以来没有得到应有的重视。从我国理论界来看，哲学界注意研究的比较多，而经济学界则注意的相对较少。哲学界一般是从人的全面发展的过程或从作为社会主体的人的能力的发展过程来理解其不同发展阶段的。也有的学者把三形态论视为人类社会发展的一般趋势。经济学界则大多以自然经济、商品经济与产品经济同三种社会形态相对应，主要用来论证商品生产、商品交换产生、发展和消亡的历史必然性。对于从马克思主义政治经济学的高度如何理解三形态论，我们认为第一步应该先领会马克思的本意。《手稿》中有多处对三形态作了解释，有助于对三形态论的理解。

关于第一种社会形态下的人的依赖关系，《手稿》写道："共同体是实体，而个人则不过是实体的附属物，或者是实体的纯粹天然的组成部分。"[②]"个人被置于这样一种谋生的条件下，其目的不是发财致富，而是

[①] 《马克思恩格斯全集》第 46 卷（上），人民出版社 1979 年版，第 104 页。
[②] 同上书，第 474 页。

自给自足，把自己作为公社成员再生产出来。"① 个人对共同体的依赖关系决定了他们的生产能力只能在狭窄的范围内和孤立的地点上十分缓慢地发展着。生产力的低下必然使分工和交换处于很不发达的状态，这又反过来使人的依赖性得以长期延续。"交换手段拥有的社会力量越小，交换手段同直接的劳动产品的性质之间以及同交换者的直接需求之间的联系越是密切，把个人互相联结起来的共同体的力量就必定越大——家长制的关系，古代共同体，封建制度的行会制度。"② 最后在以人的依赖关系为基础的社会里，人和人之间的相互关系，也是明明白白的，从而使人的劳动具有直接的社会性。《手稿》写道："如果考察的是产生不发达的交换、交换价值和货币制度的那种社会关系，或者有这种制度的不发展程度与之相适应的那种社会关系；那么一开始就很清楚，虽然个人之间的关系表现为较明显的人的关系，但他们只是作为具有某种（社会）规定性的个人而互相交往，如封建主和臣仆、地主和农奴等等，……或属于某个等级等等。"③

第二种社会形态是在第一种社会形态中已经萌发的商品货币关系随着生产力和社会分工的发展而深入到社会生活各方面以后必然出现的。《手稿》写道："交换的需要和产品向纯交换价值的转化，是同分工，也就是同生产的社会性按同一程度发展的。""一切产品和活动转化为交换价值，既要以生产中人的（历史的）一切固定的依赖关系的解体为前提，又要以生产者互相间的全面依赖为前提。每个人的生产，依赖于其他一切人的生产；同样，他的产品转化为他本人的生活资料，也要依赖于其他一切人的消费。"那么，这种人和人之间的全面依赖和普遍联系又何以表现为物的依赖性呢？对此，《手稿》作了这样的阐述："活动和产品的普遍交换已成为每一单个人的生存条件，这种普遍交换，他们的互相联系，表现为对他们本身来说是异己的、无关的东西，表现为一种物。在交换价值上，人的社会关系转化为物的社会关系；人的能力转化为物的能力。"④ 以物的依赖性为基础的人的独立性，是第二大社会形态的主要特征。马克思在这里

---

① 《马克思恩格斯全集》第 46 卷（上），人民出版社 1979 年版，第 477 页。
② 同上书，第 104 页。
③ 同上书，第 110 页。
④ 同上书，第 103—104 页。

说的人的独立性指的是什么？《手稿》写道：在发达的交换制度中"人的
依赖纽带、血统差别、教育差别等等事实上都被打破了，被粉碎了（一切
人身纽带至少都表现为人的关系）；各个人看起来似乎独立地（这种独立
一般只不过是幻想，确切些说，可叫作——在彼此关系冷漠的意义上——
彼此漠不关心）自由地互相接触并在这种自由中互相交换"①。所以，物
的依赖性与人的独立性是内在地统一的。在这种条件下，人的劳动的社会
性已经不能直接地表现出来，而只能通过交换价值和物与物的关系间接地
得到实现。

马克思把第二种社会形态称作现代社会，第三种社会形态则是未来社
会，第二种社会形态为第三种社会形态创造条件。《手稿》写道："全面
发展的个人——他们的社会关系作为他们自己的共同的关系，也是服从于
他们自己的共同的控制的——不是自然的产物，而是历史的产物。要使这
种个性成为可能，能力的发展就要到达一定的程度和全面性，这正是以建
立在交换价值基础上的生产为前提的，这种生产才在产生出个人同自己和
同别人的普遍异化的同时，也产生出个人关系和个人能力的普遍性和全面
性。"②《手稿》指明了第二种社会形态与第三种社会形态的主要区别。
"在交换价值的基础上，劳动只有通过交换才能成为一般劳动。而在共同
生产的基础上，劳动在交换以前就应成为一般劳动，也就是说，产品的交
换决不应是促使单个人参与一般生产的媒介。"在第二种社会形态下，"媒
介作用来自商品交换、交换价值、货币，它们是同一关系的表现"。在第
三种社会形态下，"前提本身起媒介作用，也就是说，共同生产，作为生
产的基础的共同性是前提。单个人的劳动一开始就成为社会劳动。因此，
不管他所创造的或协助创造的产品的特殊物质形式如何，他用自己的劳动
所购买的不是一定的特殊产品，而是共同生产中的一定份额。因此，他不
需要去交换特殊产品。他的产品不是交换价值。这种产品无须先变成一种
特殊形式，才对单个人具有一般性质"③。

---

① 《马克思恩格斯全集》第46卷（上），人民出版社1979年版，第110页。
② 同上书，第108—109页。
③ 同上书，第119页。

　　《手稿》中关于三种社会形态的论述也同五形态论一样是马克思研究社会演进问题长期积累的理论结晶，其基本思想也见之于马克思的若干代表作中。例如，在《德意志意识形态》里已经可以明显地看到三形态论的萌芽。《1857—1858 年经济学手稿》是为创作《资本论》作准备的。《资本论》的许多篇章，特别是第一卷第一篇——商品与货币，很明显是《手稿》的展开和深化。其中关于"商品的拜物教性质及其秘密"同《手稿》联系尤为直接。在这里虽然重点是要说明"以物的依赖性为基础的人的独立性"，即第二大形态，但对于第一种形态和第三种形态也分别作了深入的剖析。所以，它与三形态论是一脉相承的。①

　　综上所述：笔者认为，三形态论的中心内容，从政治经济学来看，是要揭示在生产力逐步提高的前提下，人类社会交换关系发展演变的一般规律。这里所说的交换关系是就广义而言的。"社会——不管其形式如何——是什么呢？是人们交互活动的产物。"② 人们为了从自然界获取生存、发展的物质资料，必然出现社会分工，并且在或简或繁的社会分工体系中相互交换其劳动，形成社会联合体的合力。因此，个人在分工体系内进行的分门别类的生产劳动都具有社会性。随着社会生产力水平的逐步提高，特别是生产工具的从自发分工进到自觉分工。这又决定了人们在分工体系中相互交换其劳动的关系，或者说个人劳动如何实现为社会劳动的方式，也在逐渐演变之中。在第一种社会形态下，社会分工还处在从自然分工向自发分工的转变过程中。在原始共同体——血缘家庭、氏族和部落中，个人劳动与社会劳动是直接地同一的，并不存在产品交换关系。即使在共同体之间出现产品交换也是极其偶然的。从野蛮时代中期开始的三次社会大分工，使产品交换日益经常化。并且，随着原始共同体的瓦解，共同体之间的交换逐渐变成个人之间的交换，产品生产逐渐变为商品生产，货币也开始出现。但是，在第一种社会形态下，占主导地位的始终是自给自足的产品生产，商品生产和商品交换还是处在附属的地位。因此，人与人之间相互交换其劳动的关系，也还是直接地显现出来的。在第二种社会形态下，自发分工越来越发达，人们处于全面

---

①　《资本论》第 1 卷，法文版中译本，中国社会科学出版社 1983 年版，第 51—60 页。
②　《马克思恩格斯选集》第 4 卷，人民出版社 1995 年版，第 532 页。

的相互依赖之中，但又必须通过普遍的商品货币关系彼此交换其劳动，个人劳动的社会性只能在商品价值得到社会承认的条件下间接得到实现。在第三种社会形态下，社会分工已从自发分工进到自觉分工。人们在社会中心的统一规划和全面组织下相互交换其劳动。因此，每个人的劳动从一开始就具有直接的社会性。可见，三形态论显示了否定之否定的历史辩证法，没有第一个否定，不可能有第二个否定，三种社会形态的依次更替是一个不以人的意志为转移的自然历史过程。

二　五形态论与三形态论的统一是衡量社会发展阶段的科学尺度

这里所说的两种形态论的统一，是指同时从这两个视角来考察某一时点上的社会发展阶段和发展水平。这首先就涉及如何认识两种社会形态论的关系问题。我国经济学界一般认为五形态论与三形态论，不是相互排斥，而是相互补充的。但仔细推敲起来，则人们的认识还有不小的差异。有一种观点，认为五形态论才是马克思的主体思想，三形态论只不过是在为《资本论》作准备的手稿中提出的，并不重要。与此相对立的观点，又把五形态论说成是不尽符合历史实际的，而且带来了消极影响，当代中国的现实说明三形态论更能反映历史进程的必然性。还有一种观点，认为三形态论与五形态论实际上是分不开的。三形态论中第一种社会形态说的就是五形态论中的前资本主义诸社会，第二种社会形态说的就是资本主义社会，第三种社会形态说的就是共产主义社会。笔者认为上述三种观点都有不同程度的片面性。为什么这样说呢？这要从政治经济学的研究对象谈起。

马克思在《〈资本论〉第一版序言》中说："我要在本书研究的，是资本主义生产方式以及和它相适应的生产关系和交换关系。"[①] 恩格斯在《反杜林论》中指出："政治经济学，从最广的意义上说，是研究人类社会中支配物质生活资料的生产和交换的规律的科学。生产和交换是两种不

---

① 《资本论》第1卷，法文版中译本，中国社会科学出版社1983年版，第2页。

同的职能。……这两种社会职能的每一种都处于多半是特殊的外界作用的影响之下，所以都有多半是各自的特殊的规律。但是另一方面，这两种职能在每一瞬间都互相制约，并且相互影响，以致它们可以叫作经济曲线的横坐标和纵坐标。"①

从马克思、恩格斯的上述论述中我们可以体会到以下几点：

第一，马克思把《资本论》的研究对象界定为资本主义生产方式以及与生产方式相适应的生产关系和交换关系。如何理解生产方式首先就值得我们作进一步的思考。我国理论界对《资本论》的研究对象长期以来有不同的理解。关键就在生产方式这个范畴。有的学者认为马克思在这里说的生产方式是指广义的生产关系，而与之相适应的生产关系则是狭义的生产关系；有的认为这里说的生产方式是指生产力与生产关系的统一；有的认为"资本主义生产方式"与"资本主义生产"是一个意思，意指雇佣劳动与资本相结合以生产人们所需要的物质资料的特殊方式；还有的认为生产方式是与生产力、生产关系并列的历史唯物主义的重要范畴，它指的是从生产使用价值方面来看的生产过程。这意味着生产方式概念只涉及生产过程中人与自然的关系，即从物质方面来看的人与人之间的关系，而不涉及生产过程中人与人之间的社会关系。我体会，生产方式范畴在马克思、恩格斯的著作中多次出现，是一个多义的概念。有时也可以理解为生产力与生产关系的统一体。但是这一解释以及上述四种观点中的第一、第三两种似乎都不符合《资本论》研究对象中生产方式的含义。因为如果把生产方式与生产关系视为一体，马克思的话就成了同义语的反复。那么，应该怎样理解《资本论》研究对象中的生产方式呢？

马克思有一段名言："人们在生产中不仅仅同自然界发生关系。他们如果不以一定方式结合起来共同活动和互相交换其活动，便不能进行生产。为了进行生产，人们便发生一定的联系和关系；只有在这些社会联系和社会关系的范围内，才会有他们对自然界的关系，才会有生产。"② 过去，我们通常把这里说的社会联系和社会关系单纯理解为生产关系总和。

---

① 《马克思恩格斯选集》第 3 卷，人民出版社 1995 年版，第 489 页。
② 《马克思恩格斯选集》第 1 卷，人民出版社 1972 年版，第 362 页。

现在，再进一步领会，马克思在这里说的不仅仅是生产关系。因为紧接着上一段话，他又说："生产者相互发生的这些社会关系，他们借此互相交换其活动和参与共同生产的条件，当然依照生产资料的性质而有所不同。随着新作战工具即射击火器的发明，军队的整个内部组织就必然会改变了，各个人借以组成军队并能作为军队行动的那些关系就改变了。"① 我体会，马克思在这里说的生产者的社会联系和社会关系可以包含两方面的内容。一方面是生产过程中由生产工具的性质的变化决定的劳动组合方式（包括分工与协作）的变化，它反映的是人们为了利用自然，满足社会和个人的需要而结成的人与人之间的社会联系。另一方面是在社会生产过程中，由于劳动资料的变化而引起的生产资料所有者与劳动者的结合方式的变化，它反映人与人之间的经济关系。前者指生产方式，后者指生产关系。前者就是《资本论》研究对象中所说的生产方式。

以上笔者十分简略地说明了对生产方式这一范畴的理解，其目的在于进一步探讨生产力、生产方式、生产关系三者之间的关系，进一步领会马克思为什么说生产关系、交换关系是同生产方式相适应的。在马克思的著作中最早论及这个问题的是1846年致安年科夫的信。信中说："人们借以进行生产、消费和交换的经济形式是暂时的和历史性的形式。随着新的生产力的获得，人们便改变自己的生产方式，而随着生产方式的改变，他们便改变所有不过是这一特定生产方式的必然关系的经济关系。"② 马克思这一理论观点从40年代一直贯穿到《1861—1863年经济学手稿》和《资本论》中。其中最深刻、最详细地阐明上述理论观点的是对工场手工业和机器大工业的演变过程和社会后果的分析。在《手稿》中，马克思写道："自动工厂是适应机器体系的完善的生产方式，而且越是成为完备的机械体系，要靠人的劳动来完成的个别过程越少（如在不使用走锭精纺机的机械纺纱厂中），它也就越完善。""机器对以工场手工业中的分工为基础的生产方式，以及对建立在这种分工基础上的劳动力的各种专业化发生否定

---

① 《马克思恩格斯选集》第1卷，人民出版社1972年版，第362—363页。
② 《马克思恩格斯选集》第4卷，人民出版社1995年版，第533页。

的作用。机器使这样专业化的劳动贬值。"① 在《资本论》中，马克思又说："在工场手工业和手工业中是工人利用工具，在工厂中，是工人服侍机器。在前一种场合，劳动资料的运动从工人出发，在后一种场合，工人只是跟随劳动资料的运动。……一切资本主义生产不仅创造有用物，而且还创造剩余价值，因此在一切资本主义生产中，不是工人支配劳动条件，而是劳动条件支配工人。但是，只有机器才第一次使这种颠倒具有技术上的现实性。"②

以上引文清楚地告诉我们，生产方式既不同于人类改造自然的能力，即生产力；也不同于体现人与人之间的经济关系的社会联系，即生产关系。它是生产力作用于生产关系的中介。生产力特别是生产工具的发展变化，决定着生产方式（包括分工、协作）的相应变化，而生产方式的发展变化又必然引起生产关系的相应变化。在生产力—生产方式—生产关系的关系中，作为最深层的动因和最根本的决定因素的仍然是生产力。所以，说生产关系和交换关系必然同生产方式相适应，归根结底还是说明生产关系和交换关系必然同生产力相适应。

第二，关于生产关系和交换关系在生产关系体系中的地位。马克思曾说："每一个社会中的生产关系都形成一个统一的整体。"③ 他还多次使用生产关系总和这个概念。但是在《资本论》研究对象中却突出了生产关系和交换关系。这也是需要进一步理解的。首先，马克思在这里说的"生产关系"不是指生产关系总和，而是指生产资料所有者与直接生产者的关系，即我们通常说的生产资料与劳动者结合的方式，或生产资料所有制形式。对于这种狭义的生产关系马克思曾作如下界说："任何时候，我们总是要在生产条件的所有者同直接生产者的直接关系——这种关系的任何形式总是自然地同劳动方式和劳动社会生产力的一定的发展阶段相适应——当中，为整个社会结构，从而也为主权和依附关系的政治形式，总之，为任何当时的独特的国家形式，找出最深的秘密，找出隐蔽的基础。"④ 在这

---

① 《马克思恩格斯全集》第47卷，人民出版社1979年版，第518页。

② 《资本论》第1卷，法文版中译本，中国社会科学出版社1983年版，第427页。

③ 《马克思恩格斯选集》第1卷，人民出版社1995年版，第142页。

④ 《马克思恩格斯全集》第25卷，人民出版社1974年版，第891—892页。

里，马克思不但阐明了狭义生产关系的内涵，而且指出了它在整个社会结构中的基础地位。至于这里所说的交换关系则是指人们在社会分工体系中相互交换其劳动的关系。这一点我在前面论述三形态论时已作了说明。其次，恩格斯多次说过分配方式是由生产和交换的方式产生的。"随着历史上一定社会的生产和交换的方式和方法的产生，随着这一社会的历史前提的产生，同时也产生了产品分配的方式方法。"① 所以，并不是说分配关系以及生产关系体系中其他方面不重要，而是说生产关系和交换关系是一定社会的基础和前提。

第三，五形态论和三形态论分别揭示了生产关系和交换关系发展演进的一般规律。恩格斯在讲到政治经济学是一门历史科学时曾说："它所涉及的是历史性的即经常变化的材料，它首先研究生产和交换的每个个别发展阶段的特殊规律，而且只有在完成这种研究以后，它才能确立为数不多的、适用于生产一般和交换一般的、完全普遍的规律。"② 五形态论就是在分别研究了不同历史时期生产关系运动的特殊规律的基础上揭示出各社会形态从低级到高级依次演进的内在机制和必然趋势的。因此，它是生产关系发展演进的一般规律。三形态论则是在分别研究了不同历史阶段交换关系运动的特殊规律的基础上揭示出人类社会交换关系发展演进的一般规律。

从以上分析中，我们可以有充分根据地说，同时用五形态论和三形态论来统一衡量一个社会的发展阶段和发展水平是科学的、准确的。这同恩格斯讲的生产和交换可以称作经济曲线的横坐标和纵坐标的思想也是相通的。当然，生产关系的发展程度和交换关系的发展程度归根结底是由生产力状况决定的。从这个意义上说，五形态论与三形态论的统一应是衡量社会发展阶段的直接尺度，而生产力的性质和水平才是决定社会发展阶段的最深层次的根基。一方面，我们不能撇开直接尺度径直根据生产力水平来判断社会的发展阶段。如果这样，我们就很难讲清楚从十月革命迄于今日的所有社会主义国家何以能够产生、存在和发展，社会主义国家何以能够

---

① 《马克思恩格斯选集》第 3 卷，人民出版社 1995 年版，第 490 页。
② 同上书，第 489—490 页。

在若干方面显示出对资本主义国家的相对优势；另一方面我们也不能撇开生产力状况而仅仅停留在直接尺度上。如果这样，我们就很难说清楚为什么几乎所有的社会主义国家都把经济建设放在十分突出的地位，力争在经济水平和文化水平上赶上发达的资本主义国家。所以，我们说同时从五形态论与三形态论两个视角来衡量一个国家的发展阶段和发展水平，实际上就已经把作为生产关系和交换关系的根基的生产力包含在内了。

前面提到的三种带有片面性的观点中，第一种观点的失误在于贬低了交换关系在社会发展中的地位的作用。把生产资料所有制作为衡量社会发展水平的唯一尺度，这是半个世纪以来在各社会主义国家占主导地位的一种片面观点。其理论渊源来自斯大林。我国已故著名马克思主义经济学家孙冶方，早在 1968 年就把斯大林关于生产关系的论述同恩格斯关于生产关系的论述加以比较，指出斯大林的定义比恩格斯后退了。其主要表现，一是把生产资料所有制形式单独列为生产关系的一个方面；二是没有把交换从生产关系中单独列出来。孙冶方同志还说："斯大林的生产关系定义，排除了交换，排除了独立流通过程。这是把社会主义看做自给自足经济的'自然经济观'的表现。"①

前面列举的第二种观点，其不足在于贬低了五形态论。所谓五形态论不尽符合历史事实，这是对马克思原意的误解。马克思、恩格斯多次说过五种社会形态依次更替是社会发展从总体上看的一般趋势，并不是可以机械套用的。事实上不同民族，不同国家其具体的发展道路不可能完全相同。五形态论与三形态论都是马克思长期研究的理论结晶，前者更具有基础性。我们既不可以用五形态论取代三形态论，也不可以反过来用三形态论取代五形态论。

上文列举的第三种观点，认为三形态论与五形态论不可分，其失误在于把马克思提出的两种有独特意义的重大理论观点简单归结为同一观点的不同表述，贬低了五形态论与三形态论。笔者体会，三形态论是从交换关系这个侧面考察社会形态的演进的，目的在于揭示交换关系发展的一般规律。因此，在马克思的论述上是与五形态论分开的。把所有制的变化与交

---

① 孙冶方：《社会主义经济论稿》，人民出版社 1985 年版，第 404 页。

换关系的变化分开来加以考察，探求各自的规律具有十分重要的意义，特别对我国当前有重要的启发。当然，把生产和交换分开来研究，并不等于说把两者绝对隔离。在现实的经济运动中，生产和交换时时交织在一起，就像生产力和生产关系互不分离一样。但这并不妨碍对两者分别进行专门的研究。任何一种科学的抽象都必须以历史的或当代的客观实际为依据。例如，三形态论中的第二大形态很明显是马克思从当时的资本主义商品交换高度发达的实际中概括出来的。不过这里要揭示的是发展到这种程度的交换关系的基本特征，而不是强调这样的交换关系是资本主义所特有的，更不是讲什么"资产阶级社会的一般特征"。在理清了上述思路的前提下，即使马克思在论述三形态论时个别地涉及到五形态论中的某些社会形态也并不改变三形态论的主线。

（原载《当代思潮》2001 年第 2 期，此次收入本文集时略有删改）

科技进步与劳动价值论的继承和发展

起始于 20 世纪中叶的科学技术的新发展，推进了生产力的局部质变，来势迅猛，影响深远。对于这场革命，国内外有多种说法。有人称之为产业革命，有人称之为科技革命；有人称之为第三次浪潮，有人称之为第四次工业革命；等等。国内学术界则较多地使用第三次技术革命或新技术革命这个词。

新技术革命与以往的技术革命相比有些什么主要的特点呢？第一，以往的技术革命往往是从几项科学发明和少数产业部门开始，逐渐扩展，带动整个国民经济。新技术革命一开始就是多学科、跨领域的革命，如电子技术、生物工程、光通讯、新材料、新能源等，它们相互渗透，相互促进，对国民经济起着更大的推动作用。第二，以往的技术革命主要是解放人的体力，而新技术革命则主要是解放人的脑力。电子计算机的广泛应用，信息高速公路和多媒体技术的发展，都是人的智力的扩大和延伸，因此，"智能化"在新技术革命中居于重要地位。第三，以往的技术革命从科学发明到应用于生产，往往需要较长时间，新技术革命形成了科学—技术—生产的体系，改变了科研与生产相结合的格局，大大缩短了科研成果应用于生产的时间，加强了科学技术在生产力发展中的作用。

世界新技术革命带来的经济社会的巨大变化，向马克思主义经济学提出了一系列新问题，其中如何坚持和发展劳动价值论就是一个比较突出的问题。西方未来学家托夫勒断言，马克思主义是第二次浪潮的产物，"不能借助马克思主义去了解高技术世界的现实。今天用马克思主义来诊断高技术社会的内部结构，就像在有了电子显微镜的时代，还是只用放大镜"。他还说"马克思讲过'劳动价值说'，我们现在大可以搞一套'信息价值说'"。① 国内学术界也有类似观点。

笔者不同意在新技术革命到来之后马克思主义及劳动价值论已经失效的说法。下面就几个有争论的问题谈一谈个人的意见。

（一）在先进科学技术广泛应用于生产的条件下，生产资料是否也创造价值？

这是否定劳动价值论的各种说法中较为常见的一种。国内外都有学者提出，随着生产的发展，把从来没有过的高新技术组合到生产体系中，实行自动化，创造价值的主要不再是劳动者的劳动，而是由技术自动化决定了。也有人以机器人和"无人工厂"为例证，说明先进科学技术和现代化的劳动资料在增加社会财富中的作用越来越重要，再坚持劳动价值论的一元论，即只有活劳动才能创造价值，已经不能解释现实。其实，早在马克思那个时代，已经有人以产业革命带来的变化为由，提出了劳动力和生产资料都创造价值的观点。马克思在世时就曾对这种观点进行过有力的批判。所以，从本质上看，这并不是一个新问题。

18 世纪中叶，从英国开始的产业革命，使机器逐渐代替了手工工具。后来，机器人工业在主要资本主义国家逐步建立起来。机器体系的普遍应用，极大地提高了劳动生产率，促使社会分工逐步深化，新产业不断涌现，新产品层出不穷，国内市场和世界市场迅速扩展，整个社会财富急剧地增长起来。有资料表明，英国的产业革命到 19 世纪 30 年代完成时，由于机器大工业在整个国民经济中占了绝对优势，劳动生产率平均提高了 20 倍。与此同时，机器大工业还使资本有机构成发生重大变化。一方面，机器体系及相关的生产设施所需资本比手工工具要昂贵许多倍；另一方面，机器越是先进，越可以大幅度地节省人力。以 19 世纪上半叶美国产业革命的起始点——棉纺织业为例，手工纺工每人每天只能纺 4 绞纱，采用机器之后，每人每天可纺 1000 绞纱，也就是说，原来需要由 250 个工人干的活，现在可以由一个工人来完成。以上这些变化，从现象上看都明显地呈现出生产过程中活劳动相对减少，而产品产量和利润量却不断增加的发展趋势。一些庸俗经济学家正是在这样的时代背景下提出资本、土地、劳

---

① 托夫勒：《预测与前提》，国际文化出版公司 1984 年版，第 22 页。

动都是价值的源泉，生产资料创造价值，固定资本产生利润等错误观点的。

劳动价值论是马克思运用辩证唯物主义和历史唯物主义，对当时的生产力和生产关系进行系统调查和深入分析，并在这个基础上吸取古典经济学的正确观点，批判庸俗经济学的错误观点而建立起来的。马克思针对前人的不足，创造性地提出具体劳动创造使用价值并转移旧价值，抽象劳动产生新价值的观点和社会必要劳动时间决定价值量的观点，从而把劳动价值论建立在科学的基础上。尤其是劳动二重性的论点，它不但如马克思所说是理解整个政治经济学的枢纽，而且也是正确把握劳动价值论的关键。马克思正是以劳动二重性为依据回答了生产资料、特别是机器是不是创造价值的问题。他说："工人并不是在同一时间内劳动两次：一次由自己的劳动把价值加到棉花上；另一次保存棉花的旧价值，或者说，把他所加工的棉花和使用的纱锭的价值转移到产品棉纱上，他只是由于加进新价值而保存了旧价值。但是，把新价值加到劳动对象上和把旧价值保存在产品中，是工人在同一时间内达到的两种完全不同的结果（虽然工人在同一时间内只劳动一次），因此很明显，这种结果的二重性只能用他的劳动本身的二重性来解释。在同一时间内，劳动就一种属性来说必然创造价值，就另一种属性来说必然保存或转移价值。"[1] 又说："机器的价值并不是由机器的使用价值（它代替人的劳动就是它的使用价值）决定的，而是由生产机器本身所必需的劳动决定的。机器在它被使用以前，在它进入生产过程以前具有的这种价值，是它作为机器加进产品的唯一的价值。"[2] 马克思在这里非常明确地区分了机器本身的价值和使用价值，指明了机器如同其他生产资料一样，在劳动过程中只能转移原有的价值，它本身并不创造新价值。关于这一论断，我们还可以从马克思对庸俗经济学的批判中得到启示。例如，他说："罗德戴尔把固定资本说成是和劳动时间无关的、独立的价值源泉，是何等荒谬"，"罗德戴尔之流认为资本本身离开劳动可以创造价值，因而也可以创造剩余价值（或利润），对这种观点来说，固定资

---

① 《资本论》第 1 卷，人民出版社 1972 年版，第 225 页。
② 《马克思恩格斯全集》第 47 卷，人民出版社 1979 年版，第 371 页。

本，特别是以机器体系为其物质存在或使用价值的资本，是最能使他们的肤浅诡辩貌似有理的形式。"① 至于马克思对萨伊的"三位一体"，公式的批判更是众所周知的了②。笔者认为马克思的上述一系列论述是极其深刻和非常科学的。过去和现在，国内外一些否定或者歪曲劳动价值论的说法，往往是因为有意、无意离开了劳动两重性的原理造成的。

那么，我们为什么说在世界新技术革命到来之后劳动价值论仍然是有效的呢？生产力的运动有它的规律。其中，生产力发展的延续性就是一条重要规律。本文开始时谈到了第三次技术革命与以往的技术革命相比较有什么特点。在这里我还必须讲明第三次技术革命是前两次技术革命的延续。马克思指出："正象各种不同的地质层系相继更迭一样，在各种不同的社会经济状态的形成上，不应该相信各个时期是突然出现的，相互截然分开的。在手工业内部，孕育着工场手工业的萌芽，而在有的地方，在个别范围内，为了完成个别过程，已经采用机器了。……纺织机和蒸汽机的制造也同样是以制造这些机器的手工业和工场手工业，以及在上述时期已有所发展的力学科学等等为基础的。""在这里，起作用的普遍规律在于：后一个［生产］形式的物质可能性——不论是工艺条件，还是与其相适应的企业经济结构——都是在前一个形式的范围内创造出来的。"③ 从人类社会不同经济时期劳动资料的相继更迭中，我们还可以看到科学技术发挥着越来越重要的作用。机器大工业的兴起就是自然科学以及自然力大规模并入生产过程的结果。在 19 世纪，随着自然科学的发展，机器的性能不断提高，生产规模不断扩大，单机发展为机器体系，单一的机器体系发展为复杂的机器体系。20 世纪以来，由于自然科学进展迅速，先进科学技术应用于生产的速度加快，生产规模进一步扩大，机器体系更加复杂。它的运转速度，相互间的紧密联结和巨大的作用范围，都使人力直接操纵机器越来越困难，从而产生了自动控制的迫切需要。20 世纪中叶以后电子技术在生产中的迅速推广正是适应了这种需要。电子技术与机器相结合出现了机

①　《马克思恩格斯全集》第 46 卷（下），人民出版社 1980 年版，第 214、216 页。

②　见《资本论》第 3 卷第 47 章马克思对"三位一体"公式做了系统的批判。

③　《马克思恩格斯全集》第 47 卷，人民出版社 1979 年版，第 472 页。

电一体化。电子计算机的广泛应用出现了许多高度自动化的工厂，又在高度自动化的基础上出现了智能化。由此可见，新技术革命的进展并没有离开马克思所说的普遍规律。它是以机器大工业和20世纪上半叶的科学技术成就为基础的。而且迄今为止它取得的进步还只是实现了生产力的局部质变而非根本质变。机器人本质是高度自动化和一定程度的智能化的机器，它不但需要人来操纵，而且需要人来设计和制造；所谓"无人工厂"当然并非真正"无人"。仅从使用单位内部来看，它还需要启动机器体系的人，监督活动仪表的人，排除故障的人，进行维修的人等。电子技术和信息技术用在不同的机器体系上，其存在形式千差万别，但归结起来无非是在动力机、传动机、工作机之外，增加了自动控制系统。马克思恩格斯在世时，第一次技术革命已经完成，第二次技术革命正在兴起。他们早就预见到，由于使用机器而使活劳动相对减少的情况会随着科学技术的不断进步而日趋明显。马克思曾经预言："劳动表现为不再象以前那样被包括在生产过程中，相反地，表现为人以生产过程的监督者和调节者的身分同生产过程本身发生关系。……工人不再是生产过程的主要当事者，而是站在生产过程的旁边。"① 当代科技在生产中的应用，包括机器人和"无人工厂"，从实质上说并没有超出马克思的预见，怎么能够说马克思的劳动价值论已经过时了呢？

（二）知识产品能不能创造新价值，"知识价值论"能不能取代劳动价值论？

西方未来学家奈斯比特提出："在信息经济社会里，价值的增长不是通过劳动，而是通过知识实现的。'劳动价值论'诞生于工业经济的初期，必将被新的'知识价值论'所取代。"② 这种说法我认为是似是而非，不能成立的。

知识是人类对客观世界的符合实际的认识。自然科学则是人类对自然界的知识的积累、深化和系统化。自然科学应用于劳动过程必须以技术为中介，所以我们常常把它们放在一起来考察。信息是指事物存在和变化的状

① 《马克思恩格斯全集》第46卷（下），人民出版社1980年版，第218页。
② 奈斯比特：《大趋势》，中国社会出版社1984年版，第15—16页。

况。自然界的色、声、味是信息，语言、文字、图表等一切有特定含义的信号也是信息，所以，信息是自从有了社会生产以来就在人类与自然界的物质变换中起作用的因素。人类知识的积累，生产经验代代相传，民族之间、国家之间科学文化的交流，都包含着信息的储存和传输，否则就无法解释生产力发展的延续性了。所以，信息并不是在新技术革命兴起后才出现的。但是，由于 20 世纪 50 年代以来电子计算机的发明和通讯技术的进步，使人们对信息的加工和处理发生了质的变化，信息技术在经济生活和社会生活中的地位越来越突出了。现在我们要问，知识、科学、技术、信息，它们本身有没有价值、能不能产生价值？回答是否定的。一者，它们有的还处在形成过程之中，如一项新的科学技术还在试验阶段，还没有一个肯定的结果。再者，它们有的还未经劳动过滤。如自然存在的、未经处理的信息。三者，它们有的还没有进入劳动过程，没有实现同生产相结合。

那么，知识产品有没有价值呢？回答是肯定的。因为知识产品，如一项发明专利，一份研究报告，一个设计方案和图表，都是人类脑力劳动的产物，而且往往是复杂程度很高的活劳动的结晶。它们不同于服务行业，因为它们提供的是有形的商品而不是劳务。它们也不同于文学、艺术创作。艺术品靠的是艺术家个人的文化素养、技巧和经验、天才和灵感。因此，艺术品是不可复制的，也不存在社会平均必要劳动。而知识产品，比如电子计算机软件以及其他类似的高技术的知识产品，是以自然科学理论和科学方法为基础的，它们可以重复生产，作为知识产权受到保护，并且在竞争中形成市场价格。所以，知识产品具有使用价值和价值，它们的价值量归根结底也是由社会必要劳动时间决定的。

现在要问，知识产品能不能创造新价值呢？回答是否定的。知识产品的使用价值在绝大多数情况下是渗透在劳动资料之中，而不是单独地发挥作用。以信息产品为例，由于电子计算机和现代通讯技术融为一体，信息的加工、处理、储存、综合和传输已经成为一种专门的技术，从而在国民经济中出现了专门生产信息产品和传输信息产品的信息产业。它们的渗透力极强，发展速度很快，但它们的作用，还是要同劳动资料相融合，才能取得提高功效，增加品种，减少消耗，改善质量等效果。信息产品自身的价值也往往同固定资产的价值结合在一起。比如我们从国外引进先进设备，常常同时购买有关软件和"诀窍"。这些都列入引进费用之中。所以，它们也和劳动资料一样，通过具体劳动保存和转移自身的价值，而并不产生新价值。

由上可见，西方未来学家提出"知识价值论""信息价值论"，只是说明他们并不懂得马克思的劳动价值论，当然更谈不到取代劳动价值论了。

（三）怎样认识在当代的社会生产中活劳动相对减少而价值总量却在增加的现象？

在劳动价值论是否适用于当代的讨论中，有些论者是从宏观角度提出质疑的。他们往往列举主要资本主义国家的统计资料，证明半个世纪以来这些国家的国民生产总值或国民收入的增长幅度大大高于就业人数的增长幅度，并以此作为非劳动要素也创造价值的依据。这是一个近年来争论热烈而又相当复杂的问题。有些同志认为，把国民生产总值、国民收入视为价值总量，是把价值当作社会财富即使用价值的计量单位，这根本不是马克思所说的价值。再者，一定时期社会投入的活劳动总量也很难准确计算，劳动力总量不等于进入生产过程的劳动力，而进入生产过程的劳动力又不等于实际投入的劳动时间，这里面因素很复杂。所以，在这些同志看来，把国民收入或国民生产总值同活劳动总量相比较，和非劳动要素能不能创造价值是互不相干的两件事。

笔者的看法与以上两种观点都不尽相同。国民生产总值、国民收入这一类指标当然不等于价值总量。但在剔除了币值变动的因素之后，从一个较长的历史时期来观察，社会的商品价格总量总是以价值为基础的。不能说完全与价值无关。劳动力总量等指标也不等于实际投入的活劳动量，不过从一个较长的历史时期来观察，各种短期波动的因素，其影响都会大大冲淡。所以，这类指标也能大体反映活劳动投入量的变动。有资料表明，从 1950 年到 1990 年，美、日、西德、英、法五国的总产出相加，从 21620 亿美元增加到 93310 亿美元，后者为前者的 4.3 倍。而同一时期上述五国的劳动力发展，则从 1950 年的 16777 万人，增加到 1990 年的 26669 万人，后者为前者的 1.6 倍。这两组数字的比较大体上反映了价值量的增长快于劳动力的增长这样一种发展趋势。应该承认，这是一个客观存在的经济现象。当然，问题的关键还在于对这一经济现象如何分析，如何认识。我不赞成以此为理由说劳动价值论已经无法解释现实。相反，我认为上述经济现象完全可以用坚持和发展劳动价值论作出说明。

第一，先进的劳动资料在生产中的应用尽管代替了大量工人，但是，一方面由于生产规模的迅速扩大，生产同类商品的工厂大量增加，从一个行业来看，工人人数反而有可能增加。另一方面，随着机器大工业的兴起，社会分工向广度和深度发展，新产品、新行业层出不穷，它们吸引了大量工人。所以马克思说："就业工人人数的相对减少和绝对增加是并行不悖的。"① 这种趋势在新技术革命到来之后并未改变。这就为价值量的增加提供了一个条件。

第二，形成商品价值和使用价值的劳动并不是任何一种劳动，而是生产社会财富的劳动。用马克思的话来说："生产劳动是物化在物质财富中的劳动。"因此，研究社会总价值量的增加，不能不同社会生产劳动的变化联系起来。我国学术界在60年代和80年代曾两度掀起讨论生产劳动与非生产劳动的高潮。但迄今为止对于两者的划分原则和划分范围仍然众说纷纭。本文的主题并非正面讨论生产劳动和非生产劳动问题。笔者只是想提出这样一个观点：随着先进科学技术在生产中的广泛应用，生产社会化的程度逐渐提高，分工和协作越来越发达，劳动的整体性无论在一个生产单位内部还是全社会都极大地增强了，各种不同职能的劳动直接、间接并入生产过程，使生产劳动的范围呈现出不断扩大的趋势，而且这个趋势直到现在还在继续。马克思面对机器大工业的兴起和资本主义生产方式占据统治地位，对生产劳动曾作过许多精辟的论述。他说："互相竞争的和构成为一台总生产机器的各种劳动能力，以极其不同的方式参加直接的商品形成过程……有的人多用手工作，有的人多用脑工作，有的人当经理、工程师、工艺师等等，有的人当监工，有的人当直接的体力劳动者或者做十分简单的粗工，于是劳动能力的越来越多的职能被列在生产劳动的直接概念下。"② 马克思的上述思想，对我们认识今天的生产劳动仍有现实的指导意义。不过，结合新技术革命以后的实际，马克思主义政治经济学的某些范畴需要有新的发展。例如，什么叫

---

① 《资本论》第1卷，人民出版社1972年版，第492页。
② 《马克思恩格斯全集》第49卷，人民出版社1982年版，第100—101页。

物质财富？在马克思那个时代，强调的是用于生产消费的各种物质资料，如机器、钢铁、煤炭、棉花等。那么，在电子技术、通讯技术、信息技术已有长足进步的今天，知识产品在生产中正发挥着越来越大的作用，电子计算机软件、发明专利、经过加工处理的信息等，它们虽然并非物质资料，但却是重要的社会财富。看来，马克思所说的生产劳动的内涵也应该丰富和扩大。在当代，自然科学的研究，新技术、新工艺的创造，电子计算机的操作，信息的传输，大型企业的现代化管理，恐怕都在生产劳动的范围之内。因此，一项高技术的最终产品，尽管在最后这个环节上占用的活劳动可能很少，同转移的物化劳动相比可能不成比例，但是从"总生产机器"来考察，科学研究，资源勘探，原料开采，机器制造，中间产品的生产，所有参加这些劳动的人都是生产劳动的承担者，所有这些活动耗费的活劳动和形成的新价值，都会一步一步地被当作物化劳动保存和转移下来。从一项产品看是这样，从全社会总产品来看更是这样。这是我们在分析社会总价值时必须加以考虑的。

第三，复杂程度较高的劳动能创造更多的价值，这是马克思主义政治经济学的基本原理。那么，在不同的生产发展阶段，从全社会看的平均的劳动复杂程度是不是一成不变的呢？马克思关于国民工资差异的分析给我们以重要的启示。他说："国家不同，劳动的中等强度也就不同；有的国家高些，有的国家低些。于是各国的平均数形成一个阶梯，它的计量单位是世界劳动的平均单位。因此，强度较大的国民劳动比强度较小的国民劳动，会在同一时间内生产出更多的价值。"[1] 随着科学技术的进步，发达国家同不发达国家相比，其劳动的中等强度较高，从而平均的劳动复杂程度也比较高，同样多的劳动时间可以创造出更多的价值。在第三次技术革命来临之后这种情况更为明显。笔者认为这是发达资本主义国家所以出现总价值增长趋势快于劳动力增长趋势的一个重要原因。

（原载《马克思主义研究》1995 年第 6 期）

---

[1] 《资本论》第 1 卷，人民出版社 1972 年版，第 614 页。

社会主义社会基本矛盾理论
与我国的经济体制改革

从 1949 年新中国建立到 2009 年已度过了整整六十年。许多人从 1978 年党的十一届三中全会实现了历史性的伟大转折为分界线，把六十年分为前三十年和后三十年。这样的划分是有道理的。但是有些鼓吹历史虚无主义的人，却歪曲历史，全盘否定前三十年。这样，后三十年就成了无源之水、无本之木了。实际上，后三十年是在前三十年的理论创新、建设成就和正反两方面经验的基础上继续奋进，创造出辉煌业绩的。本文试图从理论与实践的结合上阐明形成于 20 世纪 50 年代的社会主义社会基本矛盾理论对我国改革开放的重要指导意义。

（1）毛泽东提出社会主义社会基本矛盾理论的时代背景。

在改革开放前三十年中，1956 年是有特别重大意义的一年。从国际形势看，自新中国成立，以美国为首的许多资本主义国家对我国采取断交、封锁、禁运等敌视政策。在对外关系上，我们只能"一边倒"，倒向以苏联为首的社会主义阵营。但是，1956 年 2 月，在苏共二十大上，赫鲁晓夫作了所谓秘密报告，全盘否定斯大林，这一事件导致了严重后果。一方面，资本主义国家借此在全世界掀起反苏反共浪潮；另一方面，在社会主义阵营内部引起了很大的思想混乱。这一年年中发生了波兰、匈牙利事件。我们党不赞成全盘否定斯大林，中苏两党的分歧由此开始。从国内形势看，1956 年发生了两件大事。一是，在党的领导下，基本上完成了对农业、手工业和资本主义工商业的社会主义改造，我国已经从新民主主义社会开始进入社会主义社会，这是在我国历史上划时代的革命变革。二是，到 1956 年 9 月党的第八次全国代表大会召开时，我国已基本上实现了原定于 1957 年完成的第一个五年计划的主要指标。在工业、农业、水利建设、交通运输和改善人民生活诸方面取得了显著的进展。尤其是以 156 项工程为核心的工业基本建设大部分已经完成，为我国工业化奠定了初步基础。

国际国内形势的重大变化，向全党和全国人民提出了一个重大的而紧迫的任务，这就是我们应如何审时度势开创一条适合我国国情的社会主义建设之路。党的八大就是在这样的形势下召开的。毛泽东《论十大关系》和《关于正确处理人民内部矛盾的问题》这两篇重要著作也是以探索中国前进道路为中心内容的。

对于八大，《关于建国以来党的若干历史问题的决议》指出："一九五六年九月党的第八次全国代表大会开得很成功。大会指出：社会主义制度在我国已经基本上建立起来；……国内主要矛盾已经不再是工人阶级和资产阶级的矛盾，而是人民对于经济文化迅速发展的需要同当前经济文化不能满足人民需要的状况之间的矛盾；全国人民的主要任务是集中力量发展社会生产力，实现国家工作化，逐步满足人民日益增长的物质和文化需要。"[1]

1956 年 4 月，毛泽东在中央政治局扩大会议上作了《论十大关系》的讲话。此前他深入一些地方做了调查，并从 1956 年 2 月开始，听取了三十四个部委的汇报，对国内情况有了比较全面的了解。与此同时，苏共二十大暴露出苏联在经济建设方面存在的问题，引起了毛泽东的高度关注。在《论十大关系》中，他明确提出了要以苏为鉴，说"最近苏联方面暴露了他们在建设社会主义过程中的一些缺点和错误，他们走过的弯路，你还想走？"[2] 1958 年 3 月，毛泽东在回顾这次讲话时说过：论十大关系开始提出自己的路线，原则和苏联相同，但方法有所不同，有我们自己的一套内容。[3]

---

① 《中国共产党中央委员会关于建国以来党的若干历史问题的决议》，人民出版社 1981 年版，第 15 页。

② 《毛泽东著作选读》下册，人民出版社 1986 年版，第 720—721 页。

③ 毛泽东 1958 年 3 月 10 日在成都会议上的讲话，转引自《毛泽东百年纪念（下）》，中央文献出版社 1994 年版，第 98 页。

《关于正确处理人民内部矛盾的问题》（以下简称《正处》）是 1957
年 2 月 27 日毛泽东在最高国务会议上的讲话。原题为《如何处理人民内
部的矛盾》，后经多次修改，在 1957 年 6 月 19 日公开发表时用了《正处》
这个题目。毛泽东自己说："我在最高国务会议讲话所谈的问题，本来在
心里积累了很久。"① 这说明《正处》有一个很长的思想酝酿过程。远的
不说，从 1956 年看，除了《论十大关系》已论及革命与反革命的关系，
是非关系等问题外，还几次讲到要处理好不同性质的矛盾。例如，1956 年
12 月 4 日毛泽东致民主建国会主任委员黄炎培的信中提出："社会总是充
满着矛盾。即使社会主义和共产主义社会也是如此，不过矛盾的性质和阶
级社会有所不同罢了。既有矛盾就要求揭露和解决。有两种揭露和解决的
方法：一种是对敌（这说的是特务破坏分子）我之间的，一种是对人民内
部的（包括党派内部的，党派和党派之间的）。前者是用镇压的方法，后
者是用说服的方法。"②

　　《正处》的理论贡献是多方面的，例如社会主义共产主义还存在矛盾，
在我国建立了社会主义制度后，从我国的国情出发，仍然把民族资产阶级
分子与劳动人民之间的矛盾包括在人民内部矛盾之中；在我国第一次明确
提出了中国工业化的道路等。不过，在笔者看来，《正处》中最重要的理
论贡献是在马克思主义发展史上第一次提出社会主义社会的基本矛盾并作
了全面的论述。

　　（2）社会主义社会基本矛盾理论是对科学社会主义的具有划时代意义
的重大发展。

　　社会基本矛盾学说是马克思主义科学体系的重要内容。马克思说：
"人们在自己生活的社会生产中发生一定的、必然的、不以他们的意志为
转移的关系，即同他们的物质生产力的一定发展阶段相适合的生产关系。
这些生产关系的总和构成社会的经济结构，即有法律的和政治的上层建筑
竖立其上并有一定的社会意识形式与之相适应的现实基础。物质生活的生

---

　　① 转引自薄一波《若干重大决策与事件的回顾（下卷）》，中共中央党校出版社 1993 年版，第
579 页。

　　② 同上书，第 584—585 页。

产方式制约着整个社会生活、政治生活和精神生活的过程。不是人们的意识决定人们的存在，相反，是人们的社会存在决定人们的意识。社会的物质生产力发展到一定阶段，便同它们一直在其中运动的现存生产关系或财产关系（这只是生产关系的法律用语）发生矛盾。于是这些关系便由生产力的发展形式变成生产力的桎梏。那时社会革命的时代就到来了。随着经济基础的变更，全部庞大的上层建筑也或慢或快地发生变革。"① 马克思对社会基本矛盾的这一经典表述，成为历史唯物主义的核心和科学社会主义的理论基石。马克思、恩格斯在世时，世界上还没有出现无产阶级夺取全国政权、进行社会主义建设的实践，他们不可能对未来社会的矛盾运动的特点作出具体的分析。

　　1917 年俄国十月革命建立了世界上第一个社会主义国家。列宁逝世过早，而且不能不把主要精力用于巩固新生的无产阶级政权。但他对社会主义社会的基本理论问题还是高度关注的。1920 年，他在读布哈林《过渡时期的经济》一书时，针对书中说："资本主义是对抗的、矛盾的制度。"列宁在批语中指出："极不确切。对抗和矛盾完全不是一回事。在社会主义下，对抗将会消失，矛盾仍将存在。"②

　　斯大林领导苏联三十年，社会主义建设取得了重大胜利积累了丰富的经验。但是他也犯过一些错误。在理论上他强调社会主义社会生产关系与生产力完全适合就是一种片面的观点。斯大林在 1938 年写的《论辩证唯物主义和历史唯物主义》一文中说："在社会主义制度下，目前还只有在苏联实现的这种制度下，生产资料的公有制是生产关系的基础。这里已经没有剥削者，也没有被剥削者。生产出来的产品是根据'不劳动者不得食'的原则按劳动分配的。这里，人们在生产过程中的相互关系的特征，是不受剥削的工作者之间的同志合作和社会主义互助，这里生产关系同生产力状况完全适合，因为生产过程的社会性是由生产资料的公有制所巩固的。"③ 1952 年斯大林在答诺特京的信对这个问题作了进一步的阐述。他

---

　　① 马克思：《政治经济学批判》序言，《马克思恩格斯选集》第 2 卷，人民出版社 1995 年版，第 32—33 页。

　　② 列宁：《对布哈林〈过渡时期的经济〉一书的评论》，人民出版社 1958 年版，第 12 页。

　　③ 《斯大林文选（上）》，人民出版社 1962 年版，第 202 页。

说："你断定说，只有在社会主义制度和共产主义制度下，才能达到生产关系同生产力性质的完全适合，而在其他社会形态下，只能实现不完全的适合。""这是不对的，在资产阶级革命以后的时代，当资产阶级破坏了封建的生产关系，确立了资产阶级的生产关系的时候，无疑有过一个时期，资产阶级的生产关系是完全适合生产力的性质的。""其次'完全适合'这种说法是不能在绝对的意义上来理解的。不能把这种说法理解为仿佛在社会主义制度下决没有生产关系落后于生产力的增长的现象。"①

第一位把马克思的社会基本矛盾学说运用于社会主义社会的是毛泽东。1956 年 11 月在八大二次会议上毛泽东说："将来全世界的帝国主义都打倒了，阶级消灭了，你们讲那个时候还有没有革命？我看还是要革命的。社会制度还要改革，还会用'革命'这个词。当然，那时革命的性质不同于阶级斗争时代的革命。那个时候还有生产关系同生产力的矛盾，上层建筑同经济基础的矛盾。生产关系搞得不对头就要把它推翻。"② 1957 年 1 月 27 日毛泽东在省、市、自治区党委书记会议上的讲话中直接批评了斯大林。他说："斯大林在一个长时期里不承认社会主义制度下生产关系和生产力之间的矛盾，上层建筑和经济基础之间的矛盾。直到他逝世前一年写的《苏联社会主义经济问题》才吞吞吐吐地谈到了社会主义制度下生产关系和生产力之间的矛盾，说如果政策不对，调节得不好，是要出问题的。但是，他还是没有把社会主义制度下生产关系和生产力之间的矛盾，当作全面性的问题提出来，他还是没有认识到这些矛盾是推动社会主义社会向前发展的基本矛盾。"③

1957 年 2 月，毛泽东在《关于正确处理人民内部矛盾的问题》中，对社会主义社会的基本矛盾作了更全面、更深入、更系统的论述。他指出："马克思主义的哲学认为，对立统一规律是宇宙的根本规律。这个规律，不论是自然界、人类社会和人们的思想中，都是普遍存在的。矛盾着的对立面又统一，又斗争，由此推动事物的运动和变化。……许多人不承

---

① 《斯大林文选（下）》，人民出版社 1962 年版，第 611 页。
② 《毛泽东选集》第 5 卷，人民出版社 1977 年版，第 318—319 页。
③ 同上书，第 356 页。

认社会主义社会还有矛盾，因而使得他们在社会矛盾面前缩手缩脚，处于被动地位；不懂得在不断地正确处理和解决矛盾的过程中，将会使社会主义社会内部的统一和团结日益巩固。""社会主义社会的矛盾同旧社会的矛盾，例如同资本主义社会的矛盾，是根本不相同的，资本主义社会的矛盾表现为剧烈的对抗和冲突，表现为剧烈的阶级斗争，那种矛盾不可能由资本主义制度本身来解决，而只有社会主义革命才能够加以解决。社会主义社会的矛盾是另一回事，恰恰相反，它不是对抗性的矛盾，它可以经过社会主义制度本身，不断地得到解决。""在社会主义社会中，基本的矛盾仍然是生产关系和生产力之间的矛盾，上层建筑和经济基础之间的矛盾……我国现有的社会制度比较旧时代的社会制度要优胜得多。如果不优胜，旧制度就不会被推翻，新制度就不可能建立。所谓社会主义生产关系比较旧时代生产关系更能够适合生产力发展的性质，就是指能够容许生产力以旧社会所没有的速度迅速发展。""总之，社会主义生产关系已经建立起来，它是和生产力的发展相适应的；但是，它又还很不完善，这些不完善的方面和生产力的发展又是相矛盾的。除了生产关系和生产力发展的这种又相适应又相矛盾的情况以外，还有上层建筑和经济基础的又相适应又相矛盾的情况。……我们今后必须按照具体的情况，继续解决上述的各种矛盾。当然，在解决这些矛盾以后，又会出现新的问题，新的矛盾，又需要人们去解决。"①

笔者体会，毛泽东关于社会主义社会基本矛盾理论可以说在科学社会主义发展史上掀开了新的一页。它的创新之处表现在：

第一，社会主义社会的基本矛盾仍然是生产关系与生产力，上层建筑与经济基础之间的矛盾。这一基本矛盾在社会主义从建立、发展到成熟的整个过程中始终存在，而不是斯大林说的，生产关系与生产力在某阶段"完全适合"，在另一阶段又出现生产关系落后于生产力的状况。

第二，要把社会主义基本制度，即生产关系和上层建筑中体现社会主义根本性质的内容。同生产关系上层建筑的具体方面，具体环节区别开来。社会主义的基本制度是同生产力的发展和经济基础的巩固的要求相适

---

① 《毛泽东著作选读》下册，人民出版社1986年版，第766—769页。

应的，而生产关系和上层建筑中某些不完善的方面和环节，又是同生产力的发展和经济基础的巩固的要求相矛盾的。因此，在社会主义社会基本矛盾总是在又相适应又相矛盾中运动着、发展着。把基本制度与具体环节区别开来具有十分重要的意义，是马克思、列宁、斯大林都未曾提及的。

第三，社会主义社会的矛盾与旧社会的矛盾具有根本不同的性质。原因之一是由于社会主义的矛盾主要是人民内部矛盾，不是对抗阶级之间的矛盾。原因之二是社会主义社会生产关系与生产力、上层建筑与经济基础之间的矛盾不是基本制度的不适应，而是生产关系上层建筑某些具体方面、具体环节的不适应。这就说清了为什么在社会主义社会的矛盾可以依靠制度的力量用自觉地调整、变革的办法得到解决。

第四，旧的矛盾解决了，又会出现新的矛盾，又需要人们去自觉地加以解决。矛盾的不断产生又不断解决，是保证社会主义社会向前发展的内在动力。

（3）邓小平对社会主义社会基本矛盾理论的继承和重要发展。

第一，党在社会主义初级阶段的基本路线是在邓小平理论的指引下形成的。

1981年6月在党的十一届六中全会通过的《建国以来党的若干历史问题的决议》是一个重要文件，决议充分肯定了毛泽东的历史地位，指出毛泽东思想从六个方面丰富和发展了马克思主义，它将长期指导我们的行动。邓小平在审议决议文稿时曾经说过："从许多方面来说，现在我们还是把毛泽东同志已经提出，但没有做的事情做起来，把他反对错了的改正过来，把他没有做好的事情做好，今后相当长的时期，还是做这件事。当然，我们也有发展，而且还要继续发展。"①

邓小平对毛泽东思想的继承和发展是多方面的，其中一个重要方面就是社会主义社会基本矛盾理论。邓小平说过："关于基本矛盾，我想现在还是按照毛泽东同志在《关于正确处理人民内部矛盾的问题》一文中的提法比较好。毛泽东同志说：'在社会主义社会中，基本的矛盾仍然是生产关系和生产力之间的矛盾，上层建筑和经济基础之间的矛盾。'他在这里

---

① 《邓小平文选》第2卷，人民出版社1983年版，第300页。

说了很长的一段话，现在不重复。当然指出这些基本矛盾，并不就完全解决了问题，还需要就此作深入的具体的研究。但是从二十多年的实践看来，这个提法比其他的一些提法妥当。"①

邓小平是中国改革开放的总设计师，第一位把社会主义社会基本矛盾理论运用于改革开放并形成党在社会主义初级阶段的基本路线的是邓小平。

党在社会主义初级阶段的基本路线是 1987 年 10 月党的第十三次全国代表大会正式通过的，原文如下："在社会主义初级阶段我们党的建设有中国特色的社会主义的基本路线是：领导和团结全国各族人民，以经济建设为中心，坚持四项基本原则，坚持改革开放，自力更生，艰苦创业，为把我国建设成为富强、民主、文明的社会主义现代化国家而奋斗。"② 对于基本路线的重大意义，1992 年 10 月党的第十四次全国代表大会的政治报告中作过这样的概括："十四年伟大实践的经验，集中到一点，就是要毫不动摇地坚持以建设有中国特色社会主义理论为指导的党的基本路线，这是我们事业能够经受风险考验，顺利达到目标的最可靠的保证。"③ 从十五大到十七大，我们党始终坚持和丰富这一基本路线，进一步明确四项基本原则是立国之本，改革开放是强国之路，两者是相互贯通、相互依存，统一于社会主义建设这个中心。

那么，为什么说，基本路线是在邓小平指引下形成的，其中贯穿着对社会主义社会基本矛盾理论的运用呢？这就需要对基本路线的形成过程作一简要的回顾。

从 1978 年 12 月党的十一届三中全会到 1987 年 10 月党的十三大，整整经过了九年。在这段时间里，邓小平针对改革开放逐步深化的过程中不断出现的各方面的实际问题，以马列主义、毛泽东思想为指导提出了自己的新观点，逐步形成了邓小平理论，而基本路线的主要内容也随之呈现出明晰的轮廓。例如：关于建设有中国特色的社会主义，是邓小平在 1982

① 《邓小平文选》第 2 卷，人民出版社 1983 年版，第 181—182 页。
② 李力安等主编：《光辉的七十年》下卷，中国人民大学出版社 1991 年版，第 1979 页。
③ 《中国共产党第十四次全国代表大会文件汇编》，人民出版社 1992 年版，第 16 页。

年 9 月首先提出的。他说："我们的现代化建设，必须从中国的实际出发。……把马克思主义的普遍真理同我国的具体实际结合起来，这就是我们总结长期历史经验得出的基本结论。"①

关于我国还处在社会主义初级阶段，邓小平在 1987 年 8 月作了具体的说明，指出："我们党的十三大要阐述中国社会主义是处在一个什么阶段，就是处在初级阶段，是初级阶段的社会主义。社会主义本身是共产主义的初级阶段，而我们中国又处在社会主义的初级阶段，就是不发达的阶段。一切都要从这个实际出发，根据这个实际来制订规划。"②

关于以经济建设为中心，邓小平讲过多次，这里只举他在 1984 年 6 月的一次谈话："什么叫社会主义，什么叫马克思主义？我们过去对这个问题的认识不是完全清醒的。马克思主义最注重发展生产力。……社会主义阶段的最根本任务就是发展生产力，社会主义的优越性归根到底是体现在它的生产力比资本主义发展更快一些，更高一些，并且在发展生产力的基础上不断改善人民的物质文化生活。"③

关于改革开放，邓小平讲得更多。这里只举他在 1978 年 10 月，即党的十一届三中全会前，最早提出改革开放任务时一次讲话。他说："现在党中央、国务院要求加快实现四个现代化的步伐，并且为此而提出了一系列政策和组织措施。中央指出：这是一场根本改变我国经济和技术落后面貌，进一步巩固无产阶级专政的伟大革命。这场革命既要大幅度地改变目前落后的生产力，就必然要多方面地改变生产关系，改变上层建筑，改变工农业企业的管理方式和国家对工农业企业的管理方式，使之适应于现代大经济的需要。"④

邓小平在党的十一届三中全会以后不久，即 1979 年 3 月，就向全党郑重提出了坚持四项基本原则的问题。他高度关注当时社会上出现的错误思潮并对坚持社会主义道路，坚持无产阶级专政，坚持共产党的领导，坚持马列主义、毛泽东思想，逐项作了深刻的论述。他指出："中央认为，

①　《邓小平文选》第 3 卷，人民出版社 1993 年版，第 2—3 页。

②　同上书，第 252 页。

③　同上书，第 63 页。

④　《邓小平文选》第 2 卷，人民出版社 1983 年版，第 135—136 页。

今天必须反复强调坚持这四项基本原则，因为某些人（哪怕只是极少数人）企图动摇这些基本原则，这是决不许可的。每个共产党员，更不必说每个党的思想理论工作者，决不允许在这个根本立场上有丝毫动摇。如果动摇了这四项基本原则中的任何一项，那就动摇了整个社会主义事业，整个现代化建设事业。"①

1989年11月，邓小平在回顾基本路线的形成过程时说："我们坚持社会主义，不会改变。十三大确定了'一个中心、两个基本点'的战略布局，我们十年前就是这样提出的，十三大用这个语言把它概括起来。这个战略布局我们一定要坚持下去，永远不改变。"②

以上回顾虽然十分简略，但仍可说明党在社会主义初级阶段的基本路线是在邓小平理论指引下形成的。它从一个方面体现了邓小平对毛泽东思想的继承和发展。

第二，处理好两个基本点之间的关系是邓小平理论的精髓。

邓小平多次说过改革是革命性的变革，是中国的第二次革命，是伟大的试验。对此我们应该如何理解呢？笔者体会应该从改革开放的广度和深度上来理解。从广度看，改革从农村到城市，从对内到对外，从经济到政治、文化、社会、国防诸方面，不是某一个或几个领域的改革，而是全面的改革。从深度看，改革不仅有量的变化，而且有一定程度的质的变化。仅从经济领域来看，笔者体会这种质的变化表现在以下诸方面。

从所有制结构上看，改革前国营经济和集体经济占国民经济的绝大部分。私营经济、外资经济几乎不存在。改革后，建立了以公有制为主体、多种所有制共同发展的社会主义初级阶段的基本经济制度，而且写进了宪法。目前，在政府的大力扶持下，非公经济得到了长足的发展，已成为国民经济的重要组成部分。

从分配制度上看，与公有制经济为主体、多种所有制共同发展相适应，形成了以按劳分配为主，多种生产要素参与分配的格局。由此产生了新的社会阶层，各社会群体收入差距明显扩大。

---

① 《邓小平文选》第2卷，人民出版社1983年版，第173页。
② 《邓小平文选》第3卷，人民出版社1993年版，第345页。

从流通领域看，由改革前实行的全面的指令性计划体制转变为社会主义市场经济体制。目前在社会资源的分配上市场已经基本上起到了基础性的作用。

从对外经济关系上看，新中国建立后的三十年内，以美国为首的四十七个国家对我国实行封锁禁运，客观上不具备实行对外开放的条件。这种局面一直到1979年我国与美国建立正式外交关系才有了改观。改革后，我们把对外开放定为长期的基本国策，在这方面做了大量的工作。目前我国的进出口总额和吸引外资的总额都居世界前列。

改革开放在以上诸方面带来的深刻变化，从总体上看，符合生产关系一定要适合生产力状况的规律，成绩是主要的。但是在如此深刻的变化过程中出现工作上的失误和带来消极影响也是难以避免的。对这个方面也应该给予高度的关注。

对于坚持四项基本原则同坚持改革开放的相互关系，邓小平也非常重视。除了从总体上强调"在整个改革开放的过程中，必须始终注意坚持四项基本原则"，[①] 还对改革开放的每一个重要领域提出两个基本点相互结合的具体要求。

对于所有制结构的改革，邓小平说："我们在改革中坚持了两条，一条是公有制经济始终占主体地位，一条是发展经济要走共同富裕的道路，始终避免两极分化。我们吸收外资，允许个体经济发展，不会影响公有制经济为主体这一基本点。相反地，吸收外资也好，允许个体经济的存在和发展也好，归根到底，是要更有力地发展生产力，加强公有制经济。只要我国经济中公有制占主体地位，就可以避免两极分化。"[②]

对于分配制度的改革，邓小平在强调破除绝对平均主义，提出让一部分地区、一部分人先富起来，先富帮后富的主张时，明确告诫我们："社会主义的目的就是要全国人民共同富裕，不是两极分化。如果我们的政策导致两极分化，我们就失败了；如果产生了什么新的资产阶级，那我们就

①　《邓小平文选》第3卷，人民出版社1993年版，第379页。
②　同上书，第149页。

真是走了邪路了。"①

对于流通领域的改革，邓小平提出用社会主义制度下的市场经济体制取代改革前进行了三十年的高度集中的计划经济体制。这在他的改革蓝图中是一个突出的亮点。他明确主张计划与市场都是一种方法。只要有利于社会主义社会生产力的发展，计划方法与市场方法都可以用。因此，他始终一贯地主张把计划与市场结合起来，他在1989年说："我们要继续坚持计划经济与市场调节相结合，这个不能改。实际工作中，在调整时期我们可以加强或者多一点计划性。而在另一个时候多一点市场调节，搞得更灵活一些。以后还是计划经济与市场调节相结合。"② 社会主义市场经济这个范畴是江泽民同志在党的十四大提出来的。其主要内容，如社会主义市场经济体制是同社会主义基本制度结合在一起的，其核心在于正确处理计划与市场的关系等体现了邓小平在这个方面的一系列观点，十四大前就得到邓小平的赞同。1993年9月，邓小平在一次谈话中，用最简练的语言，高度概括了社会主义市场经济的本质："社会主义市场经济优越性在哪里？就在四个坚持。"③

对于对外开放，邓小平多次强调要以自力更生为基础。他指出："独立自主，自力更生，无论过去、现在和将来，都是我们的立足点。……我们坚定不移地实行对外开放政策，在平等互利的基础上积极扩大对外交流。同时，我们保持清醒的头脑，坚决抵制外来腐朽思想的侵蚀，决不允许资产阶级生活方式在我国泛滥。"④

邓小平从改革开放之始就反复强调坚持四项基本原则与坚持改革开放应该是相互依存，相互贯通的。其根本目的就是要求后人要真正做到在改革开放不断深化中，始终坚持社会主义的方向。言之谆谆，嘱之切切，关键是在实际工作中真正落实。

第三，在今后长期的社会主义建设中如何继续处理好两个基本点之间的关系是当代中国面临的一个重大课题。

---

① 《邓小平文选》第3卷，人民出版社1993年版，第110—111页。

② 同上书，第306页。

③ 《邓小平年谱（下）》，中央文献出版社2004年版，第1363页。

④ 《邓小平文选》第3卷，人民出版社1993年版，第3页。

　　自 1978 年党的十一届三中全会至今，我们沿着中国特色的社会主义道路持续前进，取得了重大成就。实践证明，我们已经从总体上实现了两个基本点的相互贯通、相互促进。但是，必须清醒地看到，两个基本点之间的关系是极其复杂、充满矛盾的。因此，在实际工作中肯定会遇到多种多样的困难，发生这样那样的失误，并且肯定会出现某些一时解决不了而又必须着力解决的问题。在当前，笔者认为既坚持公有制经济的主体地位，又促进非公有制经济共同发展，就是一个必须给予高度关注的难点。

　　唯物辩证法告诉我们，在诸多矛盾同时存在的情况下，必然有一个主要矛盾。这个主要矛盾的主要方面决定着事物的根本性质。在质量互变的规律中，任何事物都处在一个从量变到质变的过程中，量变包括局部质变。在局部质变与根本质变之间有一个"度"。在这个"度"以下，量变到局部质变不可能导致根本质变；而越过这个"度"，局部质变就很可能导致根本质变。这里所说的"度"是事物发展过程中客观存在的。在社会主义初级阶段，公有制经济与非公有制经济这一对矛盾是决定生产关系性质的主要矛盾。从 1978 年至今矛盾主要方面始终是公有制经济，所以我国的社会制度一直是社会主义性质的。但是如果有朝一日，非公有制经济成为这对矛盾的主要方面，那么我国的社会制度必将发生根本的质变。笔者所以说，公有制经济与非公有制经济的关系极其复杂，是因为我国的所有制结构已经发生了局部质变。如何在两者共同发展而且又强调两个"毫不动摇"的情况下，继续保证公有制经济的主体地位，使局部质变不至于导致根本质变，就成为关系全党全民根本利益的大事。

　　目前，对公有制经济是否还居于主体地位，有各种不同的说法。不少同志以各种统计数字为根据，断定我国以国有经济为核心的公有制经济已经失去了在国民经济中的主体地位。我认为统计数据固然重要，但不能作为唯一的根据。江泽民同志 2000 年在《巩固和加强社会主义的经济基础》一文中说："党的十五大提出，公有制为主体，多种所有制经济共同发展，是我国社会主义初级阶段的基本经济制度。我们必须坚持社会主义公有制作为社会主义经济制度的基础。同时需要在公有制为主体的条件下发展多种所有制经济，这有利于促进我国经济的发展。社会主义公有制的主体地位绝不能动摇，否则我们党的执政地位和我们社会主义的国家政权就很难巩固和加强。只要坚持公有制为主体，国家控制国民经济命脉，国有经济的控制力和竞争力得到增强，在这个前提下，国有经济比重减少一些，不会影响我国的社会主义性质。这是正确的，也是符合实践发展要求的。当然，所谓比重减少一些，也应该有个限度，有个前提，就是不能影响公有制的主体地位和国有经济的主导作用。"① 笔者体会，江泽民同志在这里说的"也应该有个限度，有个前提"就是指的唯物辩证法中的"度"。这个"度"既包括质的因素，也包括量的因素。国有经济的主导作用属于质，国有经济为核心的公有制经济在国民经济中的比重属于量。质与量也是对立统一的关系。没有一定的质量就无从谈起。没有一定的量，质也就不存在。因此，对公有制经济是否还处于主体地位，既要看在质上是否还能发挥主导作用，又要看在量上是否还占有必不可少的比重。近些年来，国有经济在整个国民经济中的比重如此迅速而又大幅度的下降，应该引起我们的高度关注。

以上笔者只是谈到所有制结构方面的问题，此外，在分配关系方面，社会主义市场经济体制方面，对外开放方面，也不同程度地存在类似问题。所以笔者认为妥善处理坚持四项基本原则与坚持改革开放的相互关系，是当代中国面临的一大课题。

（原载《马克思主义研究》2009 年第 8 期，后收入《36 位著名学者纵论新中国发展 60 年》，中国社会科学出版社 2009 年 10 月版，大标题改为《社会主义社会基本矛盾理论与改革开放》）

---

① 《江泽民文选》第 3 卷，人民出版社 2006 年版，第 71—72 页。

共同富裕——社会主义的根本原则

——学习《邓小平文选》第三卷的一点体会

邓小平同志在 1992 年的南巡谈话中指出，走社会主义道路，就是要逐步实现共同富裕。共同富裕的构想是这样提出的：一部分地区有条件先发展起来，一部分地区发展慢点，先发展起来的地区带动后发展的地区，最终达到共同富裕。

实现全国人民共同富裕是小平同志的一贯思想。早在 1978 年党的十一届三中全会前夕，他就提出要允许一部分地区、一部分人，由于辛勤努力，生活先好起来。生活先好起来的人必然会产生极大的示范力量带动其他人向他们学习。这样，会使整个国民经济不断向前发展，使全国人民比较快地富裕起来。在改革开放的十几年中，这一经济政策已显示出巨大的活力，小平同志又不断总结实践经验，多次论述共同富裕的思想，使它包含着更深刻、更丰富的内容。

第一，共同富裕是社会主义的本质。小平同志多次讲过，达到全国人民共同富裕是社会主义的根本原则，是社会主义的目的，是我们为之奋斗的根本目标，"社会主义最大的优越性就是共同富裕，这是体现社会主义本质的一个东西"①。马克思、恩格斯设想的共产主义社会，概括起来说，就是生产力高度发达，物质资料极大丰富，可以满足每个社会成员的一切合理需要，并保证人的全面发展。小平同志把共同富裕当作社会主义最大的优越性，不仅是继承了科学社会主义理论，而且是针对着中国的实际情况。十年内乱，"四人帮"掀起的极左思潮，流毒深广。他们蛊惑人心的

---

① 《邓小平文选》第 3 卷，人民出版社 1993 年版，第 364 页。

论调之一，就是"宁要社会主义的草，不要资本主义的苗"，叫嚷要搞"穷社会主义"，越穷越革命，胡说共产主义主要是精神方面的。对这些论调，小平同志斥之为"荒谬之极"。为了肃清极左思潮的影响，为以经济建设为中心的战略决策准备思想上、理论上的条件，小平同志在党的十一届三中全会后反复强调，社会主义一定要消灭贫穷，"贫穷不是社会主义，发展太慢也不是社会主义"。"我们的目的是共同富裕。要经过若干年的努力，体现出社会主义的优越性。"[1]

第二，使一部分人先富裕起来，逐步达到共同富裕，是我国条件下尽快摆脱贫困的必由之路。我国人口众多而原有的生产力十分落后。这种落后状况除了表现为经济、文化总水平低下外，还表现在生产力的多层次和各地区发展极不平衡上。根据我国的基本国情，在革命胜利后本应把发展社会生产力放在各项工作的首位。但是，在改革前的 30 年，我们工作中的一个重要缺点，恰恰是对发展生产力重视不够。以至到了 1978 年，工人的平均月工资还只有四五十元，农村的大多数地区还处于贫困状态。中国要解决的是十亿人的贫困问题，是十亿人的发展问题。正因为如此，十一届三中全会摒弃了"阶级斗争为纲"，把党的工作重心转移到经济建设上来。小平同志多次指出，社会主义阶段的最根本任务是发展生产力，一个真正的马克思主义政党在执政以后，一定要致力于发展生产力，并在这个基础上逐步提高人民的生活水平。那么，怎样才能做到尽快地发展生产力，尽快地提高人民生活呢？这就需要从中国的实际出发，找到一条正确的道路。新中国成立后的 30 年，我们实行的是高度集中的计划经济体制，中央对地方、对企业都管得过严、过死。有条件快些发展的地区，上缴国家多，国家投资少，长期"吃老本"；条件困难的地区，主要依赖国家的补贴和救济。盈利企业，纯收入几乎全部被国家拿走，想快也快不起来；亏损企业则躺在国家身上，不求进取。总之，地方和企业都在吃国家的"大锅饭"，平均主义严重，挫伤了地方和企业的积极性，当然也解决不好发展生产力和提高人民生活的问题。小平同志针对工作中多年的积弊，考虑到我国生产力的多层次和各地区发展的不平衡，找到了一条较快地发展

---

[1] 《邓小平文选》第 3 卷，人民出版社 1993 年版，第 255 页。

经济，较快地摆脱贫困的必由之路。他说："我们的政策是让一部分人、一部分地区先富起来，以带动和帮助落后的地区，先进地区帮助落后地区是一个义务。我们坚持走社会主义道路，根本目标是实现共同富裕，然而平均发展是不可能的。过去搞平均主义，吃'大锅饭'，实际上是共同落后，共同贫穷，我们就是吃了这个亏。改革首先要打破平均主义，打破'大锅饭'，现在看来这个路子是对的。"①

第三，小康社会是共同富裕的近期目标。小平同志把共同富裕纳入他提出的分三步走，在下世纪中叶达到中等发达水平的宏伟战略构想之中。他说："到本世纪末，中国人均国民生产总值将达到八百至一千美元……那时人口是十二亿至十二亿五千万，国民生产总值是一万至一万二千亿美元了。我们社会主义制度是以公有制为基础的，是共同富裕，那时我们叫小康社会，是人民生活普遍提高的小康社会。"② 1983 年，小平同志视察江苏，十分高兴地了解到当时苏州市工农业总产值已接近人均八百美元，在这个水平上，苏州人民的吃穿用问题解决了，住房问题解决了，就业问题解决了，人不再外流了，中小学教育普及了，人们的精神面貌变化了。③这六个方面的进步，用活生生的事实描绘出小康社会共同富裕的景象。当然，小康社会并不是共同富裕的最终目标。有更高水平的社会生产力，就有更高水平的共同富裕。一直到共产主义，都可以包括在共同富裕之中。但小平同志把共同富裕与小康社会联系在一起，这就使共同富裕不再是可望而不可即的遥远未来，而成为可以经过努力在几年内达到的阶段性目标，给人民以极大的鼓舞。

第四，坚持社会主义分配制度，消除两极分化，是实现共同富裕的基本保证。小平同志在文选第三卷中多次讲过，"一个公有制占主体，一个共同富裕，这是我们所必须坚持的社会主义的根本原则"④。如何实现共同富裕，除了发展生产力为前提外，还必须实行按劳分配，防止两极分化。小平同志向我们反复指出，在中国现在落后的状态下，如果走资本主义道

① 《邓小平文选》第 3 卷，人民出版社 1993 年版，第 155 页。
② 同上书，第 215 页。
③ 同上书，第 24—25 页。
④ 同上书，第 111 页。

路，可以使中国百分之几的人富起来，但是绝对解决不了百分之九十几的人生活富裕的问题。而坚持社会主义，实行按劳分配的原则，就不会产生贫富过大的差距。到本世纪末，中国的国民生产总值可以达到一万亿美元，"如果按资本主义的分配方法，绝大多数人还摆脱不了贫穷落后状态，按社会主义分配原则，就可以使全国人民普遍过上小康生活。这就是我们为什么要坚持社会主义的道理。不坚持社会主义，中国的小康社会形成不了"①。

小平同志把共同富裕与按劳分配联系在一起，又把两者同坚持社会主义道路联系在一起，是从中国实际出发的、活生生的马克思主义。他从一个新的高度揭示了分配对生产和社会进步的积极的反作用。在同样的生产力水平下，由于分配制度不同会带来完全不同的社会后果。在中国，要达到小康社会，必须发挥按劳分配的先进性。从这个角度来论证只有社会主义能够发展中国，是极具创造性的思想启迪。

两极分化是与共同富裕完全对立、互不相容的。小平同志把两者的根本区别同社会制度联系起来。他说："社会主义与资本主义不同的特点就是共同富裕，不搞两极分化。"② 在资本主义制度下，两极分化是不可避免的。如果资本家不去剥夺占人口绝大多数的劳动者创造的剩余价值，他们就不能生存。而资本的积聚和集中，又使资本日益集中在极少数大垄断资本家手里。马克思在揭露资产阶级与无资产阶级的对立时说："在一极是财富的积累，同时在对立的一极，即在生产资本本身的阶级方面，是贫穷、劳动折磨、无知、粗野、道德堕落和受奴役的积累。"③ 所以，两极分化是资本主义的必然产物。社会主义社会，以公有制和按劳分配为基础。生产资料归全体人民共同占有或一部分劳动者集体占有，人民创造的财富，归根结底用于人民。所以，共同富裕是社会主义制度的客观要求。那么，在我国现阶段，在多种经济成分并存，各地区发展极不平衡的条件下，鼓励一部分地区、一部分人先富起来，会不会也产生两极分化呢？小

---

① 《邓小平文选》第 3 卷，人民出版社 1993 年版，第 64 页。
② 同上书，第 123 页。
③ 《资本论》第 1 卷，法文版中译本，中国社会科学出版社 1983 年版，第 689 页。

平同志早就察觉这个问题的重要性。他再三告诫我们："现在我们搞四个现代化，是搞社会主义的四个现代化，不是搞别的现代化。我们采取的所有开放、搞活、改革等方面的政策，目的都是为了发展社会主义经济。我们允许个体经济发展，还允许中外合资经营和外资独营的企业发展，但是，始终以社会主义公有制为主体。社会主义的目的就是要全国人民共同富裕，不是两极分化。如果我们的政策导致两极分化，我们就失败了。如果产生了什么新的资产阶级，那我们就真的走了邪路了。"① 小平同志的意思很清楚，两极分化绝不是社会主义制度的必然产物。但如果我们的政策有误，也有可能导致两极分化。如何防止呢？最重要的是始终坚持以公有制为主体。

改革开放以来，小平同志提出的使一部分地区、一部分人先富起来，逐步达到共同富裕的战略构想，已经在社会主义建设实践中认真落实，并已取得丰硕的成果。国家对开放地区实行优惠政策，对经济特区实行特殊政策，鼓励开展对外经贸活动，扩大出口，引进先进技术，发展"三资"企业；对内抓紧重点项目的建设，促进各省之间的经济协作和人才交流，大力支持第三产业和乡镇企业的发展，并始终重视贫困地区的扶持开发工作。在党的政策引导下，我国沿海诸省市和某些内陆沿边地区的优势得到较好的发挥，商品经济发展很快，市场体系正在形成，对外经济往来蓬勃发展，城镇居民收入大幅提高，已经出现了珠江三角洲、长江三角洲、辽东半岛、胶东半岛等经济高速发展地带。1991 年，广东省和上海市人均生活费收入分别达到 2536 元和 2334 元，比全国平均水平高出 61.5% 和48.7%。有些市如苏州，有些县如无锡已提前达到小康水平。我国广大农村推行科技兴农，举办乡镇企业，发展外向型经济，1991 年我国乡镇企业总产值达到 11678 亿元，出口产品收购总额占全国的 29.7%，有些地方已经先富起来，全国涌现了一批社会总产值上百亿的县和上亿元的乡镇。广东省 1992 年平均每四个乡镇就有一个社会总产值超过亿元，全省总数达425 个。山东省 1992 年农村居民年末结余货币 337 亿元，比 1985 年增长2.2 倍。深圳市农民人均纯收入达到 2270 元，比 1980 年增长 1.5 倍，绝

---

① 《邓小平文选》第 3 卷，人民出版社 1993 年版，第 110 页。

大多数农民已经达到小康水平。改革以来，在一部分地区、一部分人先富起来的同时，党和政府一直采取多项有效措施，坚持扶贫。"七五"期间，为了解决大多数贫困地区群众的温饱问题，国家在原有扶贫资金基础上，增加了相当数量的资金和物资投入，实行开发性扶贫，加强贫困地区的造血功能。"八五"期间，国家又规定，在开发性扶贫的基础上转向依靠科技进步和提高劳动者素质的轨道。近年来采取的重要措施之一，是较发达地区和贫困地区互派干部，到 1992 年上半年，全国已有十几个省、区、市开展了干部交流。其中江苏七个市同陕西南部四个地区已相互交流了146 名干部。有些经济发展较快的省，在省内不同的地区之间也进行了对口支援。如山东省就由沿海六个经济发达的市同欠发达的鲁西北、鲁中南的 82 个县结成了友好的协作关系。除了从资金、物资上给予支援，还帮助培训了各类人才近千万。从全国农村来看，经过长期的、多方面的努力，没有完全解决温饱问题的贫困人口，已从 1985 年的 1.25 亿人，减少到 1992 年的 8000 万人。1993 年，国务院又批准"八七扶贫攻坚计划"，即用七年时间，到 20 世纪末解决 8000 万迄今尚未达到温饱水平的贫困人口。该计划将从 1994 年实施。

　　以上简要情况说明，我们党在贯彻小平同志提出的防止两极分化，逐步实现共同富裕的战略方针上，态度是坚决的，基本政策是合理的，工作是卓有成效的。那么，在这些方面是不是完全没有出现新问题，遇到新矛盾呢？应该看到，在我们这样一个十亿人口发展中大国里，逐渐实现共同富裕必然要经历一个艰辛、复杂的过程，一切都一帆风顺是不可能的。对于当前的发展形势，有人认为我国东部同中、西部之间的差距，城市同农村之间的差距，已经过大；有人认为我国已经出现了严重的社会分配不公；也有人认为我国社会已经发生了两极分化。这些看法对不对？需要进一步的分析。差距扩大、分配不公和两极分化是既有联系又有区别的三种情况，不能混为一谈。差距扩大，在我国的确存在。不但存在于东西部之间和城乡之间，发展较快的省，如广东、山东，省内的发达地区与贫困地区之间差距也比较大。同在一个城市，同在一个村镇高收入者与低收入者之间差距还在扩大。笔者认为由于主客观条件的差异，如地区自然环境不同，原有的经济文化基础不同，改革开放带来的机遇程度不同，家庭人口多少、成员从事的职业、个人的才干和努力的程度不同等，在鼓励一部分地区、一部分人先富起来的政策下百舸竞发，差距就会拉大。先富的帮助后富的，也必然要经历一个或长或短的过程，在这个过程中，差距反而会扩大，这是不难理解的。关键在于把握好差距扩大的"度"。差距扩大到什么程度是难以避免的、甚至是有益的，什么程度则是过分的、有害的，这是一个有待于进一步研究的课题。

关于我国存在着社会分配不公，已经是各级领导和广大人民群众的共识。社会财富是工人、农民、知识分子用辛勤劳动创造出来的。改革十几年来，人民生活已普遍得到改善，但工人、农民、知识分子的大多数并谈不上富裕，其中未脱离贫困状态的，城乡居民加在一起还有约一亿人。而极少数搞权钱交易的、"官倒"、投机倒把者、"大款"、"大腕"，却以种种手段大量侵吞社会财富，在很短时间成为百万富翁、千万富翁。"暴富"的结果，必然是纸醉金迷，挥霍无度。他们同广大劳动者形成极为强烈的反差，理所当然地引起全社会的愤慨。采取有力措施，消除分配不公，已经是刻不容缓的事情。如果任其发展，总有一天会从个别的资产阶级分子演变成新的资产阶级。

不过，上面我们谈到差距扩大、分配不公，就现在的情况来说，同两极分化还是有区别的。所谓两极分化，是马克思在分析资本主义制度下资产阶级同无产阶级之间的对抗性矛盾时提出来的。这一点，前文已经说过。因此，对两极分化的认识，应该从全社会阶级关系变动的大局来看，从剥削阶级与被剥削阶级的对抗性矛盾来看。我国目前存在的一部分人同另一部分人收入差距扩大；极少数人在新旧体制交替的情况下，钻国家政策的空子，成为暴发户；都还不能说是真正意义上的两极分化。

在我国十亿人民中逐步实现共同富裕是一项极其错综复杂的系统工程，在我们面前还有很长一段路要走。在党的十四大以后，特别是十四届三中全会以后，围绕建立社会主义市场经济体制，改革开放正在向纵深发展，小平同志早就向我们指出："在改革中坚持社会主义方向，这是一个很重要的问题。""社会主义有两个非常重要的方面，一是以公有制为主体，二是不搞两极分化。"按照这个方向走，"这就是坚持社会主义"。① 实践表明，要把小平同志的谆谆教导全面地、切实地贯彻到改革开放的各项工作中去，还要解决许多新的矛盾，做出坚韧不拔的努力。我们坚信，只要遵循建设有中国特色的社会主义理论，深化改革，扩大开放，坚持以公有制为主体和按劳分配为主体，全力以赴地进行现代化建设，使全体人民共同富裕的宏伟目标一定能够达到。

（原载《经济学动态》1994 年第 1 期）

① 《邓小平文选》第 3 卷，人民出版社 1993 年版，第 138—139 页。

坚持四项基本原则,关注意识形态领域的斗争

——学习邓小平理论的一点体会

四项基本原则是邓小平同志在 1979 年党的理论工作务虚会上,针对当时思想理论战线存在的问题而提出的。他说:"为了实现四个现代化,我们必须坚持社会主义道路、坚持无产阶级专政、坚持共产党的领导、坚持马列主义、毛泽东思想。中央认为,今天必须反复强调坚持这四项基本原则,因为某些人(哪怕是极少数人)企图动摇这些基本原则,这是决不许可的。每个共产党员,更不必说每个党的思想理论工作者,决不允许在这个根本立场上有丝毫动摇。如果动摇了这四项基本原则中的任何一项,那就动摇了整个社会主义事业,整个现代化建设事业。"[①]

1987 年 10 月党的十三大,正式提出了党在社会主义初级阶段建设有中国特色社会主义的基本路线。这就是"领导和团结全国各族人民,以经济建设为中心,坚持四项基本原则,坚持改革开放,自力更生,艰苦创业,为把我国建设成为富强、民主、文明的社会主义现代化国家而奋斗"。在这以后,从十四大到十七大,我们党始终坚持和丰富这一基本路线,进一步明确四项基本原则是立国之本,改革开放是强国之路,两者相互贯通,相互依存,相互促进,服务于社会主义现代化建设这个中心。

四项基本原则也是相互依存,相互促进,缺一不可的。邓小平同志说过:"四个坚持是'成套设备'。"[②] 本文将重点学习邓小平同志关于坚持四项基本原则、反对资产阶级自由化的一系列论述。

邓小平同志最早提出反对资产阶级自由化是在 1979 年 9 月,他在参

---

① 《邓小平文选》第 2 卷,人民出版社 1983 年版,第 173 页。
② 《邓小平年谱(下)》,中央文献出版社 2004 年版,第 1363 页。

加修改叶剑英同志在庆祝建国三十周年的讲话稿时说："要讲加强纪律性、组织性、强调批评无政府主义、极端个人主义。现在有的从'左'的方面，也有的从右的方面，来助长无政府主义极端个人主义和资产阶级自由化。这两个方面都值得注意。要分析当前的思想状况，有针对性地讲问题，进行教育和再教育。"① 1981 年 7 月，他对中央宣传部负责同志说："六中全会以前，总政提出了批评《苦恋》的问题。最近我看了一些材料，感到很吃惊。有个青年诗人在北京师范大学放肆地讲了一篇话。有的学生反映：党组织在学生中做了许多思想政治工作，一篇讲话就把它吹了。……还有新疆乌鲁木齐市有个文联筹备组召集人，前些日子大鸣大放了一通，有许多话大大超过了一九五七年的一些反社会主义言论的错误程度。像这一类的事还有不少。一句话就是要脱离社会主义的轨道，脱离党的领导，搞资产阶级自由化。""资产阶级自由化的核心就是反对党的领导，而没有党的领导也就不会有社会主义制度。对待这些问题我们不能再走老路，不能再搞什么政治运动，但一定要掌握好批评的武器。"② 1986 年 9 月，他在党的十二届六中全会的讲话中，更明确地揭示了资产阶级自由化的本质。"反对资产阶级自由化，我讲得最多，而且我最坚持，为什么？第一，现在群众中，在年轻人中，有一种思潮，这种思潮就是自由化。第二，还有在那里敲边鼓的，如一些香港的议论，台湾的议论，都是反对我们的四项基本原则，主张我们把资本主义一套制度都拿过来，似乎这样才算真正搞现代化了。自由化是一种什么东西？实际上就是要把我们中国现行的政策引导到走资本主义道路。""自由化本身就是资产阶级的，没有什么无产阶级的社会主义的自由化，自由化本身就是对我们现行政策、现行制度的对抗，或者叫反对，或者叫修改。实际情况是，搞自由化就是要把我们引导到资本主义道路上去，所以我们用反对资产阶级自由化这个提法。"③

1986 年 12 月中下旬，在资产阶级自由化思潮的影响下，一些高校学

---

① 《邓小平年谱（上）》，中央文献出版社 2004 年版，第 554—555 页。
② 《邓小平文选》第 2 卷，人民出版社 1983 年版，第 389—391 页。
③ 《邓小平文选》第 3 卷，人民出版社 1993 年版，第 181—182 页。

生在合肥、北京等地上街游行违犯社会治安规定。邓小平同志提醒全党关注这种动向，并更加严厉地批评了某些党组织在对待资产阶级自由化问题上的软弱无力，放任自流。他说："学生闹事，大事出不了，但从问题的性质来看，是一个很重大的事件。……凡是闹起来的地方，都是因为那里的领导旗帜不鲜明、态度不坚决，这也不是一个两个地方的问题，也不是一年两年的问题，是几年来反对资产阶级自由化思潮旗帜不鲜明、态度不坚决的结果。""应该说，从中央到地方，在思想理论战线上是软弱的，丧失了阵地，对资产阶级自由化是个放任的态度，好人得不到支持坏人猖狂得很。好人没有勇气讲话，好像自己输了理似的，没有什么输理的，四项基本原则必须讲，人民民主专政必须讲。要争取一个安定团结的政治局面，没有人民民主专政不行，不能让那些颠倒是非，混淆黑白、造谣诬蔑的人畅行无阻，煽动群众。"① 1989 年 6 月 9 日，在刚刚平息了反革命暴乱之后，邓小平同志在总结这次事件的教训时指出："四项基本原则本身没有错，如果说有错误的话，就是坚持四项基本原则还不够一贯，没有把它作为基本思想来教育人民、教育学生、教育全体干部和共产党员，这次事件的性质，就是资产阶级自由化和四个坚持的对立。四个坚持、思想政治工作、反对资产阶级自由化，反对精神污染，我们不是没有讲，而是缺乏一贯性，没有行动，甚至讲得都很少。不是错在四个坚持本身，而是错在坚持得不够一贯，教育和思想政治工作太差。……十年最大失误是教育，这里我主要是讲思想政治教育，不单纯是对学校、青年学生，是泛指对人民的教育。"② 1989 年 9 月邓小平同志在接见美籍华人李政道教授时说："动乱给我们上了一堂大课，多年来，我们的一些同志埋头于具体事务，对政治不关心，对思想工作不重视，对腐败现象警惕不足，纠正的措施也不得力。……搞改革开放有两只手，不要只用一只手，改革是一只手，反对资产阶级自由化也是一只手，有时这只手重些，有时另一只手重些，要根据实际情况。"③ 直到 1992 年，邓小平同志在南巡谈话中仍在谆

---

① 《邓小平文选》第 3 卷，人民出版社 1993 年版，第 194—195 页。
② 同上书，第 305—306 页。
③ 《邓小平年谱（下）》，中央文献出版社 2004 年版，第 1289 页。

谆教导："十三届六中全会我提出反对资产阶级自由化还要搞二十年，现在看起来还不止二十年。资产阶级自由化泛滥，后果极其严重。特区搞建设，花了十几年时间才有这个样子，垮起来可是一夜之间啊，垮起来容易建设就很难，在苗头出现时不注意，就会出事。"①

1989 年平息反革命暴乱后，法国、美国、英国、联邦德国、日本、意大利、加拿大等七国在巴黎举行会议。7 月 15 日发表宣言，"谴责"中国平息反革命暴乱是所谓"中国违反人权的暴力镇压"，宣布要中止对华高层政治接触及延缓世界银行贷款等制裁措施。针对来自国外的无理谴责和压力，邓小平同志在多次接见外宾中义正词严地予以驳斥。1989 年 10 月 26 日，他在会见泰国总理差猜时说："少数几个西方发达国家想垄断世界这点我们看得很清楚。巴黎七国首脑会议就体现出来了。就是在这个会上决定制裁中国，他们使用经济手段，也使用政治手段，如高级官员不接触，这些东西对中国有什么影响？美国也好，法国也好，他们的决策人至少有两点对中国认识不清，第一，中华人民共和国是打了二十二年仗建立起来的，建国后又进行了三年抗美援朝战争。没有广泛的群众基础，不可能取得胜利。这样一个国家随便就能打倒了？不可能……第二，世界上最不怕孤立，最不怕封锁，最不怕制裁的就是中国。建国以后，我们处于被孤立，被封锁，被制裁的地位有几十年之久。但归根结底，没有损害我们多少，为什么？因为中国块头这么大，人口这么多，中国共产党有志气，中国人民有志气。"② 同年 12 月 1 日，邓小平同志会见日本樱内义雄一行时又说："在过去的工作中我们虽然有一些失误，但今年发生的事件的原因也来自国际上的大气候。西方世界，特别是美国开动了全部宣传机器进行煽动，给国内所谓的民主派，所谓的反对派，实际上是中华民族的败类以很多的鼓励和方便。因此才形成了当时那样混乱的局面。""这次动乱从反面教了我们。国家的主权，国家的安全要始终放在第一位，对这一点，我们比过去更清楚了。西方的一些国家拿什么人权，什么社会主义制度不合理不合法等做幌子，实际上是要损害我们的国权。搞

---

① 《邓小平文选》第 3 卷，人民出版社 1993 年版，第 379 页。
② 同上书，第 329 页。

强权政治的国家根本没有资格讲人权，他们伤害了世界上多少人的人权！从鸦片战争侵略中国开始，他们伤害了中国多少人的人权！""这次动乱还使我们更加认识到稳定的重要性……如果没有一个稳定的环境中国什么事情也干不成。"①

邓小平同志离开我们已经十二年了。在这期间，江泽民同志、胡锦涛同志继承和发展了邓小平理论。本文将以几代中央领导集体对资产阶级自由化及各种错误思潮的剖析与批判为指导，结合我国当前意识形态领域的新动向提出几点看法。

第一，要充分认识我们党同资产阶级自由化斗争的长期性尖锐性，凝聚全党全民的力量战而胜之。

邓小平同志曾多次指出，在整个改革开放过程中都有一个反对资产阶级自由化的问题。江泽民同志在1990年5月一次重要讲话中说："应该看到，四项基本原则与资产阶级自由化的对立和斗争是长期的，这是社会主义条件下存在于一定范围的阶级斗争的重要表现。各级党委要把坚持四项基本原则，反对资产阶级自由化的教育，作为思想政治工作的重要任务认真抓好。……资产阶级自由化是对爱国主义、社会主义的反动，是要把中国引向黑暗和倒退。反对资产阶级自由化，绝不是不要改革开放，而正是为了更好地改革开放。进行这种斗争，符合全国各族人民的利益。"② 1998年4月，江泽民同志在写给中共中央政治局、中央书记处并中央军委的信中写道："有人暗中策划企图通过新闻出版等渠道为所谓'六四'十周年，创造气氛。我一直讲'树欲静而风不止'，就是针对我们面临的国际国内现实而讲的，不是泛泛而论。一九八九年春夏之交发生的那场政治风波，我们党和政府早已作出了正确的结论，而国际敌对势力和国内一些人总是企图翻案。国内一些人的立场，已经与西方势力站在一起了。这些人打着纪念改革开放二十周年的幌子，意欲兴波助澜，挑拨离间，唯恐天下不乱。……他们还声称'做了长期斗争的思想准备'，甚至提出什么'党的最高权力的程序化转移'问题。难道我们党和国家的领导人不是按照党

---

① 《邓小平文选》第3卷，人民出版社1993年版，第348页。
② 《江泽民文选》第1卷，人民出版社2006年版，第131页。

章和宪法的程序产生出来的吗？他们到底要把中国引向何方？我看他们的根本目的就是要在我国搞出一点乱子，以图乱中取胜，否定共产党的领导，否定社会主义制度。他们还采用孙悟空钻进铁扇公主肚子中的办法，一些人已经打入我们的内部，已钻到了相当的岗位，准备十年后同我们算账。他们人数不多，但能量不小。这还不值得我们极端注意和高度警惕吗？"① 正如江泽民同志所预见，在十年之后，资产阶级自由化的鼓吹者们又再度发难了。有人说：2009 年是"五四"运动 90 周年，建国 60 周年，庐山会议 50 周年，"六四"20 周年，核心问题是人权。现在的中国哪还有什么人权、民主和自由？中国人民将逐步战胜恐惧愚昧与冷漠，在生活斗争中学会维护人权，敢于争取人权，2009 年将成为"中国人权年"。实际上，他们这些人的活动从 2008 年年初就开始了，他们把党的十七大提出的继续解放思想说成是新思想解放运动，鼓吹什么要从姓资姓社的束缚中解放出来，社会主义不是目的；要破除"管制崇拜""体制崇拜""所有制崇拜"等，诸如此类的言论就是要以思想解放为幌子，挑战四项基本原则，推行全盘私有化，把改革开放引上资本主义的邪路。还有一些人借十七大提出加快行政管理体制改革、建设服务型政府之机，宣扬政府只应该管理社会公共事务，如修桥补路、街上的路灯亮不亮之类的事。有人把政府比做交通警察，只是在发生交通事故时管一管。有人甚至把政府比做保姆，说只应该做保姆分内的事；转变政府职能的关键是取消政府的审批权，把审批制改为备案制，这才有利于改变"官本位"的状况。凡有正常思维的人都知道，世界上 180 多个国家，哪有一个国家的政府是没有审批权，只管备案的。提出这些荒谬的主张显然是为了削弱人民民主专政的国家政权，把我国政治体制改革引入歧途。

此外，主张资产阶级自由化的人们在 2008 年初就在某些报刊上大肆鼓吹所谓"普世价值"。到 2008 年底，他们经过仔细策划，提出了一套全面修改我国现行宪法的主张，并通过电子网络大肆宣扬。他们一方面颠倒黑白，把新中国建立 60 年的历史说成是完全没有民主、自由、人权的"党天下"。另一方面又把自己打扮成为民请命的救世主。为了迷惑更多的

---

① 《江泽民文选》第 2 卷，人民出版社 2006 年版，第 112 页。

群众，他们为自己披上了普世价值、宪政民主、公民社会等新的外衣，作为"基本理念"以掩盖他们反对党的领导，反对社会主义新中国的图谋。但是我坚信，在新中国这块大地上资产阶级自由化是决不会得逞的，根据有三：

首先，他们低估了广大党员、爱党爱国的知识分子和广大人民群众的政治鉴别力。早在普世价值为某些媒体炒作，大造舆论之初就引起了许多人的关注和口诛笔伐。有的文章指出：世间根本不存在什么普世价值。以民主问题为例，它是一种国家制度和阶级统治的形式。从来就没有"一般民主""纯粹民主""普世民主"，有的只是在一定历史条件下的阶级的民主。鼓吹普世价值是资本主义辩护士用来掩盖民主的阶级性质，借以欺骗群众，输出资本主义价值观的一种策略。有的文章写道：把资本主义文明看作不可超越的终极存在是普世价值热播者的意识形态前提，把当代中国的改革开放纳入资本主义世界文明的轨道，是他们热衷传播普世价值的根本目的。有的同志在接受记者采访时说：普世价值传销是世界性的、有组织的政治欺骗，是非常危险的和平演变的毒药。在互联网上，有大量的批判普世价值的网文。有一篇网义说：民运分子冠冕堂皇地要为民请命，好像比马克思、列宁、毛泽东还关心穷人。然而他们又否定阶级斗争，闭口不谈剥削，仅仅宣传"同一个世界的普世价值"。普世价值就是美化西方，鼓吹剥削有理。网文号召工、农、商、学、兵联合起来，不受民运分子的欺骗搞所谓的资本主义宪政民主。他们是假借为人民群众代言，实际上推行美国的和平演变战略。

其次，在资产阶级自由化的鼓吹者中，如前所述，有些人为了欺骗群众，常常用漂亮的词句掩盖其真正的政治企图，但是也有些人按捺不住自己的情绪用露骨的造谣诬蔑道出了这股势力要达到什么目的。有人说中国在近一百年的历程中，大部分时间生活在共产党一党专政之下，结果导致民生凋敝，自由萎缩，风化堕落，环境恶化，成为地球村里一处见不得阳光的黑砖窑。中国宪政改革的目的，就是要解构以致终结中国共产党一党专政的体制，再造共和。还有人公然声明自己是"变天派"，说从1989年"六四"以后中国出现了一代新人，他们认识到依靠改革来"补天"已经不足以改变中国的命运了，所以必须"变天"，所谓的"天"就是政权。

正是诸如此类的自我表白，让广大人民群众更清楚地识破了他们的真正面目。

最后，也是最重要的，我认为极力推动资产阶级自由化的极少数人，他们的所感、所思和对中国未来走向的企求，同中国绝大多数人民群众的所感、所思和对中国未来发展的预期是完全相反的。就改革开放三十年这一伟大的历程来说，全国各族人民在党的领导下，战胜千难万险，团结奋进，结出了丰硕的成果。社会主义现代化建设取得辉煌成就，中国的国际地位大为提高，人民生活从总体上说达到了小康水平。尽管在改革过程中出现过不少曲折，目前还存在着分配不公等诸多深层次的矛盾，但是全国人民不论民族，不论地区，不论阶层，都不同程度地从改革中受益，这是不争的事实。人民拥护改革，期望沿着中国特色的社会主义道路深化改革，实现全面小康。历史事实充分证明，我们党是全国人民坚强的政治领导核心，党和人民的血肉联系是牢不可破的，但是，执意推行资产阶级自由化的人们却颠倒黑白，大肆攻击改革开放。有人说，把1978年以来的三十年称作改革开放的三十年，这本身就是正统意识形态文化霸权的一个体现。这个三十年可以有各种各样的名称，比如说公民社会三十年，民主运动三十年，民营企业三十年等都可以对这三十年做出深刻的刻画。有人说中国改革是没有自由平等的市场经济，它的基本精神就是保留特权，这个市场经济是一个怪胎，这样的经济长不了。有人说，1978年邓小平决定实施改革开放之初，他就要保留共产党的特权，到90年代，改革的方式和方向要看它是否有助于维持这种体系，可以说这是一种次法西斯模式。有人说邓小平要搞独裁，搞权威主义，邓小平所期待的是市场斯大林主义。还有人说，中国三十年的所谓的增长，到今天其实面临着一个非常深重的危机，我只强调在中国的危机不是受世界影响的，而是中国带动世界进入危机，大家可能都知道，珠江三角洲的企业倒闭，从去年底就开始了，比美国早得多，是中国带动世界进入危机，这个国家已经完全变成特权集团操纵的体系。以上这些言论，我认为已足以说明资产阶级自由化的鼓吹者是反对以致敌视我国的改革开放的，他们所追求的就是推翻共产党的领导和社会主义制度，实行所谓完全自由的资本主义市场经济，建立所谓完全自由的资本主义政治制度，他们的所感、所思、所求，同绝大多数中国人民的所感、所思、所求是完全相反的。民心向背最终决定着一种政治势力的兴衰存亡，这是为无数事实所证明了的历史发展规律。

第二，要充分认识与资产阶级自由化思潮和其他错误思潮斗争的复杂性，讲究政策和策略，严格依法办事，团结教育大多数，孤立极少数。

资产阶级自由化，大量地经常地存在于意识形态领域。他们往往打着理论探讨、学术争论的幌子，欺骗群众，蛊惑人心。我们必须非常慎重地分清是政治问题还是学术问题，分清是一贯坚持错误立场还是一时说了一些错话，做了一些错事，对不同性质的问题要采取不同的政策。邓小平同志在 1989 年政治风波平息不久，在同美籍华人李政道教授谈话时说："我们最大的失误在教育，对年轻娃娃，青年学生教育不够。不能责怪参加绝食、游行、签名的人，只追究用心不良、触犯刑律的带头的人。对学生，包括参加过绝食的学生，主要是教育。请你转告你认识的人，包括在国外参加过游行、签名的人，中国不在意这个问题请他们放下包袱①。"江泽民同志在 2000 年 6 月中央思想政治工作会议上的讲话中也说："这些年，社会上一些与马克思主义、社会主义相违背的思想言论时有出现……在事关政治方向和根本原则的问题上，我们一定要旗帜鲜明，理直气壮，毫不含糊。对于违反以经济建设为中心，违反四项基本原则，违反改革开放政策的错误思想政治观点，对于反马克思主义的挑战和攻击，必须进行积极的思想斗争，不能听之任之……当然，在对错误思想的批评和斗争中，一定要注意充分摆事实、讲道理，以利教育和团结群众。对思想政治领域的问题，要坚持中央确定的原则，头脑清醒，冷静观察，掌握动态，心中有数，审时度势，慎重处理。要加强正面引导，正确区分政治是非和学术问题。对学术问题，要坚持百花齐放，百家争鸣的方针，平等讨论相互切磋。"② 对于上述指示的精神，我们一定要结合当前实际认真贯彻，关键在于明辨大是大非，划清政治问题和学术问题的界限。例如普世价值作为一个理论范畴，有些学者进行学术探讨，提出从某种意义上肯定其存在的观点，这就属于百家争鸣的范围，要同那些以普世价值为名实际上包藏祸心

---

① 《邓小平文选》第 3 卷，人民出版社 1993 年版，第 327 页。
② 《江泽民文选》第 3 卷，人民出版社 2006 年版，第 88—89 页。

的人区别开来。

第三，加强党对意识形态领域的领导，不断提高各级党政领导干部的政治鉴别力，深入开展对全党全民的政治思想教育，是战胜各种错误思潮的根本保证。

邓小平同志曾多次批评某些领导干部对意识形态领域坚持和反对四项基本原则的斗争重视不够，对错误思潮的批评软弱无力，指出我们党最大的失误在教育。江泽民同志也曾多次强调各级党委要高度重视意识形态工作。十六大以来，胡锦涛同志结合国际国内形势的发展，对进一步加强意识形态工作提出了新的更高的要求。2004 年 9 月 19 日，他在党的十六届四中全会第三次全体会议上说："意识形态领域历来是敌对势力同我们激烈争夺的重要阵地，如果这个阵地出了问题，就可能导致社会动乱甚至丧失政权。敌对势力要搞乱一个社会，颠覆一个政权，往往总是先从意识形态领域打开突破口，先从搞乱人们的思想下手。当前，我国意识形态领域的主流是积极健康的，但并不平静。严峻的事实告诫我们，在集中精力进行现代化建设的过程中，全党同志一刻都不能放松政治这根弦，始终要坚持正确的政治方向、政治立场、政治观点，增强政治鉴别力，政治敏锐性。……要坚持弘扬主旋律，对错误的思想政治观点和言论，对否定四项基本原则的挑战和攻击，要坚持原则，敢抓敢管，理直气壮地予以批驳和抵制，决不能不闻不问，听之任之。要加强宣传阵地的建设和管理，不能为错误的思想观念提供传播渠道。"① 2006 年 10 月 11 日，胡锦涛同志在党的十六届六中全会第二次全体会议的讲话中，再次指出："意识形态工作是党的一项十分重要的工作。经验告诉我们，经济工作搞不好要出大问题，意识形态工作搞不好也要出大问题。当前我国意识形态领域总体是好的，马克思主义在意识形态领域的指导地位不断巩固，中国特色社会主义共同理想进一步树立，但必须清醒地看到，意识形态领域并不平静，各种非马克思主义思潮有所滋长，思想理论领域里的噪音杂音时有出现，意识形态领域的斗争仍然是长期的、艰巨的、复杂的。……各级党委和各级领导干部特别是主要负责同志都要从提高党的执政能力，巩固党的执政地

---

① 《十六大以来重要文献选编（中）》，中央文献出版社 2006 年版，第 318 页。

位，完成党的执政使命的战略高度，来谋划意识形态工作，加强和改进对意识形态工作的领导，提高做好新形势下意识形态工作的能力，牢牢掌握意识形态工作的领导权和主动权。""要坚持不懈地用党的理论创新成果武装全党，教育人民。西方敌对势力的鼓噪，国内的各种噪音、杂音，不仅过去有，现在有，将来也还会有。关键是我们自己要有主心骨，要巩固和发展马克思主义在意识形态领域的指导地位。"①

学习胡锦涛同志的重要指示，笔者深深领会到意识形态工作关系党和国家的兴衰存亡，加强党对宣传思想战线的领导，一方面要以马克思主义中国化的最新理论成果从正面加强对全党全民的政治思想教育，坚定团结奋进，共建中华的信念。另一方面要提高全体党员，尤其是各级领导干部的政治识别能力，对来自国内外的形形色色的错误思潮要着力清除，特别是对否定四项基本原则，力图在我国搞和平演变的言论和活动，必须旗帜鲜明地给予批驳和制止。这两个方面是相辅相成的，坚持从这两个方面加强意识形态工作，同在各条战线落实科学发展观，同稳定改革开放发展的大局，同构建社会主义和谐社会，同建立社会主义核心价值体系，都是内在统一相互促进的。

（原载《中华魂》2009 年第 7 期）

---

① 《十六大以来重要文献选编（下）》，中央文献出版社 2008 年版，第 684 页。

第二篇

对社会主义经济规律和经济规律系统的探讨

认识和运用经济规律的一个关键问题

（一）

党的十一届三中全会指出："保持必要的社会政治安定，按照客观经济规律办事，我们的国民经济就高速度地、稳定地向前发展，反之，国民经济就发展缓慢，甚至停滞倒退。"这是对我国三十年基本经验的科学总结，同时也指明了今后在实现四个现代化的过程中，认识和运用经济规律的重要性。

在社会主义建设中，怎样才能真正做到按客观经济规律办事呢？实践证明，我们在运用经济规律的时候，不能孤立地只考虑某一个经济规律的作用，而必须充分注意到，每一个经济规律总是同有关的其他经济规律同时起作用。要按照经济规律之间客观存在的相互关系来运用经济规律，这一点对于能否真正做到按客观经济规律办事，带有关键性。

斯大林说："马克思主义把科学规律——无论指自然科学规律或政治经济学规律都是一样——了解为不以人们的意志为转移的客观过程的反映。"① 这就是说，经济规律是反映客观经济过程运动发展的规律性的。客观经济过程不可能孤立地存在，因此，经济规律也不可能孤立地起作用。人类历史上五种社会经济形态的依次更替，是生产关系一定要适合生产力性质的规律和其他有关的经济规律同时起作用的结果。在新的生产关系代替旧的生产关系的过程中，不可避免地存在多种经济成分。即使新的生产关系占了统治地位，也往往还有旧生产关系的残余长期存在。不同的生产

---

① 斯大林：《苏联社会主义经济问题》，人民出版社 1961 年版，第 2 页。

关系，有不同的经济规律。因此，在多种经济成分并存的条件下，无疑有多种经济规律在同时起作用。还应当看到，即使在同一生产关系内部，也存在着生产、交换、分配、消费各个方面。这些不同的方面，也各有自己的规律性。一个社会经济形态的运动和发展，就是受这些经济规律支配的。

在我国现阶段起作用的许多经济规律可以大体上分为四种情况：

第一种情况，在整个人类社会起作用的普遍规律。如生产关系一定要适合生产力性质的规律。

第二种情况，在几个社会起作用的规律，如价值规律。

第三种情况，在社会主义、共产主义两个阶段起作用的规律，如社会主义基本经济规律、国民经济有计划按比例发展的规律。

第四种情况，社会主义阶段特有的经济规律，如按劳分配规律。

在无产阶级夺取政权以后，我们的国家从多种经济成分并存的过渡时期，进入不发达的社会主义，将来还要从不发达的社会主义进到发达的社会主义，以至最终实现共产主义，就是上述这几种情况的经济规律同时起作用的结果。

当然，这许多经济规律在社会经济发展中的重要性不可能是相同的。它们有的在整个人类社会始终起作用，有的只在某一特定的社会经济形态起作用；在某一特定的社会经济形态起作用的经济规律中，有的对整个社会经济的发展起作用，有的只在经济生活的某一方面起作用。总之，在一定的经济条件下，有哪些经济规律在起作用，这些经济规律相互间是什么关系，也都是客观存在而不以人的意志为转移的。

上述情况告诉我们，对于任何经济规律，决不能孤立地去看。事实上，任何经济规律的作用总是同其他有关经济规律的作用相互交错在一起的。因此，我们所说的认识和运用经济规律，就不仅要一个一个地研究经济规律各自的客观要求，而且更要全面研究各经济规律在同时起作用中的相互关系。只有这样，才能真正做到按客观经济规律办事。

也许有的同志会说，这些并不是什么新问题。的确，马克思主义经典作家在运用唯物辩证法分析经济过程的运动、发展时，从来都是把经济规律的客观性以及经济规律之间的相互作用，放在重要的位置上，而且作过许多精辟的论述。我国经济学界对这些问题也比较注意。新中国成立以来，对经济规律问题的讨论，出现过三次高潮。一次是在 1955 年前后，生产资料所有制的社会主义改造取得很大胜利的时候；一次是在 1962 年以后的三年调整时期；一次是在粉碎"四人帮"以后。过去，在探讨经济规律的客观性的时候，也往往涉及经济规律之间的相互关系。例如，1955 年前后我国理论界讨论过过渡时期的经济规律问题，当时发表了几十篇文章。讨论的主要问题之一，就是在存在多种经济成分、从而有多种经济规律同时起作用的情况下，社会主义基本经济规律的地位和作用问题。那时提出的一些正确反映了规律之间客观存在的相互关系的观点，直到今天仍有现实意义。打倒"四人帮"以后，针对着林彪、"四人帮"大肆鼓吹唯心论和形而上学，否定经济规律的客观存在，在思想、理论上引起的混乱；也为了认真总结社会主义建设正反两方面的经验，搞好四个现代化；我国经济学界又一次掀起讨论社会主义经济规律问题的高潮。有些文章也对经济规律同时起作用的问题发表了很好的意见。例如，于光远同志在《哲学研究》1979 年第一、二期《关于规律客观性质的几个问题》一文中就提出：在社会主义经济建设的实践当中，我们也可以看到各种经济规律是共同起作用的。我们在社会主义建设中每一个重大的政策措施，都对社会物质关系引起这种那种变化。改变的结果，使得各种规律共同起作用的状况也有了改变。人对于经济规律的自觉地利用，就是预见到做某种改变会产生某种结果，使得我们做了这样的改变之后，让各种规律共同起作用的结果，符合于我们的要求，等等。于光远同志的这些见解是很有启发的。但是，从我国理论研究的情况来看，对于规律之间的相互关系问题还没有给予普遍的和足够的重视，还有不少问题有待于进一步探讨。笔者写这篇文章的目的就是希望能引起更多人的注意，大家来共同探讨这方面的问题。

（二）

为什么在各经济规律之间客观上存在着一定的相互关系？为什么各经济规律的作用总是相互交错在一起？这是我们首先需要弄清楚的问题。对

于这个问题，笔者认为应当从社会生产关系的本质及其运动的特点来加以
说明。

历史唯物主义告诉我们，生产关系是人们在生产过程中形成的相互联
系和关系，是生产的社会形式。每个社会经济形态中的生产关系，都是一
个统一的整体，它包括生产、交换、分配、消费各个方面的人与人之间的
关系。这些方面的人与人之间的关系的总和，就构成生产关系的总体系。
生产、交换、分配、消费诸方面之间存在着相互依存、相互促进的辩证统
一关系。一方面，一定的生产决定着一定的交换、分配、消费以及这些不
同要素相互间的一定关系。另一方面，生产就其片面形式来说，也取决于
交换、分配、消费。马克思说："不同要素之间存在着相互作用。每一个
有机整体都是这样。"①

如前所述，经济规律是反映客观经济过程运动发展的规律性的。既然
社会生产关系是一个有机的整体，它所包含的生产、交换、分配、消费诸
方面是存在着内在联系和相互作用的，那么，无论是反映生产关系运动发
展的总过程的规律，还是反映生产、交换、分配、消费各个方面的运动发
展的规律，也都不可能是孤立存在，互不相关的。我们既要看到，每个经
济规律都在客观地起作用，只要经济条件不发生根本的变化，规律的客观
要求也不会改变；又要看到，经济规律相互间存在着一定的关系，这种相
互关系也具有客观性，形成一个经济规律的体系。而且，在不同的社会经
济形态里，由于生产关系的性质不同，经济规律的体系也各不相同。

为了进一步探讨经济规律体系的内部联系，即各经济规律之间客观存
在的相互关系，我们必须弄清楚以下两个问题。第一，在经济规律体系中
有没有一个对整个体系起主导作用的规律？第二，在生产、交换、分配、
消费诸领域中，经济规律的相互关系和同时起作用的情况是怎样的？

对于第一个问题，笔者的回答是肯定的。为了说明这个问题，我认为
应当从生产资料所有制的性质谈起，进而研究社会的生产目的。

大家都知道，不同的社会经济形态，各有不同的生产资料所有制。生

---

①　马克思：《〈政治经济学批判〉导言》，《马克思恩格斯选集》第 2 卷，人民出版社 1972 年版，第 102 页。

产资料所有制是通过人们对于生产资料的占有关系而表现出来的人和人之间的经济关系。它贯穿于生产、交换、分配、消费诸方面，成为生产关系总体系的标志。同时，每一个社会经济形态又都有自己特定的生产目的。生产目的是由生产资料所有制的性质决定的，它体现着占有生产资料的阶级或集团的根本的物质利益。在原始共产主义社会，人们共同占有极少量、极简陋的生产资料，共同劳动，平均分配，生产是为了维持人们最起码的生活需要。社会生产的目的，体现着氏族、部落、村社全体成员吃、穿、住等最基本的物质利益。人类进入文明时代，出现了私有制和阶级。生产资料主要掌握在剥削阶级手里，他们通过对生产资料的占有，从劳动者身上榨取剩余产品，以满足剥削者的物质利益。恩格斯说过："卑劣的贪欲是文明时代从它存在的第一日起直至今日的动力；财富，财富，第三还是财富，——不是社会的财富，而是这个微不足道的单个的个人的财富，这就是文明时代唯一的、具有决定意义的目的。"[1] 马克思深刻揭露了资本主义的生产目的。他说："资本主义生产的直接目的不是生产商品，而是生产剩余价值或利润（在其发展的形式上），不是产品，而是剩余产品。"[2] 又说："对别人劳动（剩余劳动）的贪欲，并不是机器所有主的独特本性，它是推动整个资本主义生产的动机。"[3] 可见，在生产资料资本主义私有制的基础上，社会的生产目的只能是追求剩余价值，即满足资产阶级的私欲。马克思的巨著——《资本论》就是从分析剩余价值为中心，揭示了资本主义的生产目的是怎样通过生产、交换、分配、消费诸环节而得到实现的。当然，生产资料的资本主义私有制一旦为社会主义公有制所代替，生产资料所有制的性质发生了质变，社会的生产目的也一定会发生根本的变化。生产资料既然归全社会公有，生产目的必然是为了满足全体社会成员的物质和文化需要，保证全体社会成员过幸福、美好的生活。这个生产目的也将通过社会主义社会的生产、交换、分配、消费诸环节而得到

---

① 恩格斯：《家庭、私有制和国家的起源》，《马克思恩格斯选集》第 4 卷，人民出版社 1972 年版，第 173 页。

② 马克思：《剩余价值理论》，《马克思恩格斯全集》第 26 卷 Ⅱ，人民出版社 1973 年版，第 624 页。

③ 马克思：《机器·自然力和科学的应用》，人民出版社 1978 年版，第 16 页。

实现。

　　总之，不同性质的生产资料所有制决定了不同的社会生产目的。生产目的是各个社会经济形态增加生产、提高社会生产力的直接的推动力，是社会有机体运转的轴心。各个社会的生产、交换、分配、消费诸方面的运动，都是围绕着各自的生产目的而进行的。以上这一切是一个不以人的意志为转移的客观过程，因此，反映这一客观过程的科学规律，即我们通常所说的基本经济规律，在整个规律体系中，也就居于主导的地位。斯大林在《苏联社会主义经济问题》一书中，论证了社会生产目的的客观性，并且第一次明确提出了基本经济规律的理论。他所表述的现代资本主义基本经济规律和社会主义基本经济规律，都包括了生产目的和达到这一目的的手段。因此，它不是决定生产发展的某一个别方面或某些个别过程，而是决定生产发展的一切主要方面和一切主要过程。当然，我们对于基本经济规律在规律体系中的主导作用，或者如斯大林所说："决定一切主要方面和一切主要过程"，也不应当作绝对化、简单化的理解。斯大林在讲到社会主义基本经济规律和国民经济有计划按比例发展规律的关系时就说过："国民经济有计划发展的规律，只是在具有国民经济的计划发展所要实现的任务时，才能产生应有的效果。国民经济有计划发展的规律本身并不能提供这个任务。国民经济计划化尤其不能提供这个任务。这个任务是包含在社会主义的基本经济规律中，即表现于这一规律的上述要求内。因此，国民经济有计划发展的规律的作用，只是在它以社会主义基本经济规律为依据时，才能充分发挥起来。"① 这就是社会主义基本经济规律在同计划规律的关系上表现出来的主导作用。社会主义基本经济规律在同价值规律、按劳分配规律、生产资料生产优先增长规律、劳动时间节约规律等经济规律的关系上如何表现其主导作用，需要一一作具体的分析。所谓基本经济规律的作用可以决定另外的经济规律的作用，基本经济规律的作用可以通过另外的经济规律的作用表现出来等说法，笔者认为是不科学的。

　　关于第二个问题，笔者是这样认识的：在生产、交换、分配、消费各

---

　　① 斯大林：《苏联社会主义经济问题》，人民出版社 1961 年版，第 32 页。

个领域，都有各自的运动规律。它们在各自的领域里，起着重要作用。但是在这些领域里起作用的，还有其他经济规律。我们必须认真研究在上述各个领域里经济规律的相互关系和同时起作用的情况。下面以社会主义制度下个人消费品的分配为例。

在社会主义的个人消费品分配领域里，按劳分配规律起着重要作用。这个规律要求个人消费品的分配应以劳动者向社会提供的劳动的数量和质量为依据，劳动报酬的差别应当尽可能符合劳动的差别，多劳多得，少劳少得。但是，必须看到，在消费品分配领域，和按劳分配规律同时起作用的，还有其他经济规律。例如：生产关系一定要适合生产力性质的规律。分配关系是生产诸关系中的重要方面，直接受生产力发展水平的制约。恩格斯说："分配方式本质上毕竟要取决于可分配的产品的数量，而这个数量当然随着生产和社会组织的进步而改变，从而分配方式也应当改变。"①这就是说，在按劳分配规律发生作用的整个历史时期，随着生产力的发展，生产资料公有化程度的提高，个人消费品的分配方式也是有变化的。例如，马克思所设想的按劳分配，是以生产资料归全社会所有为前提的。社会的每一个成员，劳动报酬的多少，完全以他付出的劳动数量和质量为依据，同各个劳动者由于所在单位拥有的生产资料的数量和质量不同，因而带来的劳动生产率的差别完全无关。但是，我国现阶段还存在着两种公有制。个人消费品的分配方式在农村集体所有制经济中和在全民所有制经济中有明显的不同。目前，作为农村人民公社基本核算单位的生产队，大体上只有几十户的规模。每个生产队以收抵支，自负盈亏。在生产队内部基本上实行按劳分配。但是，在各基本核算单位之间，则承认差别：（包括由于自然条件不同、拥有的劳动资料多少优劣不同等因素造成的差别）这样，在不同基本核算单位之间，劳动者付出相同的劳动，得到的报酬就不同。在两种公有制之间也有这种情况。工人的收入高于农民，原因之一是工人拥有的技术装备高于农民。这些都不符合按劳分配规律的要求。可见，两种公有制并存和农村集体经济公有化程度较低等情况限制着按劳分

---

① 恩格斯：《致康·施米特（1890年8月5日）》，《马克思恩格斯选集》第4卷，人民出版社1972年版，第475页。

配规律的作用范围。要彻底改变这种状况，必须有生产力的大发展和实现生产资料的全社会公有。[①]

社会主义基本经济规律。这个规律包括社会主义生产目的和达到这一目的的手段。斯大林说，保证最大限度地满足整个社会经常增长的物质和文化需要，就是社会主义生产的目的，在高度技术基础上使社会主义生产不断增长和不断完善，就是达到这一目的的手段。目的和手段是统一的，但手段毕竟要服从于目的。这里就包含着正确处理长远利益同当前利益、整体利益同个人利益的关系。社会生产力发展的水平越低，越应当把保证人民最基本的生活需要放在第一位。而随着生产的不断发展和劳动生产率的不断提高，人民的消费水平也应当有相应的提高。社会主义基本经济规律的这些要求对于国家建设和人民生活的关系，积累和消费的关系，农业、轻工业和重工业的关系都有非常重要的作用，从而在多方面影响着按劳分配规律的实现。

国民经济有计划按比例发展规律。它要求社会按照客观上存在的最恰当的比例关系，有计划地分配社会总劳动时间，以保证社会主义经济的健康发展。根据这一规律的要求，社会主义国家实行计划经济，发展生产和改善人民生活都是有计划地进行的，在新创造的国民收入中有多少用于积累和扩大再生产。有多少用于提高人民生活，也都包括在国家的统一计划之中。因此，当我们考虑个人消费品分配的时候，如果只看到按劳分配规律的要求，而看不到在一定经济发展水平下，由计划规律所决定的同个人消费品分配有关的各种比例关系，那就是片面的和脱离实际的。

总起来看，我们在全民所有制经济中实行工资制，在农村集体所有制经济中实行工分制，都必须以按劳分配规律和其他有关经济规律同时起作用为依据。在我国现阶段，由于经济文化比较落后，人民生活还有困难，在这样的经济条件下，根据社会主义基本经济规律和国民经济有计划按比例发展规律的要求，个人消费品的分配，只能在保证全体人民最基本的生

[①]　关于按劳分配在农村集体所有制经济中的特点，参见薛暮桥《论社会主义集体所有制》，《经济研究》1978 年第 10 期。

活需要的前提下，体现劳动差别。这样，按劳分配规律的作用就不能充分实现。在认识上明确这一点有重要的现实意义。首先，这告诉我们，实行按劳分配，现阶段还只是开始。今后，要努力创造条件，为按劳分配规律开辟广阔的作用场所。其次，这有助于进一步划清按劳分配同绝对平均主义的界限。在我国目前的经济条件下，按劳分配规律不能充分实现，这是一个客观存在，是按劳分配规律同其他有关的经济规律同时起作用的结果，这绝不是说，我们可以不去努力实现按劳分配原则。而绝对平均主义，从指导思想上就否定按劳分配规律，对于应当体现、也可能体现的劳动差别不去体现，因此是违背客观经济规律的。

（三）

通过对经济规律体系的分析，我们在如何运用经济规律问题上，可以进一步得出以下几点认识：

第一，对于任何经济规律，都不应把它绝对化。恩格斯在1895年致康·施米特的信中，批评施米特在利润率问题上走上了岔路，以致错误地把价值规律贬为一种"必要的虚构"。恩格斯指出："一般利润率的情况不就是这样吗？它在每一个瞬间都只是近似地存在着。如果利润率有一次在两个企业中分毫不差地实现了，如果两个企业在某一年内得出的利润率完全相同，那末这是纯粹的偶然性。在现实中，利润率是根据各行各业、各个年度的各种不同情况而变化的，一般利润率只是作为许多行业和许多年度的平均数而存在。但是，如果我们竟想要求利润率（比如说是14.876934……）在每一个行业和每一个年度直到第一百位小数都完全一样，不然就把它贬低为虚构，那我们对利润率和经济规律的本质就误解得太不象话了，——它们没有任何其他的现实性，而只是一种近似值，一种倾向，一种平均数，但不是直接的现实。其所以如此，部分地是由于它们所起的作用和其他规律同时起的作用相互交错在一起，而部分地也由于它们作为概念的特性"，"或者您可以举工资规律即劳动力价值的实现为例，这个规律也只是作为平均数实现的，而且就连这一点也不是经常的现象，它在每一个地区，甚至在每一个部门，都随着通常的生活水平而有所变化"①。恩格斯的这封信很值得我们认真学习。他指出经济规律并不是直接的现实，而只是平均数、近似值、长期发展的趋势。之所以如此，原因之一是各经济规律的作用相互交错在一起。这对于防止有些人把规律绝对化有十分重要的意义。例如，对于生产资料生产优先增长规律就应当看到它是一种长期发展趋势。在技术进步引起有机构成不断提高的条件下，生产资料生产优先增长是一种客观必然性。但是在再生产过程中起作用的，还有其他经济规律，因此，不能把生产资料生产优先增长的规律绝对化，它并不排除在某一时期内，消费资料的生产比生产资料的生产增长更快。这种发展过程中的曲折和波动，同经济规律的客观性并不矛盾。按劳分配规律也是这样。这个规律要求，每个劳动者给予社会的劳动，在做了各项扣除之后，全部由劳动者取回来。这里所说的"全部"，也只能是平均数、近似值，而不可能做到百分之百的绝对准确，但这并不否定按劳分配规律的客观性。

　　我国社会主义建设的经验教训之一，恰恰就在于把经济规律绝对化。例如，误认为按国民经济有计划按比例发展规律办事，对国民经济的领导就越集中越好，计划管得面越宽越好，计划订得越细越好；误认为按生产资料生产优先增长规律办事，就是年年、月月、时时都要保持重工业的发展速度高于轻工业，甚至不惜在一定程度上牺牲农业、轻工业来保证重工业的优先增长。这些经验教训是我们今后在认识和运用经济规律时应当牢牢记住的。

　　第二，我们在认识和运用经济规律的时候，不能只看到某一个规律的作用，而不考虑其他有关规律的作用。孤立地、单一地运用经济规律，往往事与愿违。即使对于国民经济有计划按比例发展的规律，也不能单一地只考虑这一个规律的作用。例如，在我国的社会主义建设中，曾经长期流行着这样的观点：认为计划规律同价值规律是相互排斥的，凡是计划规律起作用的场合，价值规律就不起作用。其实，社会主义经济就是公有制下的商品经济。计划规律与价值规律在作用方向上基本是一致的，当然，在

_____

　　① 恩格斯：《致康·施米特（1895年3月12日）》，《马克思恩格斯选集》第4卷，人民出版社1972年版，第515—516页。

某种情况下也有矛盾。把两者看成是绝对排斥的，在制定国民经济计划时，不考虑价值规律的作用，实践已经证明，效果很不好。值得注意的是，现在又出现了完全相反的观点，即认为目前我国还没有实行计划经济的条件，甚至否认国民经济有计划发展规律的存在，把价值规律说成是社会主义经济中最重要的经济规律。可以肯定，只考虑价值规律的作用，不考虑计划规律的作用，就达不到国民经济的综合平衡，因而不可避免地出现生产无政府状态，后果将更严重。

第三，从前面的分析中可以得知，同一经济规律，在不同的情况下，有不同的作用形式。所以如此，归根到底是因为经济条件有了某种程度的变化，从而使得这一经济规律同其他经济规律的相互关系发生了某种程度的变化。除了前面举的按劳分配规律外，在人类社会各经济形态普遍起作用的规律表现得更为明显。马克思说过："要想得到和各种不同的需要量相适应的产品量，就要付出各种不同的和一定数量的社会总劳动量。这种按一定比例分配社会劳动的必要性，决不可能被社会生产的一定形式所取消，而可能改变的只是它的表现形式，这是不言而喻的。自然规律是根本不能取消的。在不同的历史条件下能够发生变化的，只是这些规律借以实现的形式。"① 社会劳动按比例分配的规律，是人类社会的普遍规律。它在资本主义社会同剩余价值规律、竞争和生产无政府状态规律等经济规律同时起作用，国民经济是在全社会生产无政府状态下，经过比例的不断破坏而维持大体上的比例。在社会主义社会，这一规律同社会主义基本经济规律、国民经济有计划按比例发展规律等许多规律同时起作用，使社会主义经济各方面的比例基本上是通过有计划地调节而实现的。所以，在运用经济规律时，必须充分注意到同某一规律有关的经济条件，必须结合当时、当地的具体情况，估计到同一经济规律由于经济条件的某些变化，引起它同其他经济规律的相互关系的变化，从而在作用形式上会出现什么特点。如果千篇一律，照搬照抄，同样不会收到预期的效果。

第四，斯大林在《苏联社会主义经济问题》中提出："人们能发现这

---

① 马克思：《致路·库格曼（1868 年 7 月 11 日）》，《马克思恩格斯选集》第 4 卷，人民出版社1972 年版，第 368 页。

些规律，认识它们，依靠它们，利用它们以利于社会，把某些规律的破坏作用引导到另一方向，限制它们发生作用的范围，给予其他正在为自己开辟道路的规律以发生作用的广阔场所。"① 斯大林在这里提出的基本思想是很精辟的，对于我们认识和运用经济规律有重要的指导意义。下面笔者想着重谈谈限制经济规律的作用范围问题。

多年来在报刊上常常看到限制经济规律的说法。如果把"限制"说成是人类可以缩小、减弱客观经济规律的作用，那就是完全错误的，也不符合斯大林的原意。我们所说的"限制"，第一，决不是限制规律作用的本身。只要有一定的经济条件，就必然有某一经济规律在客观地发生作用。在这一点上，人的主观能动作用是不可能加以改变的。第二，有时，我们确实采取了一些限制性的措施。这些措施之所以能够成功，主要是因为它们符合经济规律之间的相互关系。只有在尊重经济规律的客观性，而不是违反经济规律客观性的前提下来谈"限制"，才是正确的、科学的。第三，我们可以在某种程度上改变经济规律依以发生作用的那些经济条件，从而部分地改变某一经济规律同其他有关经济规律的相互关系。使某一经济规律在客观上受到制约。甚至我们还可以根本改变某一经济规律依以发生作用的经济条件，从而使这个规律退出历史舞台。但是，我们千万不能忘记，无论是部分地改变经济条件，还是基本改变经济条件，都必须以客观经济规律为依据，决不能随心所欲。例如，在我国过渡时期，人们可以根本改变资本主义工商业的存在条件，从而使剩余价值规律退出历史舞台。但是我们之所以能够成功地实现对资本主义工商业的社会主义改造，首先就是依靠生产关系一定要适合生产力性质的规律。所以，归根结底，限制某些经济规律的作用范围，也必须使人的主观能动性与规律的客观性很好地结合起来，才能成功。

（原载《东岳论丛》1980 年第 1 期）

---

① 斯大林：《苏联社会主义经济问题》，人民出版社 1961 年版，第 3 页。

要重视对社会主义经济规律的研究

　　研究经济理论，一个极其重要的内容，是揭示经济运动的内在规律。马克思用毕生精力撰写了他的主要著作——《资本论》。马克思自己说，"本书的最终目的就是揭示现代社会运动的经济规律"①。研究社会主义经济理论，同样是为了揭示社会主义社会运动的经济规律。我国正处于社会主义初级阶段。我们的主要任务是坚持党的基本路线，沿着建设有中国特色的社会主义道路，实现我国的社会主义现代化。所以，在当前，研究社会主义经济理论，就要紧紧围绕建设有中国特色的社会主义这个中心，探讨社会主义初级阶段经济运动的内在规律。

　　回顾党的十一届三中全会以来理论界对经济规律的探讨

　　长期以来，我国理论界一直重视对经济规律的研究。1956 年前后曾开展对过渡时期经济规律的全国性讨论，其中有些意见至今仍有参考价值。1962—1965 年，随着当时经济工作中纠正"左"的错误，在经济理论上也开始了对社会主义经济规律的再认识。当时重点讨论了社会主义基本经济规律、国民经济有计划按比例发展规律和价值规律等。党的十一届三中全会后，随着拨乱反正，解放思想，理论界对按劳分配规律、社会主义生产目的、社会主义制度下的价值规律等都进行过热烈的讨论，形成了高潮。1983 年，还成立了专门研究社会主义经济规律系统的全国性学术团体，并先后召开了六次年会，对理论界深入探讨社会主义经济规律起了促进作用。回顾起来，经过经济理论界近十年的共同努力，对经济规律的研究取得了较大成绩。第一，开拓了新的研究领域，重视对经济规律的相互关系及其合力作用的探索，特别是对生产力规律系统的研究有很大进展。

---

　　① 《资本论》第 1 卷，法文版中译本，中国社会科学出版社 1983 年版，第 4 页。

第二，密切了同社会主义建设实际的结合。许多同志重视把经济规律的研究同改革、发展中的重大实际问题联系起来，注意从总结新经验中发现新的规律。第三，改进了经济规律的研究方法。在坚持辩证唯物主义和历史唯物主义的前提下，引进了系统论的方法，并且注意了对经济规律的数量分析。

但是，应当看到，在党的十三届四中全会前的一段时间里，由于基础理论一度不受重视，使经济规律的研究受到影响，甚至在一部分人中滋生了否定社会主义经济规律的客观存在的错误倾向。例如，有的文章写道："规律一词近年流行。其中'社会主义基本经济规律'呀，'有计划按比例发展规律'呀，很快地'殇'掉了；唯独'千规律、万规律'中第一条的'价值规律'至今历劫不衰。"其实，该文的本意是连价值规律也加以否定的。作者一方面说价值规律"历劫不衰"，但又说，"按价值规律办事"是一句废话，一句假话，一句大话，一句空话。① 又如《经济学周报》发表过一篇叫做《社会主义经济规律是否存在》的报道。报道只字不提在座谈会上两种对立观点的激烈争论，而片面宣扬否定社会主义经济规律的观点。报道说，座谈会上有人认为：所谓几大规律，本质上不是从客观过程中概括、抽象出来的客观事物之间、经济变量之间内在的、必然的、逻辑的因果关系，而是一套教导如何行事的训诫。所以，这些规律是被发明的而不是被发现的。"以此而论，传统社会主义经济理论中的一系列规律一条都不存在，或者说，从来就没有这些规律。"② 当时类似的文章不少，而报刊上却很少看到对社会主义经济规律的论述。这些现象说明，对社会主义经济规律的研究一度出现过反复。

党的十三届四中全会后，社会主义经济规律问题受到中央领导同志和部分经济工作者、经济理论工作者的重视。江泽民同志在庆祝中国共产党成立七十周年大会上的讲话中指出：邓小平同志提出的关于建设有中国特色的社会主义的理论、路线、方针和原则，标志着我们党对社会主义建设规律的认识有了一个新的飞跃。江泽民同志在论述建设有中国特色的社会

---

① 《经济学周报》1989 年 3 月 19 日。
② 《经济学周报》1989 年 4 月 23 日。

主义经济，特别是谈到计划经济与市场调节相结合时，再一次强调："既要遵循商品经济的一般规律，又要遵循社会主义经济的特有规律。"薄一波同志在《提高产品质量是经济生活中的一件大事》一文中写道：探索计划经济同市场调节的具体道路，是建设有中国特色的社会主义的一个伟大尝试，"我们要进一步地积极创造条件，把计划和市场的优点正确结合起来，在实践中自觉运用有计划（按比例）发展的规律和价值规律"①。在一篇《按客观规律办事的几个理论问题》的文章中，提出过这样的观点："在社会主义商品经济中，由于生产资料公有制的确立，商品经济的一般规律是与社会主义经济的特有规律（主要是社会主义基本经济规律、国民经济有计划发展规律、按劳分配规律等）相互联系、相互制约而共同发挥作用的。只是这两类规律的共同作用，并由社会主义基本经济规律发挥主导作用，才体现着社会主义商品经济特定生产关系的本质特征。"②《人民日报》在一篇题为《具有深远意义的科学命题》的社论中也谈到了计划规律与价值规律的关系。社论写道：计划经济与市场调节相结合这一命题的提出，是对社会主义经济规律正确认识的结果。我们重视有计划按比例发展规律，否则就不能保持和实现宏观经济平衡。同时还要重视并自觉运用价值规律，用以调节社会生产和商品流通，使生产与需求大体保持平衡。计划经济与市场调节相结合的原则，比较好地解决了这两个基本经济规律的关系。③

当然，重视对经济规律的研究，只是解决问题的开始。要认清社会主义初级阶段起作用的重要经济规律及其相互关系，是需要经过领导与群众，实际工作者与理论工作者的长期的共同努力的。

有关经济规律的若干基本理论问题

研究社会主义经济规律当然要以马列主义关于经济规律的一般原理为

---

① 《人民日报》1990 年 12 月 16 日。

② 纪宝成：《按客观经济规律办事的几个理论问题》，《人民日报》1990 年 6 月 25 日。

③ 《人民日报》1990 年 9 月 19 日。

指导。而且，笔者还发现，对现阶段经济规律的一些不同认识，甚至对当前社会主义建设中一些实际问题的不同认识，追本溯源，也往往同对经济规律基本理论的不同理解有直接的关系。因此，对经济规律的研究要从基本原理开始。

（一）经济规律的客观性与社会主义条件下人们对经济规律的自觉运用。

经济规律的客观性是马克思主义科学体系的一个理论基础。经济规律反映的是人与人之间经济关系的本质。离开了人的经济活动，经济规律就不能发生作用。这是经济规律与自然规律的根本区别之一。那么，为什么又说经济规律也具有客观性呢？首先，经济规律的客观性是相对于人的意志、意识、愿望等主观上的东西而言的。历史唯物主义把社会经济形态看作是统一的物质世界的一个组成部分。根据物质决定精神、存在决定意识的原理，就像整个物质世界及其运动规律不以人的意志为转移一样，社会经济形态及其运动规律也不以人的意志为转移。人类社会的发展归根结底是由于生产力这个最活跃、最革命的因素的不断发展所决定的。马克思说过：“人们不能自由选择自己的生产力——这是他们的全部历史的基础，因为任何生产力都是一种既得的力量，以往的活动的产物。……单是由于后来的每一代人所得到的生产力都是前一代人已经取得而被他们当做原料来为新生产服务这一事实，就形成人们的历史中的联系，就形成人类的历史。”① 生产力和生产关系是内容和形式的关系。生产力决定生产关系，生产关系一定要适合生产力的状况，并不以人的意志为转移。人们不能自由选择生产力，自然也就不能自由选择生产关系。这是经济规律所以具有客观性的基础。列宁指出，“马克思把社会运动看做服从于一定规律的自然历史过程，这些规律不仅不以人们的意志、意识和愿望为转移，反而决定人们的意志、意识和愿望”，② 讲的就是这个道理。

当然，我们强调经济规律的客观性，决不是要把经济规律偶像化，使人们在经济规律面前顶礼膜拜，无所作为。马克思主义创始人早就指出，

---

① 《马克思恩格斯选集》第 4 卷，人民出版社 1972 年版，第 321 页。
② 《列宁选集》第 1 卷，人民出版社 1960 年版，第 33 页。

人们可以认识规律和运用规律。这是因为人类具有"自觉的能动性"。毛泽东说:"思想等等是主观的东西,做或行动是主观见之于客观的东西,都是人类特殊的能动性。这种能动性,我们名之曰'自觉的能动性',是人之所以区别于物的特点。"① 人类有思维能力,对于自然界和社会,都可以通过反复的实践,调查研究,总结正反两方面的经验,透过现象掌握事物的本质,发现客观事物的内在规律。我们通常所说的"尊重经济规律","按照客观规律办事",就是在正确认识经济规律的基础上,使自己的行动符合经济规律的要求。可见,正确地发挥人的主观能动性,不但不否定经济规律的客观性,而且是以尊重经济规律的客观性为前提的。

马克思主义创始人十分重视在社会主义制度下人们对经济规律的正确认识和自觉运用。恩格斯曾经预言,在生产力高度发展的情况下,社会占有了生产资料,产品对生产者的统治也将随之消除,而社会生产的无政府状态将为有计划的组织所代替。阶级对抗终止了。于是人才在一定意义上最终地脱离了动物界。过去,社会规律像自然规律那样,好像是异己的力量统治着人们,现在人们将熟练地运用自然规律和社会规律,并使之服从于他们的统治。"这是人类从必然王国进入自由王国的飞跃。"②

但是,必须看到,社会主义建设的实践也证明,"从必然王国进入自由王国的飞跃"决不是在社会主义制度建立后就可以一蹴而就的,它还需要经历一个相当长的逐步提高的过程,而且,除了主观条件,还必须具备必要的客观条件。我国由于在客观条件上同马克思、恩格斯设想的社会主义阶段还有许多差距,再加上缺乏经验和指导思想上的失误,国民经济在发展过程中出现过几次大的起伏。由于严重比例失调和其他全局性的问题,仅国民经济的全面调整,40 年来就进行过几次。这当然是由于我们的行动违反了经济规律而带来的后果。这些挫折说明,我们对经济规律的认识还有不少"必然王国",或者说还有较大的盲目性。

实践告诉我们,在经济规律的客观性同人的主观能动性的关系上,有两种可能性:一种是实现了主观能动性与经济规律客观性的统一,因此使

---

① 《毛泽东选集》第 2 卷,人民出版社 1991 年版,第 477 页。
② 《马克思恩格斯选集》第 3 卷,人民出版社 1972 年版,第 323 页。

人们的行动达到了预期的目的；另一种是主观能动性违背了经济规律的客观性，因此使人们的行动受到挫折。在这两种情况下，经济规律的客观性都是第一性的，人们对经济规律的认识都是第二性的。人们的行动不能违反经济规律的客观要求，如果违反了，就会引起经济生活的混乱，使社会生产停滞不前，甚至导致整个国民经济的崩溃。我们常常说经济规律会"惩罚"那些违反它的人，就是从反面证实了经济规律的强制性和必然性。

有些同志只从正面看经济规律的客观性，不从反面看经济规律的客观性。他们以我国长期以来没有处理好国家建设和人民生活的关系为由，否定社会主义生产目的的客观存在；以我国几次发生重大比例失调为由，否定计划规律的存在。他们说，经济规律的客观性不是表现为必然性吗？为什么会出现这些消极现象而长期得不到纠正呢？笔者认为这是对经济规律客观性的一种误解。国民经济比例失调造成严重损失以及为纠正比例失调不得不进行全面性的调整，正好从反面证明了按比例规律和计划规律的客观存在，它们对于人们的经济活动，归根结底具有支配作用。

（二）诸经济规律相互间的关系。

在社会主义建设中怎样才能做到按客观经济规律办事呢？一方面，如上所述，要遵循经济规律的客观要求。每一条经济规律都有其依以发生作用的经济前提，都有其相对稳定的基本要求，都在独立地为实现其基本要求开辟道路。因此，首先要对每一条被揭示出来的经济规律的实质和内容进行过细的研究。另一方面，在运用经济规律的时候，必须充分注意到每一条经济规律总是同有关的其他经济规律同时起作用的，它们在同时起作用中的相互关系也具有客观性，人们要按照经济规律之间客观存在的相互关系来自觉运用经济规律。

那么，为什么说经济规律在同时起作用中的相互关系也具有客观性呢？以生产关系规律为例。每一个社会中的生产关系都形成一个统一的整体。它包括生产、交换、分配、消费各个方面的人与人之间的关系。而生产、交换、分配和消费又是相互制约、相互促进的。一方面，一定的生产决定着一定的交换、分配、消费以及这些方面相互间的一定关系。另一方面，生产就其片面形式来说，又取决于交换、分配、消费。生产关系的这种整体性，决定了生产关系诸规律，无论是反映生产关系运动发展的总过程的规律，还是反映生产、交换、分配、消费各方面的运动发展的规律，都不可能孤立地起作用，而且，它们在同时起作用中的相互关系也是由生产关系内部各方面、各环节的有机联系规定了的，并不以人的意志为转移。

由以上分析可以得出一个重要结论：对任何一条经济规律都不能孤立地、片面地去认识，不能把经济规律绝对化、简单化。

从新中国成立到党的十一届三中全会的 30 年，我们在认识和运用经济规律上有两方面的教训：一方面，有时无视经济规律的客观要求，犯了主观唯心主义的错误。1958 年"大跃进"和"四人帮"横行时期，这类事例不胜枚举。另一方面，是孤立地、片面地看待经济规律，把经济规律绝对化、简单化。其中，生产资料生产优先增长规律就是个突出的例子。

生产资料生产优先增长规律是列宁揭示出来的。他把资本主义社会技术不断进步、资本有机构成不断提高的因素，引入马克思的再生产公式，得出生产资料比消费资料增长更快的规律性。他说："生产资料增长最快这个规律的全部意义和作用就在于：机器劳动的代替手工劳动（一般指机器工业时代的技术进步）要求加紧发展煤、铁这种真正'制造生产资料的生产资料'生产。"① 可见，列宁强调的是机器代替手工劳动那个时代技术进步给社会再生产带来的必然变化，他并没有把这种变化看作社会再生产的普遍规律。斯大林第一次把这一规律说成是再生产的基本原理之一，并且把优先发展重工业视为社会主义工业化的道路。后来，苏联政治经济学教科书进一步把生产资料生产优先增长说成是社会再生产的普遍规律。

回顾我国的社会主义建设，应该看到，斯大林和苏联政治经济学教科书的上述观点对我国的经济理论工作者和经济工作者曾有较大影响，以致在我们的工作中也出现了孤立地、片面地突出生产资料生产优先增长规律，结果挤了农业、轻工业，造成国民经济比例失调。1949—1978 年，重工业增长 90 倍，轻工业只增长 19 倍；轻工业在投资中所占比重，第一个五年计划为 11.4%，1958—1978 年下降为 8.7%。类似的问题曾在较长时间里成为苏联、东欧各社会主义国家的通病。

---

① 《列宁全集》第 1 卷，人民出版社 1984 年版，第 88 页。

其实，在社会主义再生产过程中，是有许多经济规律同时起作用的。生产资料生产优先增长规律，只是决定了在技术进步、有机构成提高的情况下，生产资料生产有增长更快的趋势。至于优先增长到什么程度，第一部类和第二部类应当保持什么样的比例最为恰当，就不能仅仅考虑生产资料生产优先增长这一个规律，而必须充分注意这个规律同其他规律的相互关系，特别应该重视它与农业是基础的规律、社会主义生产目的规律、国民经济有计划发展规律在同时起作用中的相互关系。

总之，只承认单个的经济规律的客观性，而不承认经济规律之间相互关系的客观性，这在逻辑上是不彻底的；只看到每一条经济规律在独立地起作用，而看不到任何经济规律总是在同别的有关规律同时起作用，这在认识上是不全面的。因此，应该明确，我们所说的正确认识经济规律，就包括正确认识经济规律之间客观存在的相互关系。

（三）经济规律的基本内容和作用形式。

在研究经济规律的时候，必须注意区分规律的基本内容和它的作用形式。这个问题是马克思早就提出来的。他说："自然规律是根本不能取消的。在不同的历史条件下能够发生变化的，只是这些规律借以实现的形式。"[①] 马克思在这里说的"自然规律"就是指客观经济规律。由此可知，一切经济规律都存在着规律自身和它的实现形式的区别。

关于规律的实现形式这个概念，学术界有各种不同的用法。笔者是从广义上用规律的作用形式一词、把规律的基本内容未包括的实现形式、作用程度、作用范围、作用后果等概括起来，但其中最重要的还是规律的实现形式（也可称作规律的实现机制）。

为什么规律的基本内容有别于它的作用形式呢？主要是因为经济过程的运动发展错综复杂。尽管某经济规律依以发生作用的经济前提（经济条件）没有根本的变化，因而这一规律的基本内容也没有变化；但由于经济条件出现了一定程度的变化，从而引起这一规律同其他规律的相互关系的变化，结果导致经济规律的作用形式也发生变化。以价值规律为例，价值规律是商品经济的基本规律，只要有商品生产和商品交换，就必然有价值

[①] 《马克思恩格斯选集》第 4 卷，人民出版社 1972 年版，第 368 页。

规律在起作用。价值规律的基本内容是社会必要劳动时间决定价值，以价值为基础进行等价交换，这一基本要求是始终不变的。但它的作用形式，在小商品生产、资本主义商品生产和社会主义商品生产中，却存在着相当大的差别。价值规律在资本主义制度下，是同剩余价值规律等一系列资本主义经济规律同时起作用的，因此，它的实现形式从社会范围看是自发的。社会主义商品经济是以公有制为基础的，它同以私有制为基础的商品经济相比，具有新的特点。随着经济条件的这种变化，与价值规律同时起作用的是社会主义特有的经济规律，而不再是资本主义特有的经济规律，因此，价值规律从全社会范围看在很大程度上是通过人们的自觉活动实现的。

在社会主义建设中，正确地把握经济规律作用形式的特点，是同一切从实际出发，从我国的基本国情出发联系在一起的，从一定意义上说，也是同建设有中国特色的社会主义这篇大文章联系在一起的。比如，在社会主义初级阶段，实行以按劳分配为主体、多种分配方式并存的分配制度，这里面就包含着按劳分配规律的作用形式问题。按劳分配规律要求以劳动者向社会提供的劳动数量与质量为尺度分配个人消费品，多劳多得，少劳少得。在整个社会主义历史时期，这一基本要求是始终不变的。但是在我国现阶段，由于生产力发展水平不高，社会主义生产关系很不成熟，存在着多种经济成分和多种分配方式，最重要的，社会主义经济还是公有制基础上的有计划的商品经济，商品经济的一系列规律必然要和按劳分配规律同时起作用；因此，按劳分配规律的实现形式、作用范围、作用程度、作用后果，都有其特点。尤其是商品经济条件下按劳分配的实现机制，迄今仍然是社会主义经济理论中需要继续探索的一大课题。

以上情况说明，如果我们只看到经济规律的基本内容而看不到它在不同条件下作用形式的变化，那就不能说对经济规律已经有了全面的认识，自然也就很难做到按照经济规律办事了。

（四）经济规律系统的一般规定性。

1. 关于经济规律系统的内涵。

前几年，我国理论界对经济规律系统曾有几种不同的概括。1984 年笔者也提出过自己的意见。现在看来它们都有可取之处也都有不足。在短时间内要求做到表述的规范化是不现实的。应该把注意力集中在实质性问题的研讨上。就目前的认识，笔者认为经济规律系统需要从以下几方面加以阐明。

第一，对经济规律系统的研究应引入系统思想。钱学森同志认为，系统就是由相互作用和相互联系的若干组成部分结合而成的具有特定功能的整体。① 系统可以说无所不在。自然界、人类社会和人类的思维都具有系统的属性。人类社会就是由为数众多的、关系极其错综复杂的要素、方面、部分所组成的有机整体。社会的系统属性是经济规律系统存在的前提。

第二，社会存在和发展的基础是物质资料的生产方式，即生产力与生产关系的矛盾统一。所以，经济规律总起来看主要是生产力规律、生产关系规律和生产力与生产关系交互作用的规律三大类。社会存在总有它的具体形式。人类社会迄今为止出现过五种社会经济形态。各社会经济形态的经济规律系统也是由上述三类规律组成的。不过，只有当社会经济形态发展到成熟阶段，才可能有比较完整的经济规律系统。

第三，复杂的系统具有多层次性。社会作为 个大系统，包含着亚系统、子系统、支系统等若干层次。与此相适应，经济规律也具有多层次性。属于全系统一层的是生产力与生产关系交互作用的规律。它们对生产力规律和生产关系规律都有制约作用，它们在社会这个大系统中处于十分重要的地位。其次一层是亚系统，主要指生产力规律系统和生产关系规律系统。生产力是一个多要素、多方面的复杂的体系，包括相互交错、相互制约的许多经济规律，它们形成生产力规律系统。生产关系体系内各部分、各方面之间的相互关系也十分复杂。生产关系诸规律同样存在着相互交错、相互制约的关系，在这个基础上形成生产关系规律系统。在各亚系统内还存在着带有局部性的子系统。如再生产的四个环节——生产、交换、分配、消费，每个环节都受多种经济规律的制约，这些规律相互交错，也形成经济规律系统。当然，在子系统下还可分解为更具体的经济过程，内在于这些过程的诸经济规律，也形成层次更低的经济规律系统。除

---

① 转引自《系统方法》，辽宁人民出版社 1987 年版，第 4 页。

了不同层次的经济规律系统，还存在着不同方面的经济规律系统。例如，人口问题，生态经济问题，城市发展问题，农村发展问题，经济社会发展战略问题等。妥善解决这些问题也要通过对一系列经济规律及其相互联系的正确认识和自觉运用。这些规律往往包括生产力规律、生产关系规律、生产力与生产关系交互作用的规律，以至自然规律。以上情况说明，无论是不同层次的经济规律系统还是不同方面的经济规律系统，其基础都是在经济过程中同时起作用的诸经济规律的相互联系。

第四，系统的整体性还有一个显著特点，即系统的整体功能大于各组成部分处于孤立状态下的功能之和。我们常说的人类社会的运动和发展，包括新旧社会制度的更替，是由经济规律的客观要求决定的。这里说的经济规律，确切地说，是指经济规律系统的整体功能（或称"合力"）发挥作用的结果，而不是某一条经济规律在孤立状态下起作用的结果。

第五，经济规律系统是动态的而非静态的，是开放的而非封闭的。生产力与生产关系的矛盾是人类社会发展的根本动力。生产力是社会同自然界的关系。自然界的发展变化不断地影响着生产力，而生产力的发展变化又不断地影响着自然界。在生产力与生产关系的矛盾统一中，生产力的变化归根结底决定着生产关系的变化，而生产关系的变化又不断地反作用于生产力。在包括自然界与人类社会在内的永不停息的运动过程中，经济规律系统内部的结构当然也是不断变化的。随着新的社会制度取代旧的社会制度，一系列经济规律登上了历史舞台，一系列经济规律退出了历史舞台；即使在同一个社会制度下，由于经济条件在不同发展阶段发生了一定程度的变化，有些规律在规律系统中的地位越来越重要，而有些规律的作用却逐渐减弱。可见，不但不同社会经济形态有不同的经济规律系统，而且在同一社会经济形态下的不同发展阶段，经济规律系统的内部结构也有一定的变化。所以，决不能把经济规律系统看成是一成不变的。

第六，经济规律系统，更确切地说，应该是科学规律系统，它们是客观经济规律及其相互联系的整体性在人们头脑中的科学反映，就像社会科学某些学科中的范畴体系一样，都属于人类的思维活动。

总之，经济规律系统主要是以不同层次、不同方面的诸经济规律之间客观存在的相互联系为基础，从整体上反映经济过程的深层本质的。

2. 关于高层次规律与低层次规律之间的相互联系。

在经济规律系统中最为常见的经济规律的相互联系，是共有规律与特有规律之间的关系，普遍规律与特殊规律之间的关系，大系统规律与亚系统规律之间、亚系统规律与子系统规律之间的关系。我把这一类的经济规律的相互联系统称为高层次规律与低层次规律之间的相互联系。在这个方面还有不少问题有待于探讨。

长期以来经济学界有一种较为流行的观点，即根据一般寓于特殊之中的哲学原理，主张普遍规律内在于特殊规律之中，普遍规律不仅通过特殊规律而实现，而且总是让特殊规律做它的"代表"，而它本身并不登场。也就是说，普遍规律总是具体化为特殊规律，它无所不在而又无所在。持这种观点的同志常常举社会劳动按比例分配规律作为例证。他们认为"按比例"这个普遍规律在资本主义条件下具体化为竞争和生产无政府状态规律，在社会主义条件下则具体化为有计划按比例发展规律，所以计划规律只是按比例规律的一个发展阶段。另外一种说法，认为按比例分配规律在资本主义条件下的"代表"是价值规律，而在社会主义条件下的"代表"则是有计划按比例发展规律。

笔者对上述观点有不同的意见。笔者认为普遍规律或特殊规律，高层次规律或低层次规律，都是独立存在的各不相同的规律。它们在同时起作用中相互联系，甚至各自的基本内容有或大或小的"重合点"。但不能说前者可以具体化为后者，或后者可以"代表"前者。首先，普遍规律是比特殊规律概括层次更高的规律。比如，生产力和生产关系总是处在具体的阶段上和具体的形态中。在现实生活中既不存在生产力一般，也不存在生产关系一般。生产力与生产关系的矛盾运动，在不同的社会形态里各有其不同的特殊情况。但这些特殊情况的存在并不能否定生产关系适合生产力状况这个普遍规律的存在。因为后者是在更高层次上概括了生产力和生产关系的固有的、本质的必然联系。其次，我们还可以从普遍规律和特殊规律依以发生作用的经济过程或经济条件来考察。比如说，有计划按比例发展规律是以社会化大生产和生产资料公有制作为前提和基础的，社会劳动按比例分配规律则是以社会分工的发展和生产专业化作为前提和基础的。所以，前者是在社会主义再生产过程中发挥作用，而后者则在各社会经济形态的再生产过程中发挥作用。它们不可能"合并"成一个规律。

那么，能不能说普遍规律是通过特殊规律来实现它的要求呢？笔者认为这是一个值得进一步明确的问题。在自然现象和社会现象中都存在着普遍规律和特殊规律同时起作用的情况。一般说来层次高的规律对层次低的规律有制约作用，而层次低的规律包含着层次高的规律的要求。只有从这个意义上，可以说层次高的规律是通过层次低的规律来实现的。但两者又不可能相互取代，因为普遍规律是在更大的系统或更高的层次上起作用的规律，它不可能包容所有的特殊规律的内容，而特殊规律的要求也不可能全部进入普遍规律。像社会劳动按比例分配规律，既制约着生产力方面的某些规律，又制约着生产关系方面的某些规律，仅从生产关系方面说，在社会主义现阶段，有计划发展规律和价值规律是从不同的侧面体现着按比例规律的要求。在如此错综复杂的相互联系中，以某一特殊规律作为普遍规律的"代表"的说法是不能成立的。

此外，有些同志还把某些经济规律的相互关系，特别是高层次规律与低层次规律的关系说成是隶属关系。我认为这种拟人化的说法是不准确的，很容易引起误解。经济规律是经济过程的固有的、本质的必然联系。列宁在《哲学笔记》中写道："规律就是关系。……本质的关系或本质之间的关系。"① "人的思想由现象到本质，由所谓初级的本质到二级的本质，这样不断地加深下去，以至于无穷。"② 所以，规律之间的关系就是本质之间的关系；高层次规律与低层次规律之间的关系，就是初级本质与二级本质，二级本质与更深层本质之间的关系。把本质之间的关系说成是隶属关系显然是不合适的。经济规律之间的相互关系，从而经济规律系统的内部结构，本来是客观存在不以人的意志为转移的。有人指责经济规律系统是人们凭主观意愿加以构筑的，是"规律排队"，这当然是一种误解，而甲规律隶属于乙规律这种说法，只能加重人们的误解。

----

① 列宁:《哲学笔记》，人民出版社 1956 年版，第 135 页。
② 同上书，第 256 页。

对生产力规律系统的初步认识

生产力的运动受多种经济规律的支配，这些规律在客观上存在着一定的相互关系，形成一个规律系统。这在赞成把生产力规律包括在经济规律之内的同志中，一般没有什么不同的意见。但具体地讲，生产力究竟有哪些规律，它们之间究竟存在什么样的关系，生产力规律系统的内部结构如何，则其说不一，至今还在探索过程之中。

笔者认为对生产力规律系统的研究必须同世界新科技革命联系起来才更符合实际。当前正在进行的这场科技革命也称第三次科技革命，是从20世纪40年代开始的，70年代以后加快了步伐。它带来了生产力的巨大发展和部分质变，使不少新的生产力规律开始发生作用；又使某些原来起作用的生产力规律退出了历史舞台；进而改变着生产力诸规律的相互关系。

对于生产力规律系统，笔者认为需要从不同层次、不同方面进行多角度的研究。

首先，从层次来分析，生产力总体的运动规律是第一个层次。其中很重要的是延续性、顺序性和加速发展规律。所谓延续性，就是说在连续不断的生产和再生产过程中，人类改造自然的能力是一代一代地积累起来和继承下来的。所谓顺序性，就是说社会生产力的发展是一个按照一定顺序从低到高、逐步前进的客观过程。所谓加速发展，就是说社会生产力越是到了近代、现代，它的运动、变化和发展就越快。特别是新科技革命开始以后，生产力的发展明显地进一步加快。以上三点是从总体上考察的生产力运动的必然趋势。第二个层次，是生产力诸要素有机结合的规律。其中很重要的是"生产力诸要素同步发展，合理结合"的规律。这一规律的主要内容是，生产力诸要素相互制约，相互促进，客观上要求同步发展，达到当时条件下最合理的结合，从而使生产力得到尽快的增长。第三个层次，是生产力诸要素自身发展的规律。这是整个生产力系统运动发展的基础，因此有具体阐明的必要。生产力的基本要素——劳动者、劳动资料、劳动对象，在新科技革命中都呈现出新的特点和规律性。劳动者从远古到第一次科技革命，一直以体力劳动为主。在第一次科技革命后，机器大工业要求劳动者能够正确使用机器，从而使雇佣工人比奴隶和农奴具有较多的科学和文化知识。在新科技革命中，由于电子计算机和微处理机的广泛应用，出现了高度自动化的生产体系，劳动者的体力作用大大降低，脑力作用大大提高，而且在脑力因素中，传统的、属于劳动者个体的经验、技巧等作用逐渐减少，而现代科学技术知识的作用日益重要。这是迄今为止的劳动者自身发展变化的规律性。

在新科技革命中，生产工具也发生了新的质变。马克思曾把他那个时代的生产工具，主要是机器及机器体系归纳为发动机、传动机和工具机三个环节。这一概括是非常科学的。但是在新科技革命中，由于电子计算机的广泛应用，特别是微处理机与机器体系相结合，实现了所谓"机电一体化"，再加上近年来机器人和机械手在许多领域起着重要作用，形成了机器体系的第四个环节——自动控制系统，使整个机器体系大为改观。

劳动对象的发展规律是从纯粹的自然物越来越多地渗透进人类的劳动，成为被劳动滤过的劳动对象。新科技革命中合成材料的出现（如碳纤维、新陶瓷），使劳动对象又一次发生了质变，即不是自然物由人类劳动滤过，而是完全由人工合成的、为自然界所没有的新的劳动对象，而且品种越来越多，作用越来越大。

除了构成生产力基本要素的劳动者、劳动资料、劳动对象，其内容已发生变化外，还有一些原来就包含在生产过程中的因素，当生产力水平很低的时候，它们还处于萌芽状态，对生产力发展作用不大。随着生产力的不断提高，这些因素日益成长起来，而且对生产力的进一步发展起着越来越重要的作用，因而成为生产力基本要素以外的新要素。在新科技革命来临之后，我认为科学技术和劳动过程的社会结合就是这样的新要素。这里特别谈一谈科学技术。

自然科学是人类同自然界斗争的知识结晶，是人类认识自然的现象、性质和规律的理论体系。技术则是自然科学知识在生产过程中的应用。科学技术的特点是，对生产力各要素具有极强的渗透力，对生产力的发展起着越来越大的推动作用。在古代，劳动者的生产经验和劳动技能就包含着人们对某些自然规律的初步认识。16 世纪初，随着工场手工业的兴起，开始打破学者与工匠之间的隔绝状态。经过 17—19 世纪的产业革命，机器大工业代替了工场手工业，科学和生产的交互作用越来越密切。马克思说："机器工业把科学的巨大的自然力并入自身，因而会大大提高劳动生产率"①，到了19世纪后半叶，自然科学已直接指导生产，从而发生了以电力为主要标志的第二次科技革命。特别是20世纪中叶以后，以电子计算机、原子能和空间技术为主要标志的第三次科技革命，可以说完全是在自然科学理论的指导下发生和发展起来的。科学技术的强大的渗透作用，不但使生产力的三个基本要素都发生了很大变化，而且大大缩短了科学—技术—生产的过程，导致整个社会生产力的新的质变。邓小平同志1988年提出的"科学技术是第一生产力"的科学论断，揭示了科学技术在生产力诸要素中的重要地位和对整个生产力发展的决定性作用。

以上是从不同层次来考察的生产力规律系统。现在我们再从另一个角度，即不同的方面来考察生产力规律系统。

从生产力规律系统内部结构的质的方面来看，随着科学技术的进步和经济的发展，产业结构和就业结构的变化是一条非常重要的规律。西方一般用第一、二、三次产业的变化集中表现产业结构和就业结构的变化。美、日两国从1900年到1980年，农业、制造业、信息业使用的人数发生了很大变化。美国大约在1910年制造业使用的劳动力超过了农业使用的劳动力。1956年，信息业使用的劳动力又超过了制造业。日本大约在60年代初，制造业使用的劳动力超过了农业，在70年代中期，信息业又超过了制造业。在80年里，两个国家通过就业结构反映的产业结构的变化趋势基本相同，说明了产业结构变化的必然趋势。

从量的方面看，在新科技革命中，企业规模发展变化的趋势如何，各部门、各行业、各企业之间的经济联系有什么变化，也是生产力规律系统研究中不可忽视的。大企业的经营方式，在日本，是50年代至70年代适应第二次产业的大发展而盛行起来的。在欧美发达的资本主义国家，大企业的经营方式自19世纪末20世纪初就出现了。它的特点是资本密集，大规模、大批量，部门分工越来越细，中小企业明显地依附于大企业。在新科技革命中，生产扩大和集中的趋势通过大财团、跨行业兼并、跨国公司

---

① 《资本论》第1卷，法文版中译本，中国社会科学出版社1983年版，第389页。

等形式继续发展，同时也出现了小型化，中小企业数量迅速扩大，生命力大大增强。这种变化，在发达资本主义国家普遍存在。

从空间来看，如何在空间上实现生产力的最优结合，是生产力规律系统研究中又一个重要课题。应该看到，新科技革命不但使科研成果应用于生产的时间大为缩短，而且科研与生产直接结合这种方式也普遍出现了。如美国的研究、工业复合体，往往以大学为核心，把科研、新技术开发、生产经营融为一体，技术密集和知识密集的程度很高。"硅谷"曾一度闻名于世。日本的筑波科学城，"硅岛"也有类似之处。这是新科技革命以来，生产力布局和生产力要素在空间上的合理结合方面出现的新动向。

从时间上看，生产力规律有没有阶段性目前还有不同意见。理论界有人主张生产力规律全部是人类社会的共有规律，生产关系规律全部是特有规律。这种观点恐难成立。生产力规律既然是社会同自然界之间物质变换的规律性，的确不随社会制度的更替而变化。但是生产力本身也处在量变、部分质变、根本质变不断循环的运动过程中，不能说没有只适合于生产力发展某一阶段的规律性。在机器大工业代替工场手工业的条件下，有一些工场手工业时期的生产力规律就会退出历史舞台。在电子技术高度发达的今天，必然有适合新科技革命的新的生产力规律发生作用。比如，在电子工业中，大规模集成电路的质量和数量决定着电子工业的水平和发展速度。美、日两国都是在大规模集成电路超过六亿块以后，电子工业才起飞的。显然这条规律就是局部性、阶段性的规律。

关于生产力规律的分类和对生产力规律系统内部结构的认识还有其他许多主张。就笔者个人目前的认识水平来看，生产力的要素、层次的规律，质、量、空间、时间的规律，是必须包括在生产力规律系统之中的。

研究生产力规律系统的现实意义是很明显的，似乎不需要多说。我国在社会主义初级阶段的根本任务就是发展生产力，实现社会主义现代化。我国的国民经济计划和经济社会发展战略都应该体现这个要求。为此，自然要很好地研究生产力运动发展的内在规律，尽可能做到按照生产力规律系统的客观要求办事。我国正在进行的经济体制改革和政治体制改革，从本质上说，就是要自觉调整生产关系中那些同生产力不相适应的具体环节和上层建筑中那些同经济基础不相适应的具体方面，目的还在于发挥社会主义生产关系和上层建筑的优越性，以促进生产力的发展。因此，尽可能把握生产力规律系统的客观要求，对于成功地进行经济体制改革和政治体制改革当然是至关重要的。

对生产关系规律系统中几个有争议的重要规律的探讨

党的十一届三中全会前，经济学界对斯大林《苏联社会主义经济问题》中和苏联政治经济学教科书中提出的几个社会主义经济规律（主要是社会主义基本经济规律、国民经济有计划按比例发展规律、按劳分配规律）是普遍赞同的。当时对这几个规律提出不同意见的只是个别同志。党的十一届三中全会后，一方面肯定了社会主义经济仍然是公有制基础上有计划的商品经济，因此对社会主义生产关系及其运动规律开始了重新认识；另一方面，改革开放的实践向经济学界提出了许多新问题，人们普遍认识到必须打破教条主义的束缚，发展马克思主义。在这样的背景下，不少同志对斯大林论述的几个经济规律提出了质疑，并同坚持原来观点的同志展开了学术争鸣。这种争鸣是正常的、有益的。笔者认为对社会主义经济规律的研究应该继续下去，是肯定，是否定，或部分肯定、部分否定，总要在讨论中逐渐取得共识。另外，从新中国成立以来社会主义经济理论发展史的角度来看，长时间内学术界几乎天天在讲的几个经济规律，如果一个个不明不白地"无疾而终"，也不是一种严肃的科学的态度。在这里我想谈一谈社会主义基本经济规律、国民经济有计划按比例发展规律和价值规律。限于本文的篇幅，对每个规律只能说明自己的基本观点，至于深入的论证和与不同观点的商榷，都不可能展开来写。这是要事先加以说明的。

（一）关于社会主义基本经济规律。

1. 笔者的基本观点是，斯大林表述的这条规律，其主要内容，即社会主义生产目的，是客观存在的。但是他对基本经济规律所起作用的解释则值得考虑。

2. 任何社会经济形态都有各自的社会生产目的，这并不是斯大林首先提出的，马克思、恩格斯、列宁都有过明确的论述。对于社会主义制度，马克思曾说，在未来社会里，"生产将以所有的人富裕为目的"。① 恩格斯说：生产资料的社会占有，"通过社会生产，不仅可能保证一切社会成员有富足的和一天比一天充裕的物质生活，而且还可能保证他们的体力和智力获得充分的自由的发展和运用"②。列宁则更明确地指出过：社会主义生产目的是"不仅满足社会成员的需要，而且充分保证社会全体成员的福利和自由的全面发展"③。从马克思、恩格斯、列宁的论述中，我们可以得到如下的认识：社会主义生产目的不是由任何人的主观意志决定的，而是由生产资料所有制的性质以至整个生产关系体系的特点决定的。总的说来，斯大林把实现社会主义生产目的作为社会主义基本经济规律的主要内容，揭示了社会主义生产关系深层次的本质和社会主义经济发展的根本方向。

3. 党的十一届三中全会前，经济学界大多数人接受斯大林的论点，但是，在肯定的前提下，也有不少同志指出其不完善、不具体、不确切之处，认为需要加以充实和具体化。近几年，学术界对社会主义基本经济规律提出了不少不同的意见，择其要者，归纳如下：

其一，认为生产是人类的经济活动，生产目的也同任何其他活动的目的一样，是受人的主观意志支配的，不具备客观性。

其二，认为社会主义生产目的是从生产资料公有制推论出来的，是领导机关的主观愿望，而不是客观规律。社会主义建设的实践也证明，长期以来为生产而生产，并不存在充分满足社会需要这种客观必然性。

其三，认为社会主义基本经济规律是产品经济规律，同商品经济不相容。社会主义生产目的也只讲到使用价值，没有讲到价值。

其四，认为社会主义基本经济规律是共产主义才能实现的。它同按需分配相适应。在按劳分配条件下不可能充分满足全体社会成员的需要。

其五，生产最终是为了消费，发展生产，满足消费的需要，是一切社会经济形态所共有的，不能作为社会主义特有的经济规律。

其六，认为社会主义基本经济规律是存在的，但不是斯大林表述的内

① 《马克思恩格斯全集》第46卷（下），人民出版社1980年版，第222页。
② 《马克思恩格斯选集》第3卷，人民出版社1972年版，第322页。
③ 《列宁全集》第6卷，人民出版社1986年版，第37页。

容，而是另有内容。具体地讲又有多种说法。如社会主义基本经济规律是价值规律、是必要价值规律、是必要产品规律、是贡献价值规律、是按劳分配规律、是生产关系适合生产力性质规律，等等。

对以上各种观点，笔者仅从肯定社会主义生产目的的客观性这个角度，提出四点商榷意见：（1）要把社会生产目的和个人经济活动的目的区别开来。社会生产目的指的是生产的社会性质，它取决于生产资料所有制的性质，不是任何个人的意志可以左右的。（2）要把社会主义生产目的同再生产四个环节中生产和消费的关系区别开来。前者讲的是社会主义生产直接为了满足全体社会成员的物质、文化和全面发展的需要，后者讲的是生产决定消费，消费反过来又影响生产，它们是两回事。（3）社会主义生产目的植根于生产资料社会主义公有制，而不是植根于商品货币关系。社会主义商品经济的存在将对社会主义生产目的的实现形式发生重大影响，但并不能否定社会主义生产目的。（4）社会主义生产目的在社会主义建设实践中作用如何，这要从正反两方面来考察。陈云同志提出"一是要吃饭，二是要建设"，很好地体现了社会主义生产目的。新中国成立后40多年经济建设的实践表明，凡是较好地实行了这个原则（当然还有其他因素），人民的需要就能得到较好的满足，国民经济就能得到健康的发展。凡是背离了这个原则，其结果则正好相反。这就从正反两方面证明了社会主义生产目的是客观存在的。

4. 按照斯大林的说法，基本经济规律是决定一种社会经济形态生产发展的一切主要方面和一切主要过程的规律。因此，它在经济规律系统中处于主导的和核心的地位，它对各个领域的经济规律都起着制约的作用。过去，学术界有许多人，包括笔者自己在内，对斯大林说的基本经济规律决定一切主要方面和一切主要过程深信不疑。近几年，笔者对上述论点认为有重新考虑的必要。主要有四方面的原因。

其一，斯大林所界定的基本经济规律的内涵，马克思主义创始人并未提出过。例如，关于剩余价值规律，马克思只是说"生产剩余价值，是这个生产方式的绝对规律"①。他并没有作进一步的表述。恩格斯关于

---

① 《资本论》第1卷，法文版中译本，中国社会科学出版社1983年版，第655页。

价值规律的一段话更值得注意。他在《反杜林论》中说:"'劳动和劳动根据平等估价的原则相交换',这句话如果有意义的话,那末就是说,等量社会劳动的产品可以相互交换,就是说,价值规律正是商品生产的基本规律,从而也就是商品生产的最高形式即资本主义生产的基本规律。"① 可以明显地看出,恩格斯也用了基本规律这个词,但他并没有赋予这个词以斯大林所界说的内涵。当然我们不能说,马克思主义创始人没有说过的话后人就不能说。这就要看斯大林对基本经济规律的表述是否真的比前人进了一步。

其二,按照系统论的思想,系统并不注定都有一个中心或主导。笔者认为,越是复杂的有机体就越难说有一个唯一的控制其整个运动的中心。人类社会是一个内在联系极其错综复杂的大系统。对整个系统的运动和发展在总体上起作用的规律决不止一个。比斯大林揭示的各社会经济形态的基本经济规律层次更高的规律也不止一个。所以,说基本经济规律决定一种生产方式的一切主要方面和一切主要过程,是不是夸大了社会生产目的规律的作用,有些绝对化、简单化了。

其三,从这些年对经济规律及其系统的研究来看,把基本经济规律放在中心地位,说各个领域的规律都要受它的制约,这样就容易把规律系统的内部结构固定化,并不利于从实际出发深入探讨各规律之间的复杂关系。

其四,社会生产目的规律是一个概括层次很高、覆盖面很广的、反映一种生产关系总的发展方向的规律。正因其"高"和"广",它对于各个方面和各个过程的作用程度就不可能很深,它可以不同程度地影响到社会生产诸领域,而不是决定所有这些领域的运动和发展。

5. 以上这些想法还很不成熟,有待继续研究。不过,既然已经提出了疑问,所以笔者就没有再用"基本经济规律"和"社会主义基本经济规律",而暂用"社会生产目的规律"和"社会主义生产目的规律",并倾向于把它们列为从总体上制约生产关系运动发展的少数几个主要规律之一。

---

① 《马克思恩格斯选集》第 3 卷,人民出版社 1972 年版,第 351 页。

（二）关于国民经济有计划按比例发展规律。

1. 笔者的基本观点是，斯大林表述的这一规律是客观存在的，至今起着重要作用。值得改进的是它的表述方法。

2. 社会主义经济是有计划按比例发展的，这是马克思主义创始人早已阐明了的原理。马克思曾说，"时间的节约，以及劳动时间在不同的生产部门之间有计划的分配，在共同生产的基础上仍然是首要的经济规律"。① 恩格斯也说过，社会主义社会是"有计划地进行生产和分配的自觉的社会生产组织"。② 斯大林把社会主义有计划发展的客观必然性表述为"国民经济有计划（按比例）发展的规律"，指出它是社会主义特有的经济规律，实际上并没有增加什么新内容。

3. 对计划规律，学术界早就有否定其存在的种种说法。近几年，否定的意见增多了。

其一，认为国民经济有计划按比例规律中的"有计划"是主观的东西，属于主观意识范畴，不成其为客观规律。至于"按比例"，已另有社会劳动按比例分配规律了。

其二，认为价值规律已经解决了有计划分配劳动时间的问题。他们常常引用马克思关于第二种含义的社会必要劳动时间的论述，企图说明价值规律可以取代计划规律。

其三，认为计划规律是事实上不存在的假规律，必须打倒这个假规律，才能消除对价值规律的人为的约束，真正发挥价值规律的作用。

4. 对以上几种观点，笔者有几点商榷性的意见。（1）国民经济有计划按比例发展规律中的"有计划"不是指的人们制定的国民经济计划，不是主观的东西，而是指在社会主义制度下，社会总劳动时间在各部门、各方面的按比例分配，是通过自觉地、有计划地调节而实现的，这是一种客观必然性。前文已经说过，计划规律与社会劳动按比例分配规律是两个规律，在社会主义社会，社会劳动按比例分配规律从一定意义上说，是通过计划规律实现的。（2）计划规律发生作用的条件，一方面是生产社会化，

---

① 《马克思恩格斯全集》第46卷（上），人民出版社1979年版，第120页。

② 《马克思恩格斯选集》第3卷，人民出版社1972年版，第458页。

另一方面是生产资料社会主义公有制。随着生产社会化水平的提高，专业化和分工更为发展，各部门、各企业之间的相互联系也越密切，客观上要求统一指挥，互相协调和有计划的调节。目前西方各发达国家，在资本主义制度容许的范围内，在某种程度上和某些领域里实行计划化，也反映了生产社会化的要求。但是计划规律的客观性并不仅仅来自生产社会化，另一方面还来自社会主义公有制，特别是全民所有制。全民所有制内部存在着根本利益一致前提下的非对抗性矛盾，但是，全民所有制各部门、各企业仍然是全民所有制经济的组成部分。全民所有制经济的这种内在的整体性，必然要求社会中心（在现阶段即社会主义国家）在全社会范围进行统一的组织、管理和有计划的调节。当然，计划调节的具体形式是可以灵活多样的。（3）马克思在讲到第二种含义的社会必要劳动时说过："事实上价值规律所影响的不是个别商品或物品，而总是各个特殊的因分工而互相独立的社会生产领域的总产品；因此，不仅在每个商品上只使用必要的劳动时间，而且在社会总劳动时间中，也只把必要的比例量使用在不同类的商品上。"① 企图以马克思的上述论述来说明价值规律已包含着计划规律，计划规律无立足之地的观点，恰恰忽略了马克思的这段话及有关章节的类似论述，阐明的是价值规律的作用结果会达到社会劳动时间的按比例分配，并没有谈到价值规律这种作用的实现方式或作用机制。所以，说价值规律就要求有计划地分配社会劳动时间，这是对马克思的原意的误解。（4）不能把计划工作同计划规律混为一谈。计划规律要求社会主义经济有计划按比例的发展，并从客观上提供了对社会主义经济进行计划管理的可能性，而计划工作是否成功则取决于人们的主观努力。一般说来，计划工作符合计划规律和其他有关经济规律的要求就会取得预期的效果；违背了计划规律和其他有关经济规律的要求就会受到惩罚，造成损失。所以用计划工作的某些失误来否定计划规律或说明计划规律与价值规律不相容，都是没有说服力的。

5. 斯大林关于计划规律的表述，笔者认为应该加以改进。"有计划"虽然本质上不是指主观的东西，但放在规律的表述中容易引起误解。"按

---

① 《资本论》第 1 卷，法文版中译本，中国社会科学出版社 1983 年版，第 716 页。

比例"存在于另一个经济规律之中，放在计划规律的表述中也容易产生误解。笔者认为计划规律所体现的应该是社会主义经济运动在客观上存在的计划性，称作"社会主义经济发展计划性规律"比较适当。通常说的"计划规律"则是它的简称。

（三）关于价值规律。

1. 价值规律是商品经济的基本规律，在社会主义初级阶段的经济运动和发展中起着极为重要的作用，这已经成为经济学界的共识。近几年讨论价值规律的著述很多，涉及问题的面很广。在这里，笔者只准备谈一个问题，即价值规律在社会主义经济规律系统中的地位问题。

2. 党的十一届三中全会前，经济学界比较普遍的观点是把计划规律与价值规律对立起来，认为计划规律起作用的地方，价值规律就不起作用，而且对价值规律的地位估价过低，认为同社会主义诸规律相比是次要的、从属的、起补充作用的。十一届三中全会后，随着人们对社会主义商品经济的认识逐步加深，对价值规律也越来越重视，这当然是对的。值得注意的是，又出现了另一种片面性的观点，即认为只有价值规律没有计划规律，也没有社会主义生产目的的规律；价值规律是社会主义的基本规律，是社会主义经济运动的唯一的调节者。笔者不赞成这种片面性的观点。价值规律是商品生产和商品交换的规律。对价值规律在规律系统中的地位估价过高，是同把商品经济在生产关系体系中的地位估价过高直接联系在一起的。马克思早就指出，商品不是物，而是被物与物的关系掩盖着的人与人之间的经济关系。所以商品生产和商品交换历来是生产关系体系的重要组成部分。但是，在各社会经济形态里，生产关系体系的核心始终是生产资料与劳动者结合的方式。这种结合方式决定着人与人之间的根本的经济关系，决定着整个生产关系的性质。而商品货币关系是人与人之间的经济关系总和的一个方面，它的运行机制、发展方向和所处地位，不能不受人与人之间的根本经济关系的制约。正因为如此，才有小生产的商品经济、资本主义商品经济和社会主义商品经济的区别。商品生产和商品交换已经存在了几千年，跨越了几个社会经济形态，单纯从商品经济并不能说明一种生产关系的根本性质；价值规律也是几个社会经济形态共有的规律，而不是社会主义特有的规律，把它说成是社会主义的基本规律显然是不能成立的。

3. 江泽民同志在建党七十周年大会的讲话中指出："建立适应社会主义有计划商品经济发展的、计划经济与市场调节相结合的经济体制和运行机制，既要遵循商品经济的一般规律，又要遵循社会主义经济的特有规律。……计划经济要自觉地运用价值规律。我们既要充分发挥市场调节的积极作用，改变过去那种忽视市场作用、忽视价值规律的做法，同时要加强和改善国家的计划管理和宏观调控。"这段话明确告诉我们，计划经济与市场调节相结合，要同时遵循一系列商品经济的一般规律和一系列社会主义经济的特有规律。以计划规律与价值规律的关系来说，它们是两个规律，既不能互相取代，也不能合而为一。但这两个规律在社会主义商品经济中是同时起作用的，它们的覆盖面都是整个社会主义经济，它们的作用方向基本一致，都要求社会劳动时间按比例分配；都要求生产与需要相适应；都要求节约劳动时间。所以，应该说，是计划规律与价值规律相互交错所发挥出来的"合力"，通过计划与市场相结合这种形式，对社会主义商品经济的运行起着调节作用。这样，既能发挥计划机制的长处，又能发挥市场机制的长处，使两者融为一体。

4. 正确认识价值规律在社会主义经济规律系统中的地位有重要的现实意义。前文已经阐明，必须从经济规律的相互联系中来认识规律。价值规律无论在宏观经济中的作用，还是在微观经济中的作用，都是同商品经济的其他规律和社会主义经济的一系列规律联系在一起的。如果只孤立地突出价值规律就很难把握价值规律在社会主义商品经济中作用形式的特点，就不可能真正做到自觉地运用价值规律。

对社会主义初级阶段经济规律系统的几点认识

我国还处在社会主义初级阶段。同社会主义生产关系的不成熟性相适应，生产关系规律系统也在形成过程中。一方面，社会主义经济的内在矛盾，由于其发展不成熟而未充分展开。因此，有些重要经济规律可能还未开始发生作用或者作用还不明显，人们很难发现它们。另一方面，有一些社会主义初级阶段的矛盾，在成熟阶段也可能不复存在，从而反映这些矛盾的经济规律将来会退出历史舞台。总之，在目前条件下，要想得到对社会主义初级阶段规律系统的完整的认识，是不现实的。当然，这并不等于说，对规律系统的研究现在就不应开始。无论是对经济规律系统在总体上的比较笼统的认识，还是对某个领域的局部规律系统的比较具体的认识，对后来的研究者都不无参考价值。下面笔者准备对社会主义初级阶段经济规律系统提出几点不成熟的看法，作为自己对这个问题在探索过程中的一个认识阶梯。

第一，社会主义初级阶段经济规律系统的复杂性。社会主义初级阶段的经济规律系统包括在这个阶段起作用的所有规律，而不仅指社会主义经济规律。从规律的作用时间和范围来说；包括人类各社会经济形态都起作用的普遍规律，在几个社会经济形态起作用的共有规律，在社会主义社会起作用的特殊规律和只在社会主义初级阶段起作用的更加特殊的规律。从规律的层次来看，包括生产力和生产关系交互作用的规律、生产力规律、生产关系规律。从规律所反映的生产关系的性质来看，有社会主义经济的规律、个体私有制经济的规律、国家资本主义经济的规律和资本主义经济的规律。在构成社会主义初级阶段的一系列经济规律中，一个显著的特点是几种经济成分的规律同处于一个大的规律系统之中。众所周知，不同的经济成分有不同的经济运动和发展的规律，而且不只是一个规律，而是一系列规律。在社会主义全民所有制占主导地位，公有制经济占绝对优势的情况下，一方面，其他各种非社会主义经济都不能不受这个"普照之光"的影响，因而它们固有的规律在作用形式上必然要发生不同程度的变化。比如说，私营经济所固有的剩余价值规律和按劳动力价值、价格分配的规律，在强大的国营经济存在的条件下都不能不发生某种变化。另一方面，社会主义全民所有制经济的规律、集体所有制经济的规律，受多种因素的影响，其中包括各种非社会主义经济成分对公有制经济的影响，也必然有与社会主义成熟阶段不同的作用形式。还要注意，在社会主义初级阶段，社会主义经济规律同各种非社会主义经济规律相互作用的具体情况，同我国建国后的过渡时期肯定是有所不同的，不能因为都存在多种经济成分而忽略这种区别。这都说明社会主义初级阶段的规律系统比社会主义成熟阶段的规律系统可能有更为复杂的一面。

　　第二，社会主义经济规律作用程度的不充分性。社会主义是一个过渡性的社会。社会主义生产关系体系，随着生产力的不断发展，将由初级阶段到成熟阶段，然后继续向共产主义前进。所以，社会主义生产关系规律系统的形成和完善，取决于生产力和生产关系矛盾运动的总过程。在现阶段，由于受多种经济条件的限制，社会主义诸经济规律的作用都是不充分的，将来都有一个从作用不充分到作用逐渐充分的发展过程。例如，社会主义生产目的是充分满足全体社会成员的物质、文化和全面发展的需要。目前，由于生产力发展水平的限制，这个规律的要求还远未实现。国家对全体社会成员的各方面的需要都在尽可能给予满足，但满足程度不可能完全相同。全民所有制职工得到的保障显然高于其他社会成员。同时，全国各地区经济发展很不平衡，消费水平差别很大，多数人只能解决温饱问题。至于对社会成员全面发展的需要，更远未满足。这些要求的实现都有待于生产力的进一步发展和国家经济实力的进一步增强。其他如计划规律、按劳分配规律等都处于作用不充分的状态。这就说明，社会主义生产关系的优越性，在社会主义初级阶段还不可能得到充分的发挥。

　　第三，在社会主义初级阶段的经济规律系统中，商品经济规律与社会主义经济规律的相互关系居于关键地位。社会主义经济是在公有制基础上的有计划的商品经济。首先，这说明它的性质是社会主义经济，而不是任何别的经济；同时，又说明它的经济形式是商品经济，既不是产品经济，也不是自然经济。那么，社会主义商品经济的特征是什么？运行机制是什么？发展趋势如何？正确回答这些问题，必须研究制约社会主义商品经济的诸经济规律及其相互关系，特别是社会主义经济一系列规律与商品经济一系列规律的相互关系。实践证明，社会主义商品经济是一个十分复杂的系统。在这个系统中，社会主义经济规律与商品经济的一般规律都在客观地起作用。这两类规律相互交错，相互制约，形成"合力"，支配着社会主义商品经济的运动和发展。如何正确发挥两类规律作用方向一致的方面，如何正确处理两类规律在作用方向上客观存在的矛盾的方面，这是研究社会主义初级阶段经济规律系统的重要问题。

关于经济规律的研究方法

新中国成立以来，关于社会主义经济规律一直是我国经济学界着重研究的问题之一。报刊上发表了大量的探讨经济规律的文章，召开过不少次学术讨论会。总的说来取得了一定的进展，对社会主义经济建设也起了一定的积极作用。但是，党的十一届三中全会前，我们对经济规律的研究还存在着不少缺点。主要表现在，人们经常研讨的，大体上还是马、恩、列、斯提出来的若干规律。30多年过去了，很少从中国社会主义实践中概括出什么新规律。而且，即使对前人已经揭示的规律，结合我国的实际，研究诸规律的相互关系，探讨诸规律的作用形式，也还不够。为什么会出现这种情况？笔者认为并不是人们对经济规律的研究不重视，而是研究方法有问题。其中很重要的是，不少同志（包括笔者自己）没有坚决贯彻理论联系实际的原则。这种状况同党的十一届三中全会后，社会主义建设迅速发展，改革不断深入的新局面越来越不适应。因此，最近10年，学术界对经济规律的研究，在思路上、方法上，逐渐发生变化。不过，我们还要清醒地看到，在理论联系实际上，我们还只是迈出了一步，经济规律的研究，同改革和发展的要求相比，还有很大差距。那么，对社会主义经济规律的研究应该怎样更好地贯彻理论联系实际的原则呢？笔者提出以下四点设想以求教于学术界。

第一，我们的研究重点应放在社会主义现代化建设中提出的牵涉面广、综合性强的重大问题上。因为综合性越强，同时起作用的相互关联的经济规律越多，越需要用系统的方法去研究这些经济规律的相互作用。现阶段，这类问题很多。例如，对"八五"计划和十年规划的研究，就要以自然规律、生产力规律、生产关系规律、生产力与生产关系交互作用的规律为依据，进行综合的分析和全面的协调。在这里，不但不能仅仅根据某一条经济规律，而且也不能仅仅根据某一类经济规律。又如，怎样建立计划经济与市场调节相结合的经济运行机制，如何培育有中国特色的社会主义商品经济的市场体系，如何帮助和促进国营大中型企业转换经营机制，建立起自我约束、自我平衡、自我发展的能力。这些问题，每一个都是复杂的系统工程，需要正确认识和自觉运用各自的经济规律系统。抓住我国当前面临的这些重大问题，一方面通过我们的研究工作，力争为解决现实中的矛盾提供理论依据，使基础理论能够为实践服务；另一方面，在探索这些问题的过程中，提高了对经济规律及其系统的认识和研究经济规律系统的正确方法的认识，使今后的研究同时代的脉搏紧密相连。

第二，对于马、恩、列、斯提出的、已经为实践证实其存在的重要规律，例如，生产关系适合生产力状况规律、价值规律、按比例规律等，人们当然可以把它们作为根据，用以分析经济现象，指导经济工作。这不能说是脱离实际。问题在于，我们不应老是停留在规律加实际材料的水平上，而是要把马列主义的普遍真理同中国的实际进一步结合起来，作出新的探索。以生产关系适合生产力状况的规律为例。毛泽东早在 50 年代就指明了社会主义社会的基本矛盾仍然是生产关系和生产力之间的矛盾，上层建筑和经济基础之间的矛盾，并结合我国社会主义改造和社会主义建设的实践，进一步作出了社会主义生产关系与生产力"又相适应，又相矛盾"的著名论断。"又相适应，又相矛盾"，按照笔者的体会，就是说社会主义生产关系的主要方面，或社会主义的基本经济制度，同生产力是相适应的；但是，生产关系的某些具体环节，同生产力的发展又是相矛盾的。比如社会主义公有制适合现阶段生产力的性质，但并不等于说它同生产力就没有矛盾。以全民所有制经济而论，在中央与地方之间，国家与企业之间，企业与企业之间，国家、企业、个人之间的关系，属于全民所有制经济内部的相互关系。在这些具体关系中就存在着不适合生产力要求的地方。党的十一届三中全会后开始的对经济体制的全面改革，其理论基础之一，就是生产关系与生产力"又相适应，又相矛盾"，社会主义基本经济制度的相对稳定同生产关系具体环节的经常调整相结合。所以，我国经济体制改革的根本性质是社会主义制度的自我完善，最终目的是更好地发挥社会主义生产关系对生产力的促进作用，加速实现四个现代化。所有这些，都是生产关系适合生产力状况的规律在我国现阶段的具体体现。

第三，要着重研究社会主义初级阶段的特殊规律。毛泽东在《中国革命战争的战略问题》中指出，要指导战争并取得胜利，就必须研究和掌握战争的规律，而要指导中国革命战争并取得胜利，不仅要懂得一般的战争规律，更重要的还要懂得中国革命战争的特殊规律。如果不懂得这些，就不能在中国革命战争中打胜仗。社会主义现代化建设也是这样。我们不但要研究现代化的一般规律，而且要研究社会主义现代化建设的特殊规律，尤其要从中国的特点出发，揭示我国进行现代化建设的更加特殊的规律。比如，在西方发达国家实现现代化的历史过程中，第一、二、三次产业产值比重的变化，同第一、二、三次产业就业比重的变化，基本上是同步的。本文在论及生产力规律时曾对此作过分析。这可以说是现代化过程中的一条一般规律。但是在我国，却出现了第二次产业的产值比重早已大大超过第一次产业，而第一次产业的就业比重仍居高不下，大大超过第二次产业的情况。这是由我国国情决定的、不同于一般规律的特殊性。对于这种特殊性产生的原因、带来的后果和发展的趋势，需要从中国的实际情况出发，结合相关联的其他经济规律进行综合研究。

第四，要坚持把辩证唯物主义和历史唯物主义作为研究经济规律及其系统的最基本的方法。现代系统论的思想渊源之一是马克思主义。因此，应用系统方法同坚持辩证唯物主义并不是互相排斥的。前面几点谈到的，从中国实际出发，调查研究，详细占有材料，具体分析经济过程，认真总结实践经验，从中揭示经济规律及其相互关系，这就是唯物辩证法在经济规律研究中的具体运用。其他一些现代的或西方的方法，例如，数量分析和数学方法等，凡是科学的内容，都应加以吸收和借鉴。

（原载《我的经济观》第 5 辑，江苏人民出版社 1992 年版）

研究经济规律要同时代脉搏紧紧相连

（一）研究经济规律是马克思主义经济学的重要内容

在马克思主义经济理论中，一个重要内容是揭示经济运动的客观规律。马克思在《资本论》中，开宗明义地说："本书的最终目的就是揭示现代社会的经济运动规律。"对社会主义经济理论的研究，同样是为了揭示社会主义经济运动的规律。在我国现阶段，首先要研究的当然是具有中国特色的社会主义的经济运动规律。我国经济学界自新中国成立以来一贯重视对经济规律的研究。早在 50 年代关于过渡时期经济规律的争论中已经涉及经济规律的相互关系问题。党的十二届三中全会后，许多学者进一步明确要研究经济规律系统。胡乔木同志在 1984 年围绕经济改革向理论界提出的几个研究课题中，就包括经济规律系统。我国老一辈经济学家薛暮桥、于光远、孙冶方、许涤新都曾著文强调，经济规律是相互联系的，要把它们作为一个整体进行研究。为什么研究经济规律要特别重视规律之间的相互关系呢？

任何一个经济过程都不可能孤立地存在，更不可能在孤立的状态下运动和发展。因此，内在于经济过程的经济规律也不可能孤立地起作用，而总是同相关的经济规律同时起作用。从大的方面说，人类历史上五种社会经济形态依次更替，是生产关系适合生产力状况的规律和其他一系列有关规律同时起作用的结果。从每一个具体的经济过程来看也是这样。马克思在《资本论》里已经详细地证明，调节工资的各种规律是非常复杂的，随着情况的不同，时而这个规律占优势，时而那个规律占优势。[①] 恩格斯在

[①] 《马克思恩格斯选集》第 3 卷，人民出版社 1972 年版，第 28 页。

谈到平均利润率时还说过：一般利润率在每一个瞬间都只是近似地存在着；在现实中，它只是作为许多行业和许多年度的平均数而存在。经济规律只是一种近似值，一种倾向，一种平均数，但不是直接的现实。"其所以如此，部分地是由于它们所起的作用和其他规律同时起的作用相互交错在一起，而部分地也由于它们作为概念的特性。"① 在这里，马克思、恩格斯告诉我们，对经济规律不能作简单化的理解，而应把它看做一种客观的发展趋势，对经济规律也不能孤立起来进行考察，因为它的作用总是与同时起作用的其他规律交错在一起的。这些原理非常重要，但过去却往往为人们所忽略。比如，从新中国成立到党的十一届三中全会前，我们曾经把生产资料生产优先增长的规律绝对化，年年、月月、天天都在强调发展重工业，而常常忽视了农业是基础的规律、社会生产按比例发展的规律、增加生产满足需要的规律等，结果导致农、轻、重的比例关系严重失调，损害了国民经济发展的全局。而且，在那个时期，不但中国如此，苏联、东欧各国也莫不如此，因此成了一个带有普遍意义的历史教训。

现在我们要进一步考察，同时起作用的诸经济规律的相互关系，究竟是充满偶然性和杂乱无章的呢，还是也具有客观性，呈现出有序状态的呢？笔者认为是后者。这是因为，社会是一个大系统。它包含着亚系统、子系统、支系统等若干层次。与此相适应，经济规律也具有多层次性。如生产关系适合生产力状况的规律。它反映了生产力与生产关系的交互作用，对生产力规律和生产关系规律都有制约作用。其次一层是亚系统，如生产力规律系统和生产关系规律系统。生产力是一个多要素、多方面的复杂的体系，包括相互交错、相互制约的许多规律。生产关系包括生产、交换、分配、消费诸环节上人与人之间的经济关系，它们构成一个有机的整体。在这个基础上生产关系诸规律同样存在着相互交错、相互制约的关系。在各亚系统内还存在着带有局部性的子系统，如生产、交换、分配、消费四个环节各自都要受多种经济规律的制约，这些规律形成各自的经济规律系统。再进一步说，子系统还可分解为更具体的经济过程，这些经济过程也要受多种经济规律的制约。在社会这个大系统中，除了不同的层

———————
① 《马克思恩格斯选集》第4卷，人民出版社1972年版，第515—516页。

次，还有不同的方面。像人口问题，生态环境问题，城市发展问题，城乡关系问题等。妥善解决这些问题，也要自觉地依据一系列相互关联的客观规律。除了经济规律，还常常包括自然规律。

从以上分析可知，只承认单个经济规律的客观性，而不承认经济规律之间的相互关系也具有客观性，这在逻辑上是不彻底的；只看到每一条经济规律的作用，而看不到任何经济规律总是在同别的有关规律同时起作用，这在认识上是不全面的。经济规律系统并不是什么深奥莫测的东西。它无非是以不同层次、不同方面的诸经济规律的相互关系为基础，从整体上反映经济运动的本质。笔者认为，我们通常所说的要正确认识经济规律，要按照经济规律办事，确切地说，就包括正确认识经济规律系统，要按照经济规律系统办事。

（二）在我国现阶段研究经济规律的迫切性

改革开放的十几年，我国在经济、社会各方面发生了深刻的变化，这是众所周知的。当前的经济条件同党的十一届三中全会前相比已经有了明显的差别。经济条件是经济规律发生作用的客观依据。经济条件的根本改变，如一种新的社会制度取代了旧的社会制度，那么，反映新生产关系的本质的一系列经济规律将发生作用，而反映旧生产关系的本质的一系列经济规律将失去作用。经济条件的一定程度的改变，如资本主义由自由竞争阶段发展到垄断阶段，资本主义的主要经济规律依然存在，但它们的实现方式和作用后果也会发生不同程度的变化，同时，还有可能出现某些新的只适合于垄断资本主义的特殊规律。

那么，我国现阶段经济条件的上述变化会对经济规律及其相互关系产生什么影响呢？第一，它必然影响经济规律的实现方式和作用后果。如按劳分配规律，由于同其他分配方式相互影响，它的实现方式必然不同于单一公有制下的实现方式。再从经济规律系统内各经济规律的相互关系来看，有些经济规律的作用增强了，有些经济规律的作用减弱了。如果我们看不到这些变化，还像改革开放前那样来认识经济规律及其相互关系，我们的经济活动就不可能符合经济规律的要求，也就达不到预期的目的。第二，它决定了我国社会主义初级阶段的特殊规律。在这方面，毛泽东关于战争规律的论述给了我们深刻的启示。他说："我们现在是从事战争。我们的战争是革命战争，我们的革命战争是在中国这个半殖民地半封建的国度里进行的。因此，我们不但要研究一般战争的规律，还要研究特殊的革命战争的规律，还要研究更加特殊的中国革命战争的规律。""如果不懂得这些，就不能在中国革命战争中打胜仗。"① 这个道理同样适用于我国的社会主义初级阶段。现在我们不但要研究国民经济现代化的一般规律，还要研究社会主义现代化的特殊规律，更要研究我国社会主义初级阶段实现现代化的更加特殊的规律。这些"更加特殊"的规律在当前起着十分重要的作用，我们必须认真对待它。比如，公有与私有结合在一起的混合经济是我国社会主义初级阶段出现的新现象。它产生的必然性是什么？它对国民经济发展应起什么作用？在它的内部公有与私有的利益结合点在哪里？它的发展前景如何？要妥善处理这些问题，就要正确认识混合经济的内在规律。

（三）社会主义市场经济与经济规律系统

党的十四大决定建立社会主义市场经济体制，指出社会主义市场经济体制是同社会主义基本制度结合在一起的。对此，江泽民同志作过全面的概括，他说："社会主义市场经济是一个完整的概念。简要地说，就是要把公有制的优越性与市场经济对资源的优化配置有效地结合起来，二者不能割裂，也不能偏废。"②

党中央的决议和中央领导同志的讲话中，多次强调市场经济必须与社会主义基本制度相结合，这一点在理论原则上不应该有什么疑问。但是市场经济本来是在私有制基础上生长起来的，社会主义市场经济以公有制为基础，这是它最主要的特点也是它面临的最大难点，迄今还没有什么成熟的经验。正因为如此，人们在能否结合和如何结合上存在一些不同的认识

---

① 《毛泽东选集》第 1 卷，人民出版社 1991 年版，第 171 页。
② 《人民日报》1993 年 8 月 9 日。

是不足为奇的。有一种观点，实际上是认为社会主义基本制度与市场经济无法结合。他们说，市场经济就是市场经济，何必加上"社会主义"四个字。有些人虽然没有公开否定社会主义市场经济这个提法，但却片面强调市场经济而极力淡化社会主义基本制度。按照这样的观点走下去，社会主义市场经济体制是不可能建立起来的。理论观点上的不同认识，只有通过百家争鸣来解决。作为理论工作者，我们不但要坚持正确的，反对不正确的，而且要力求从正面阐发社会主义基本制度如何与市场经济相结合的理论依据，提出具体的对策和建议。这就要求我们从经济规律及其相互关系的角度深入研究下去。

社会主义市场经济是有其内在规律可循的。江泽民同志在庆祝中国共产党成立七十周年大会上的讲话曾论述过有计划商品经济的运行机制。他指出，要建立适应有计划商品经济的经济体制，"既要遵循商品经济的一般规律，又要遵循社会主义经济的特有规律"。当时还没有提出社会主义市场经济，但有计划商品经济的基本精神同现在是一致的。因此，我们也要把市场经济的一般规律与社会主义的特有规律结合起来进行研究。

马克思主义政治经济学告诉我们，任何一种生产关系都是一个有机整体。这里面既有决定生产关系性质的基本经济制度，又有作为这种生产关系的具体形式的各种具体环节、具体制度。前者主要指一个社会经济形态中占统治地位的生产资料所有制；后者包容甚广，像经济体制、经济运行机制、商品货币关系均可归入这个范围。商品经济、市场经济本身并不是任何一个社会的基本经济制度。马克思说过："商品生产和商品流通是极不相同的生产方式都具有的现象。"① 因此，它从来不能反映一种社会经济形态的根本性质。相反，它在不同的社会制度下各有不同的特点，这恰恰是由各社会的基本经济制度决定的。由此可知，商品经济、市场经济的一系列规律，同基本经济制度的一系列规律是同时起作用的，它们相互交错，相互制约，但又有主有次。这在存在商品经济的各社会形态里带有普遍性。

《资本论》是马克思主义政治经济学的百科全书。仅就资本主义基本

---

① 《资本论》第 1 卷，人民出版社 1972 年版，第 133 页。

经济制度如何同市场经济相结合这一个问题来说，一方面它揭示了资本主义市场经济的运行和发展归根结底是为增殖剩余价值服务的，从而把资本主义市场经济的特点从市场经济一般中剥离出来，始终坚持了基本经济制度决定市场经济性质的基本观点。另一方面，它又系统地阐明了资本主义的生产和再生产，资本存在的具体形式及其变化，资本主义经济运行的机理等，又都是同商品经济、市场经济融合在一起的。马克思还在多处直接剖析了资本主义特有规律同市场经济一般规律的相互关系。例如，等价交换本来是市场经济的一般规律。包括劳动力在市场上的买卖，从现象上看都没有违反这个规律。但是资本家通过购买劳动力商品，无偿占有劳动者创造的剩余价值，使这种买卖关系变成了剥削关系。所以，马克思指出："这样一来，资本家和工人之间的交换关系，仅仅成为属于流通过程的一种表面现象，成为一种与内容本身无关的并只能使它神秘化的形式。"①"商品生产按自己本身内在的规律越是发展成为资本主义生产，商品生产的所有权规律也就越是转变为资本主义的占有规律。"② 竞争是市场经济的一般规律。马克思在谈到资本主义制度下的竞争时说过："只有了解了资本的内在本性，才能对竞争进行科学的分析，正象只有认识了天体的实际的、但又直接感觉不到的运动的人，才能了解天体的表面运动一样"，③ 又说："竞争，这个资产阶级经济的重要推动力，不能创立资产阶级经济的规律，而是这些规律的执行者。……竞争不能说明这些规律，它使人们看到这些规律，但是它并不产生这些规律"④。马克思在《资本论》和其他著作中的上述一系列论述，对于我们认识社会主义基本经济制度如何与市场经济相结合和社会主义市场经济的特点，至今仍有重要的指导意义。

（四）对经济规律系统研究工作的几点设想

在我国对经济规律系统的研究已进行了十几年。面对当前的新形势，

---

① 《资本论》第 1 卷，人民出版社 1972 年版，第 640 页。

② 同上书，第 644 页。

③ 同上书，第 252 页。

④ 《马克思恩格斯全集》第 46 卷（下），人民出版社 1980 年版，第 47 页。

在研究重点和研究方法上有些什么值得注意的问题呢？

第一，要围绕社会主义建设中的重大问题，拓宽研究领域。

我国当前的改革与发展千头万绪，而且进展迅速。经济规律的研究是要揭示经济过程的内在本质，需要在较长时间里积累资料，反复探讨。既不能脱离实际，也不能急于求成。因此，必须把研究的重点放在改革与发展中提出的关系全局的综合性问题上。一方面，通过我们的研究，力争为解决现实中的矛盾提供理论依据和方略性的意见，使基础理论为社会主义现代化建设服务；另一方面，在探索这些重大问题的过程中，提高对现阶段经济规律系统的认识水平。在当前和今后一段时间里，我国改革与发展中需要集中力量解决的、比较突出的全局性问题，一是从现在到 21 世纪初我国的经济社会发展战略，一是社会主义市场经济体制的建立和发展。这两个问题能不能解决好，关系到我国社会主义建设的成败。

那么，怎样从经济规律系统的角度来研究这些重大问题呢？笔者认为越是综合性强的、全局性的问题，涉及的方面越广，各种因素错综复杂，人们可以从实际出发，把它分解为相互关联的不同层次和不同方面，并从中寻找出切入点，然后逐步深入，拓宽研究领域。以经济发展战略为例，它包括全国的战略，地区的战略，城市的战略，以至企业的战略。把全国六百个城市作为一个层次来看，最常见的是按城市人口多少分为大中小城市，它们的发展战略各有不同。也有人按城市的功能分类，把全国城市分为中心城市、工业城市、港口城市、特区城市、边境城市、旅游城市、煤炭城市、石油城市、林业城市等。不同类型城市的发展战略也各不相同。再进一步看，每个城市的人口构成、自然环境、资源条件、交通状况、经济发展水平、改革开放程度、社会文化传统、在全国或一个地区中所处的地位，具体分析起来都是有区别的，因此，其发展战略都应该有自己的特点。经济发展战略与经济规律系统是有密切联系的。发展战略既不是对历史和现状的描绘，也不止于对建设经验的总结，而是在回顾历史的基础上对未来发展进行设计和规划。那么，对未来的预测是否科学，很重要的要从城市发展的历史过程中探求出规律性。而且，在城市发展中起作用的规律决不仅仅是某一项规律，它必然涉及生产关系规律、生产力规律和自然规律。因此，研究城市发展战略必须以一系列经济规律为依据。全国的经济发展战略当然不能缺少城市这个层次。而全国的城市发展战略又离不开各个城市的具体发展战略。从经济规律系统这个角度来看，研究的步骤应该是，选择各种类型的有代表性的城市，过细地研究它们的发展历史和建设经验，探求它们各自的发展规律。然后从典型城市的发展规律探求不同类型城市的发展规律。在这个基础上进而揭示出全国城市发展的若干规律，作为制订有中国特色的城市发展之路的重要依据。

制订经济社会发展战略，除了对不同层次的问题进行研究，还要对不同方面的问题进行专题性的研究。我们要在这类问题中选择矛盾突出、最具迫切性的问题，因为它们可能是整个链条的关键性环节。例如，在我国科技事业的发展中，如何解决科研成果加速转化为现实生产力的问题；在我国经济增长过程中，如何避免周期性的剧烈波动，使经济高速、平稳发展的问题；在鼓励一部分地区先富起来的政策下，如何解决东西部经济发展差距不断拉大的问题，在城乡差距继续扩大的情况下，如何为农村富裕劳动力找到出路，并正确发挥我国劳动资源优势的问题等。以上这些问题，每一个都十分复杂，有许多因素在相互制约，有许多经济规律在同时起作用。要对这些问题提出正确的理论和切实可行的方略，必须进行较长期的系统的研究，揭示有关的一系列规律。而且除了对我国实际作深入细致的调查研究，还要同发达国家、特别是存在同类问题的发展中国家的情况和经验进行对比研究。这些都是制订全国经济社会发展战略的不可缺少的基础性工作。

总之，研究经济规律系统，重点要抓住全局性、综合性的大问题。这样才能开阔视野，高屋建瓴。但进行的步骤则宜于从比较具体的方面和比较低的层次入手。这样做的好处，一是贴近实际，先把具体经济过程的内在规律研究清楚，然后从层次低的规律到层次高的规律；从局部的经济规律系统到比较全面的经济规律系统，使我们的研究成果建立在踏实牢靠的基础上。二是有利于发挥广大经济工作者和经济理论工作者研究经济规律的积极性。每个工作者的岗位不同，熟悉的方面和专长不同，从个人感兴趣的问题着手，从认识某一个具体规律逐步做到认识更多的经济规律。广大工作者的研究成果通过新闻媒介、社会团体、学术会议，可以相互交流，相互启发，汇集成社会力量，为更好地解决社会主义建设实践中的重大问题服务。

第二，要重视对社会主义经济规律的研究。

近几年学术界对社会主义生产关系内在规律的研究重视不够。还有一种观点，全盘否定过去曾为人们普遍认可的社会主义经济规律。说社会主义基本经济规律、按劳分配规律等全是斯大林主观臆造出来的，实际上一条也不存在。那么，社会主义还有没有其他的经济规律呢？这些论者并没有回答。我想，社会主义社会，包括它的初级阶段，也同人类社会的其他生产方式一样，是应该有客观经济规律可循的。这一点似乎不应该有什么怀疑。当前，我们正在为建立社会主义市场经济体制而努力。如前所述，建立社会主义市场经济，既要遵循市场经济的一般规律，又要遵循社会主义的特有规律。如果我们不去研究社会主义的特有规律，当然也就谈不到社会主义基本制度与市场经济相结合，从而也就不可能建立社会主义市场经济体制了。由此可见，研究社会主义经济规律在当前具有迫切性和现实意义。

对于过去广为流传的几条社会主义经济规律，我主张进行学术争鸣而不要回避，赞成有这些规律的，反对有这些规律的，都可以把自己的根据摆出来。一时不能取得一致意见，不妨再等待实践的检验。武断地否定或简单化的肯定都不能说是一种正确的态度。

第三，要进一步学习马克思、恩格斯研究经济规律的方法，同时从现代科学中吸取新的养料。

马克思、恩格斯在《资本论》、《反杜林论》等主要著作中研究经济规律的方法特别值得我们学习，重点在以下两个方面。首先，《资本论》全面地、系统地揭示了资本主义发生、发展和为社会主义所取代的运动规律。马克思虽然没有明确提出过经济规律系统这个概念，但全部《资本论》是把资本主义经济诸规律作为一个整体来进行剖析的。像第一卷关于资本主义积累的一般规律，第三卷利润率趋向下降的规律，都是在深刻分析了一系列经济规律及其相互关系后而得出的结论。其次，马克思从来不离开实际经济过程的分析，仅凭逻辑思维推断出什么规律，也很少对某一经济规律给予命名和进行表述。他真正下力气做的，是搜集大量的系统的资料，对经济过程进行反复的研究和深入的分析，在这个基础上揭示出反映经济过程本质的内在的规律性。以上两点对我们来说特别重要。因为从新中国成立到党的十一届三中全会，我国学术界对经济规律的研究，包括笔者自己，恰恰是在这两个方面存在着缺点。这也就是为什么直到今天仍然强调学习马克思的研究方法的原因。

马克思主义需要发展，研究经济规律的方法也需要吸收新的内容。现代系统论的思想渊源之一是马克思主义。系统论的理论和方法，对经济规律系统的研究是有益的。数量分析和实证方法对经济规律的研究也很有帮助。我国学术界已有同志把"黑箱方法""耗散结构论"和数量分析运用于经济规律系统的研究，取得了一定的成效，这种努力应该继续下去。

（原载《中国经济问题》1995 年第 5 期）

第三篇

商品经济·按劳分配·工资改革

进一步认识有计划商品经济的特性

江泽民同志在国庆讲话中指出："我们的社会主义经济是公有制基础上的有计划的商品经济。这种商品经济同私有制基础上基本由市场自发调节的资本主义商品经济，有着本质的区别"，"我们要在实践中不断探索，努力创造一种适合中国国情的、把计划经济和市场调节有机结合起来的社会主义商品经济运行机制"。目前，在学习讲话过程中，理论界正就如何建立计划经济与市场调节相结合的经济机制展开讨论。我认为要正确解决这个问题有必要对社会主义商品经济作进一步的探讨。

其一，对社会主义商品经济的认识，是建立计划经济与市场调节相结合的经济运行机制的理论基础。对任何一种经济的研究，都包括性质、运行机制和发展方向三个方面。运行机制和发展方向都要受基本性质的制约。我们不应该离开社会主义商品经济的基本性质去孤立地研究它的运行机制。

其二，商品经济已经存在了几千年，到资本主义社会已发展到很高的程度。但社会主义社会的商品经济却只有几十年的历史。苏联、东欧等社会主义国家没有成熟的经验，我国更是刚刚起步。党的十二届三中全会提出社会主义商品经济理论，是对马克思主义政治经济学的重要贡献，它为我国经济体制的全面改革提供了理论依据。但是，对于有计划的商品经济这个极其复杂的事物，虽经我国学术界几年来的热烈讨论，迄今对其中的若干基本问题还存在着不同意见，有待于进一步探讨。

其三，近两年随着资产阶级自由化思潮的泛滥，一些人对社会主义商品经济提出了不少错误的论点。例如，片面强调社会主义商品经济与资本主义商品经济的共性，而淡化以至否定社会主义商品经济的特性；认为商品经济与所有制无关，反对"社会主义商品经济"的存在，甚至提出是商品经济发展的需要决定有什么样的所有制，而不是所有制决定商品经济的性质，把计划经济与商品经济对立起来，否定计划经济，主张去掉有计划商品经济中"有计划"这个限定词；强调在社会主义商品经济中也应由市场决定一切，否定社会主义国家对国民经济实行计划调节的必要性……诸如此类的说法，其共同点就是通过社会主义商品经济与资本主义商品经济"无差别"论，把西方的一套理论和做法搬到中国来，变公有制基础上的有计划的商品经济为放任自流的、同资本主义商品经济没有什么本质区别的市场经济。如果按照这样的思想来指导改革，我国经济必然会走到背离四项基本原则的邪路上去。所以从正本清源，消除资产阶级自由化思想的影响来看，对社会主义商品经济作深入一步的阐述也很有必要。

当然，我们反对片面强调社会主义商品经济与资本主义商品经济的共性，反对两种商品经济的"无差别"论，并不是要否认商品经济的共性。对于商品一般，马克思作过高度的概括。也深刻分析了包含在商品中的使用价值和价值的矛盾，具体劳动和抽象劳动的矛盾，私人劳动和社会劳动的矛盾以及这三对矛盾的内在联系。整个商品生产和商品交换实质上就是这三对矛盾的展开。不过，马克思论述的是以私有制为基础的商品生产，如何把以公有制为基础的商品生产包括在内概括出商品一般，我们可以从列宁的论述中得到启发。列宁说过："所谓商品生产，是指这样一种社会经济组织，在这种组织之下，产品是由个别的、单独的生产者生产的，同时每一个生产者专门创造某一产品，因而为了满足社会需要，就必须在市场上买卖产品（产品因此变成了商品）。"[1] 这里所说的"单独的生产者"既可以适用于私有制下的商品生产，也可以适用于公有制下的商品生产。在公有制经济中，全民所有制企业、集体所有制企业，都是独立经营的，都有自身的相对独立的经济利益，他们都可以说是"单独的生产者"。在这里，仍然有使用价值和价值的矛盾，具体劳动和抽象劳动的矛盾。虽然私人劳动和社会劳动的矛盾已不存在，但仍然有局部劳动和社会劳动的矛盾，局部劳动也必须通过市场，按等价交换原则得到社会承认，才能转化为社会劳动。社会主义商品经济既然具有商品经济的共性，那末体现商品

----

① 《列宁全集》第 1 卷，人民出版社 1984 年版，第 77 页。

经济共性的一系列商品经济共有的规律，如价值规律、供求规律、竞争规律等仍然是社会主义商品经济内在的规律性。如果忽视了这个方面，就不可能全面认识社会主义商品经济。

不过，应该看到，我们研究社会主义商品经济，着重点还是它所具有的特性。这是因为共性寓于特性之中，商品一般是一个抽象，它的现行存在总是小商品生产、资本主义商品生产、社会主义商品生产等。所以，只有掌握了社会主义商品经济的特性，才能同我国的实际相结合，促进我国经济的发展；也才能进一步探求计划经济与市场调节相结合的经济机制，推进我国的经济体制改革。那末，社会主义商品经济究竟存在哪些特性呢？在这方面，许多同志进行了研究，提出了有价值的见解，作了各种不同的概括。本文着重从社会主义商品经济中起作用的经济规律及其相互关系进行分析。

（一）社会主义商品经济是以满足全社会需要为目的的商品经济。

社会主义商品经济是以公有制为基础的。任何一个社会形态的经济关系都形成一个统一的整体，即生产关系体系。它是人们在生产、交换、分配、消费诸领域的相互关系的总和。贯穿在生产关系各个方面，成为它的基础和核心的，是生产资料所有制，即生产资料与劳动者相结合的形式。所有制集中体现着生产关系的根本性质，决定着人与人之间最基本的经济关系。商品经济也是一种人与人之间的经济关系。它反映着一个社会形态经济利益结构的特点，因此成为生产关系体系的重要组成部分。但它在各社会形态中都不是生产关系体系的核心，单纯从商品关系并不能说明一种社会形态的根本性质。商品生产存在于几个社会，已经有几千年的历史，这个事实本身就说明了它的地位。所以，那种认为商品经济决定所有制，而不是所有制决定商品经济的观点，至少是颠倒了主次。

在社会主义初级阶段，生产资料所有制与商品经济的关系，可以从两个方面来认识。一方面，生产资料公有制，特别是其中的全民所有制，虽然还很不成熟，但在各经济成分并存中占有绝对优势，处于主导地位。它仍然是社会主义初级阶段生产关系体系的基础和核心。它作为一种"普照的光"，制约着社会主义商品经济的性质、运行机制和发展方向。另一方面，现阶段物质利益结构的特点，又要求保留商品关系。所以，社会主商品经济是植根于社会主义生产关系体系之中，而不是外加给社会主义生产关系的。它的存在，使社会主义的生产、交换、分配、消费诸过程都纳入了商品经济运行的轨道。全民所有制经济的具体形式，社会主义再生产的实现方式，个人消费品分配的原则和途径等，都必须从社会主义商品经济的实际出发，进行新的探索。简单地照搬马克思、恩格斯对社会主义生产方式的论述是行不通的。

那末，社会主义公有制又给社会主义商品经济直接带来什么特点呢？很重要的一点是，它使社会主义商品经济成为实现社会主义生产目的、满足全社会需要的商品经济。

党的十二届三中全会《关于经济体制改革的决定》指出，社会主义商品经济同资本主义商品经济的区别之一，是为什么样的生产目的服务。社会生产目的是一个经济范畴，它具有如下规定性：（1）它是由生产资料所有制的性质决定的，所以，不同的社会经济制度有不同的社会生产目的。（2）任何社会生产都是为了满足主要生产资料所有者的根本物质利益，这种物质利益体现在社会生产目的之中。（3）正因为主要生产资料所有者的根本利益要通过生产目的的实现而实现，它也就成为每一个社会形态经济运转的轴心。在社会主义阶段，主要生产资料归全体人民所有，劳动者运用公有的生产资料进行联合劳动，他们的根本利益在于不断满足全社会的物质和文化需要，促进人的全面发展。社会主义社会的这一生产目的不但不因商品经济的存在而有所改变，相反，社会主义商品经济的运行，归根结底是为了实现这一生产目的。社会主义商品经济的这一特点，同私有制基础上的商品经济，特别是资本主义商品经济，是明显不同的。

社会主义商品经济的上述特点，至少在两个方面影响着社会主义商品经济的运行机制。首先，社会主义商品经济的运行既然要服从于满足全社会的需要，它在客观上就要求在整体上的协调发展，要求社会中心加强对国民经济的宏观管理，统筹兼顾，全面安排，从总体上处理好全局利益与局部利益，长远利益与当前利益，集体利益与个人利益等错综复杂的矛盾。单纯依靠自发的市场调节，显然是达不到这一要求的。其次，十一届三中全会前的30年，社会主义生产目的未能很好实现。笔者认为主要有两方面的原因：一是，把生产目的看得过于简单，以为建立了公有制，自然而然就可以实现社会主义生产目的，没有下工夫研究和建立社会主义生产目的的实现机制。二是，没有认识到社会主义经济还是一种商品经济，社会主义生产目的的实现必须通过商品经济的运行，必须自觉认识和依据商品经济的一系列规律，特别是价值规律。在现阶段离开了商品经济，实现社会主义生产目的就会遇到很大的困难。笔者认为社会主义生产目的在全社会是统一的。并不是企业有企业的生产目的，个人有个人的生产目的。应该建立这样一种商品经济运行机制，在这种机制中，企业利润的增加和劳动者个人收入的提高，同实现社会主义生产目的，同满足社会需要的程度紧密相连。[①]

（二）社会主义商品经济是以自觉认识和依据经济规律进行调节和运转的商品经济。

经济规律有它的作用形式或作用机制。对作用形式的内涵，学术界有不同的看法。笔者是从广义上来使用这个经济范畴的。笔者认为经济规律的作用形式主要指规律借以实现的形式，但还包括规律的作用范围、作用程度和作用后果。任何经济规律，当它依以起作用的经济条件没有发生根本变化时，规律的基本内容是始终不变的，但在不同的社会经济制度或不同的历史时期，当经济条件发生一定程度的变化时，经济规律的作用形式也会发生相应的变化。

在资本主义社会和社会主义社会，经济规律的作用形式从总体上看是不同的。在资本主义条件下，经济规律是作为自发的力量，基本上是通过人们的盲目活动，通过无数的对抗和冲突来为自己开辟道路的。马克思曾经指出：在资本主义社会，"全部生产的联系是作为盲目的规律强加于生产当事人，而不是作为由他们的集体的理性所把握、从而受他们支配的规律来使生产过程服从于他们共同的控制"[②]。与资本主义不同，在社会主义制度下，从社会总体来看，经济规律是通过人们的自觉活动而实现的。为什么经济规律的作用形式发生了这样的变化呢？最重要的原因是，社会主义消灭了剥削制度和剥削阶级，劳动人民成为生产资料的主人，剩余产品

---

① 参见项启源《论实现社会主义生产目的的经济机制》，《东岳论丛》1986年第1期。
② 《资本论》第3卷，人民出版社1974年版，第286页。

的主要部分由代表全社会利益的社会主义国家集中管理，并归根结底用于满足全社会的物质和文化需要。因此，尽管全民所有制经济与集体所有制经济之间、全民所有制各经济单位之间、国家与企业之间、集体与个人之间存在着经济利益上的非对抗性矛盾，但从社会主义经济的整体来看，根本利益又是一致的。全体劳动者有可能在社会主义国家的领导和组织下形成统一的力量。这样，就会出现像马克思预言的那样，经济规律由集体的理性所把握，使生产过程服从于他们共同的控制。

　　社会主义商品经济的这一特点，对它的运行机制也有直接的影响。社会主义商品经济的运行机制是在社会主义国家的统一调控下逐步建立的，无论在宏观层次上还是微观层次上，人们从事经济活动是建立在自觉运用经济规律的基础上的，因而有可能通过商品经济的运转做到生产与消费比较协调，生产、交换、分配、消费诸环节衔接得比较好。社会主义商品经济的发展是持续的和稳定的。它不象资本主义商品经济那样，生产过剩成为社会再生产的痼疾，周期性经济危机成为使经济得以继续运转的必不可免的代价。早在一百多年前恩格斯就预言，社会主义制度的建立，产品对生产者的统治也将随之消除。过去，社会规律象自然规律那样，好象是异己的力量统治着人们；现在，人们将熟练地运用自然规律和社会规律，并使之服从于他们的统治。"这是人类从必然王国进入自由王国的飞跃。"①当然，在社会主义初级阶段这个"飞跃"还刚刚开始。一是，人们对社会规律的认识还很浮浅，有许多社会主义的规律还没有被发现，远远谈不到熟练地运用经济规律；二是，在商品经济条件下，各经济利益主体之间的非对抗性矛盾还没有得到妥善的处理，为了小集体的利益而牺牲全局的利益，为了眼前的利益而不顾长远的利益，这类事情时有发生，影响了全社会作为一个整体来自觉认识和依据经济规律。现实生活也表明，社会主义再生产多次出现严重的比例失调，社会主义经济的运行并不顺畅。但是当我们把公有制基础上的有计划的商品经济作为一种不同于历史上任何以私有制为基础的商品经济来分析和认识时，应该看到蕴藏在社会主义商品经济肌体中的自觉运用经济规律的客观可能性。还要看到，自觉运用经济规

---

① 《马克思恩格斯选集》第3卷，人民出版社1972年版，第323页。

律的经济活动已经开始。经济工作者和经济理论工作者常常提到要建立符合我国国情的经济运行机制，要促进我国市场体系的形成，这些不都是以自觉认识经济规律为依据的吗？

（三）社会主义商品经济是计划规律和价值规律共同发挥调节作用的商品经济。

社会主义商品经济是一个复杂的系统，在这个系统里有商品经济的一系列规律和社会主义经济特有的一系列规律在同时发生作用。它们的作用相互交错，相互制约，在客观上存在着一定的相互关系，形成一个整体，即社会主义商品经济的经济规律体系。正是这个经济规律体系所发挥的"合力"支配着社会主义商品经济的运动和发展。本文仅就同运行机制关系密切的计划规律、价值规律及其相互关系提出一些看法。

1. 社会主义经济发展计划性规律是社会主义特有的经济规律。[①]

在谈到计划规律与价值规律的关系问题时，首先需要解决的，是社会主义经济中是否存在计划规律。长期以来，理论界大多数人认为计划规律是社会主义经济的特有规律。不过，早在 60 年代初就有人提出异议。近几年，否定计划规律的观点增多了。笔者一直赞成社会主义经济发展的计划性是一条客观规律，下面针对否定计划规律的几个主要论据进行商榷。

其一，有些同志认为，国民经济有计划按比例发展规律中的"有计划"是主观的东西，属于主观意识范畴，它反映着主观对客观的能动作用，不成其为客观经济规律。笔者认为这些同志是把社会主义国家制订计划和实施计划同计划规律混为一谈了。国民经济计划是由人们制订的，它的确是主观的东西。一个好的国民经济计划正确地反映了经济规律的要求，但它本身并不是客观规律。计划规律是指在社会主义制度下，社会总劳动时间在各部门、各方面的按比例分配是通过自觉地、有计划地调节而实现的，这是一种客观必然性，因此，有计划按比例规律中的"有计划"

---

① 斯大林提出"国民经济有计划按比例发展规律"并对其基本内容作了表述。笔者认为应该加以改进。"有计划"放在规律的界说中，容易引起误解。"按比例"存在另一个经济规律之中。社会劳动按比例分配规律是人类社会的普遍规律，同计划规律放在一起容易引起误解。笔者认为计划规律所体现的应该是社会主义经济运动在客观上存在的计划性，称作"社会主义经济发展计划性规律"比较适当，本文所说的计划规律就是计划性规律的简称。

并不是主观的东西，尽管为了避免误解，笔者主张把计划规律改称社会主义经济发展计划性规律。

其二，有些同志用价值规律来取代计划规律。如说，价值规律已经解决了有计划分配社会总劳动时间的问题，再提出计划规律是多此一举；计划规律是从价值规律中派生出来的，前者是形式，后者是内容等。这些同志常引用马克思的如下论述："事实上价值规律所影响的不是个别商品或物品而总是各个特殊的因分工而互相独立的社会生产领域的总产品；因此，不仅在每个商品上只使用必要的劳动时间，而且在社会总劳动时间中，也只把必要的比例量使用在不同类的商品上。"① 他们引用这些话企图说明价值规律可以取代计划规律，计划规律没有立足之地。但他们忽略了马克思的这段话及有关章节的类似论述，精辟地阐明了第二种含义的社会必要劳动时间，告诉我们价值规律的作用结果包括按比例分配社会总劳动时间，而恰恰没有谈到价值规律的这种作用的实现方式或作用机制。因此，说价值规律就要求有计划按比例地分配社会劳动时间，是对马克思的论述的误解，是不能作为否定计划规律的根据的。

其三，有些同志认为只存在社会劳动按比例分配规律，不存在计划规律。他们常常引用马克思的如下论述："人人都同样知道，要想得到和各种不同的需要量相适应的产品量，就要付出各种不同的和一定数量的社会总劳动量。这种按一定比例分配社会劳动的必要性，决不可能被社会生产的一定形式所取消，而可能改变的只是它的表现形式，这是不言而喻的。自然规律是根本不能取消的。在不同的历史条件下能够发生变化的，只是这些规律借以实现的形式。而在社会劳动的联系体现为个人劳动产品的私人交换的社会制度下，这种劳动按比例分配所借以实现的形式，正是这些产品的交换价值。"② 这些同志引用马克思的话企图说明，在商品经济条件下，按比例分配社会劳动是通过价值规律实现的，在这里没有计划规律的立足之地。笔者体会，马克思这段著名的论述，主要说明了社会劳动按比例分配规律是人类社会的普遍规律；要把规律的基本内容和它的实现方式

---

① 《资本论》第3卷，人民出版社1974年版，第716页。
② 《马克思恩格斯选集》第4卷，人民出版社1972年版，第368页。

区别开来；在私有制为基础的商品生产的条件下，社会劳动按比例规律是通过价值规律而实现的。但是，在这里并没有涉及在公有制基础上的商品经济中，社会劳动按比例分配规律是如何实现的。以马克思的上述论述来否定计划规律的同志，恰恰忽略了这一点，忘记了马克思所说的商品生产从来都是私有制基础上的商品生产。所以，以此来否定计划规律的存在也是没有说服力的。

其四，有些同志则从我国社会主义实践中的某些现象来否定计划规律的存在。他们提出，计划规律既然是一种客观必然性，为什么新中国成立以来多次发生比例失调，而且越是强调计划规律的时候比例失调反而更严重呢？笔者认为这些同志有两点误解。一是把计划工作同计划规律混为一谈了。计划规律从客观上提供了对社会主义经济进行计划管理的可能性，而计划工作是否成功则取决于人们的主观努力。一般说来，计划工作符合经济规律就会收到预期的效果；违背了经济规律就会造成损失。所以，用计划工作的失误来否定计划规律的存在，是不能成立的。二是他们把经济规律的必然性和强制性看得过于简单了。似乎只有当人们的经济活动符合经济规律的要求，达到了预期目的时，才能反映经济规律的客观存在。而忽略了当人们的经济活动违反了经济规律，使工作遇到失败时，也可以从反面证明经济规律的客观存在。社会主义经济规律的客观性，表现为人们的行动不能违反经济规律的要求。如果违反了就会引起经济生活的混乱，长期违反而不纠正，甚至会导致经济的崩溃。形象地说，就是经济规律会来"惩罚"我们。这种"惩罚"同样说明经济规律的强制性。新中国成立以来我们出现过几次大的比例失调，使国民经济受到严重损失，但每一次比例失调又总是在党和政府有计划地领导和组织各部门、各地区、各单位进行全面的、自觉的调整，使国民经济得以健康发展。我国社会主义建设的实践，恰恰从正反两方面证明了社会主义经济发展计划性规律的客观存在。

其实，马克思、恩格斯对于社会主义经济发展的计划性作过多次明确的阐述。马克思曾说：社会主义社会，是"一个自觉的、有计划的联合体"。①

---

① 《资本论》第3卷，人民出版社1974年版，第745页。

恩格斯也说过：社会主义社会是"有计划地生产和分配的自觉的社会生产组织"。① 社会主义经济所以在客观上具有计划性，除了社会化大生产提出的协调发展的要求外，主要是公有制的内在要求。社会主义公有制，特别是全民所有制具有整体性。各地区、各部门、各经济单位，都是社会主义经济的一个组成部分。必须有一个社会中心（在现阶段就是社会主义国家）在全社会范围进行统一的组织、管理和有计划的调节。社会主义国家对国民经济进行宏观管理同资本主义国家对国民经济进行干预的重大区别，就在于前者是建立在生产资料公有制基础上的社会主义经济总体的计划性。

明确计划规律是社会主义经济的特有规律有重大的现实意义。社会主义经济是计划经济。计划经济同计划规律的关系，类似价值与价值规律，剩余价值与剩余价值规律的关系。计划经济是一种经济制度的特征，而计划规律则表明计划经济的客观必然性和其运动的内在规律性。社会主义计划经济是公有制基础上的有计划的商品经济这一科学论断，也是以社会主义经济存在着计划规律为依据的。"有计划"反映了客观规律的要求，并不是可有可无的。

2. 计划规律与价值规律。

长期以来理论界认为这两个规律是对立的。党的十一届三中全会前，流行的观点是，计划规律是国民经济的主要调节者或唯一调节者。凡是计划规律起作用的地方，价值规律就不起作用。十一届三中全会后，计划规律与价值规律同时起调节作用的观点逐渐增多，但近两年又出现了把两个规律对立起来的另一种形式。即认为只有价值规律才能成为国民经济的调节者。甚至有人提出，必须打倒计划规律这个假规律，价值规律才能真正发挥作用。

笔者认为两种片面性都不可取。价值规律和计划规律是两个规律，它们依以起作用的经济条件不同，不能相互取代，也不能合而为一。但是必须看到，这两个规律是同时起作用的，它们的覆盖面都是整个国民经济，他们的作用方向基本一致。两个规律都要求生产与需要相适应；都要求节约劳动时间，提高经济效益。可以说，两个规律的作用在很大程度上是重合的。正因为如此，在社会主义商品经济中它们都对整个国民经济起调节作用。这是社

① 《自然辩证法》，《马克思恩格斯选集》第3卷，人民出版社1972年版，第458页。

会主义商品经济的一个重要特点。

3. 社会主义商品经济运行机制中计划与市场的统一。

计划规律与价值规律同时起调节作用，决定了社会主义商品经济运行机制中计划调节和市场调节是交织在一起的。它们在国民经济范围内相互渗透，在再生产过程中高度统一，何者为主，何者为辅需要就不同的层次、领域和时期作具体分析。粗略地说，在宏观经济上计划调节的作用可能大一些，当然并不是不发挥市场调节的作用；在微观经济上市场调节的作用可能大一些，当然也不是不发挥计划调节的作用。商品经济的运行是离不开市场的，下面就让我们以商品市场和资金市场为例来看一看计划调节与市场调节是如何统一的。

社会主义商品经济的市场体系中首先是商品市场，而商品市场的关键是价格体系。价格体系主要应该符合价值规律的要求，同时，供求规律、竞争规律也起着重要作用。但是，我们决不可忽视社会主义经济规律，特别是计划规律对价格的调节作用。价格改革必须在国家的统一领导下有计划地进行。价格改革的根本目的在于促进生产，方便流通，有利于人民生活的改善。价格改革从何处着手，步子迈得大小，调整的范围和幅度，都不能不从国民经济的全局出发，考虑财政的负担能力，企业的吸收能力和人民的承受能力。这些都说明，在价格体系上不能只考虑价值规律而无视计划规律，必须把计划调节和市场调节统一起来。

又如资金市场。社会主义商品经济的发展，不能没有融通资金的活动和场所。所以，资金市场从长期看应该逐步开放。在一系列的金融活动中，利率变动规律、资金供求规律等商品经济的规律无疑会起重要作用。但是社会主义的资金市场毕竟不同于资本主义金融市场。（1）它是在国家计划指导下的，融通资金活动归根结底要服务于社会主义建设，不准买空卖空，投机取利；（2）国家银行在金融活动中起主导作用；（3）与国际金融市场既有联系，又保持独立性，不准非法买卖外汇，等等。所以，社会主义金融市场也要受计划规律的制约，同样必须把计划调节和市场调节统一起来。

（原载《东岳论丛》1990 年第 1 期）

在社会主义商品经济条件下必须坚持按劳分配

党的十二届三中全会以来，对于商品经济与按劳分配的关系越来越受到经济学界的重视。随着工资改革的深入，研究这个问题的迫切性也越来越增强了。目前，理论界许多同志已经认识到，马克思设想的实行按劳分配的共产主义第一阶段，同我国当前所处的社会主义初级阶段，在经济条件上存在着若干重大差别。因此，不应该用教条主义的态度对待按劳分配理论，而必须针对新情况，概括新经验，发展按劳分配理论。至于如何发展，又有各种不同的观点，这是很自然的。1986 年以来，理论界对按劳分配问题的讨论提出了一些新问题。有些文章直接地或间接地把社会主义商品经济同按劳分配对立起来，认为我国现阶段不可能实现按劳分配。这个问题关系到对社会主义基本特征的认识，关系到工资改革的依据和方向。本文主要是同社会主义商品经济条件下不能实行按劳分配的观点进行商榷。

一　按劳分配的基本点究竟是什么？

这本来是我国理论界早已讨论过，并已基本上取得一致意见的问题。现在重新提出来探讨，是有原因的。近年来有些文章认为，我们今天所说的按劳分配，应该就是马克思当年讲述的内容。如果作出新的解释，就不能称作马克思的按劳分配理论了。另一些文章则认为，在商品经济条件下，个人消费品只能按劳动力价值分配，而按劳动力价值分配同按劳分配有共同点。我觉得上述两种说法都有片面性。前者忽视了按劳分配理论是应该发展也可以发展的，后者则忽视了按劳分配的基本原理是必须坚持的。我们要遵循马列主义与中国实际相结合的原则，努力做到在坚持按劳分配基本原理的前提下，从当代现实出发，发展这一理论。因此，就有必要首先明确马克思按劳分配理论的基本点究竟是什么？

根据马克思在《资本论》、《哥达纲领批判》等著作的一系列论述，笔者体会按劳分配理论的基本点可作如下的概括：

第一，按劳分配的前提条件是生产资料的公共占有和共同使用。马克思当时设想，已实现了生产资料的全社会公有。在生产关系体系中，生产决定分配。因此，不能离开生产资料所有制的性质来判断分配的性质。生产资料所有制的性质，体现在生产、交换、分配、消费诸环节，也就是说，不仅要看生产资料归谁所有，而且要看生产资料如何使用以及如何实现生产资料所有者的经济利益。马克思就是把分配关系放在生产关系体系中进行考察的。所以，作为按劳分配的经济条件，他不仅指出用公共的生产资料进行劳动，而且强调对社会总劳动时间的有计划的调节。

第二，从整个国民经济看，可以用于按劳分配的消费资料总量，是由社会中心有计划地加以确定的。在社会主义社会，劳动者使用公有的生产资料进行联合劳动。他们的劳动产品不属于个人所有，而属于社会所有，成为社会总产品的一部分。社会中心对社会总产品进行统一分配。在做了马克思所说的六项扣除之后，才谈得到消费资料在劳动者个人之间的分配。

第三，消费资料在劳动者个人之间的分配，实行等量劳动相交换的原则，以劳动者向社会提供的劳动量为尺度。马克思当时设想，社会主义已不存在商品货币关系，劳动者的个别劳动直接成为社会总劳动的组成部分，具有直接的社会劳动的性质。因此，这里所说的劳动量，是个别劳动时间，而不是社会必要劳动时间；劳动者获取消费品的凭证也是劳动券而不是货币。

以上三点，笔者认为是马克思提出的按劳分配理论的主要内容。如果再作进一步的集中概括，那末，还可以说这一理论的最核心的部分是：在社会主义公有制下，以劳动贡献为尺度分配个人消费品。判断一种分配制度究竟是不是按劳分配，应该以上述三个基本点为主要标志。

马克思的按劳分配理论是科学社会主义的重要组成部分。但作为一种科学预见，毕竟是一百年前提出的。其中有一些论点显然已不符合当代现实，应该加以改正、完善和具体化。这都是发展这一理论所必要的。但新的解释必须符合三个基本点的精神实质。如果从根本上背离了按劳分配的精神实质，那就不是发展这个理论，而是否定这个理论了。

二　按劳分配与社会主义商品经济是互不相容的吗

近年来，理论界有些文章提出，按劳分配是同商品经济不相适应的。其中，明确主张社会主义不能实行按劳分配，只能实行按劳动力价值分配的是卓炯同志。[①] 他说："在商品经济条件下，还把劳动者的工资说成是按劳分配看来是不现实的。因为按劳分配是在没有商品生产存在下的产物。"他又说："马克思对按劳分配有一个具体说明，指出：'在社会公有的生产中，货币资本不再存在了。社会把劳动力和生产资料分配给不同的生产部门。生产者也许会得到纸的凭证，以此从社会的消费储备中，取走一个与他们的劳动时间相当的量。这些凭证不是货币，它们是不流通的（《马克思恩格斯全集》第 24 卷，第 397 页）。我之所以说在商品经济条件下不能实现按劳分配，正是从上述马克思的观点出发的。如果离开这个观点而另有新的理解，那么是另一回事情。"

笔者觉得卓炯同志引用马克思有关劳动券的论述，想通过当今并没有实行劳动券，来证明在社会主义商品经济条件下不能实行按劳分配，是没有什么说服力的。因为，实行不实行劳动券，并不是实行不实行按劳分配的关键所在。马克思对社会主义实行按劳分配的客观必然性作过深刻的论述，其中最重要的是前述三个基本点的第一点，即生产资料公有制与按劳分配的内在联系。马克思说："消费资料的任何一种分配，都不过是生产条件本身分配的结果。而生产条件的分配，则表现生产方式本身的性质。例如，资本主义生产方式的基础就是在于：物质的生产条件以资本和地产的形式掌握在非劳动者的手中，而人民大众则只有人身的生产条件，即劳动力。既然生产的要素是这样分配的，那末自然而然地就要产生消费资料的现在这样的分配。如果物质的生产条件是劳动者自己的集体财产，那末同样要产生一种和现在不同的消费资料的分配。"[②] 特别值得我们注意的是，马克思在这里说的"消

---

① 卓炯：《商品经济存在按劳分配吗?》，《广州日报》1986 年 10 月 21 日；《从按劳分配向劳动力价值过渡》、《北京日报》1987 年 2 月 2 日。本文所引卓炯的观点均见上述两文，不再注明出处。

② 《马克思恩格斯选集》第 3 卷，人民出版社 1972 年版，第 13 页。

费资料的现在这样的分配"就是指按劳动力价值给雇佣工人以劳动报酬，而"和现在不同的消费资料的分配"，恰恰是指按劳分配。所以，马克思关于生产资料所有制性质决定分配性质的思想是十分明确的。一方面，社会主义公有制是实行按劳分配的前提。只有消灭了人剥削人的经济制度，建立起社会主义公有制，全部社会产品才能归劳动人民所有，也才谈得到以劳动为尺度在全体社会成员中分配个人消费品。另一方面，按劳分配又是公有制在经济上的实现。在社会主义公有制下，劳动者成为生产资料的主人，体现在分配方面，必然要求劳动成果归劳动者共同占有，个人消费品按照劳动贡献进行分配。如果分配制度不能保证劳动人民的物质利益，那末，生产资料归劳动者共同占有也就成了一句空话。诚然，马克思没有预见到共产主义第一阶段还有商品经济，从而也没有预见到劳动报酬仍然采取货币形式，通过商品交换来实现。但我们不能因此而否定马克思所指出的公有制与按劳分配的本质联系，不能得出在以公有制为基础的社会主义商品经济中，按劳分配不复存在的结论。

　　卓炯同志还说："我们的社会主义已经是在公有制基础上的有计划的商品经济，生活资料的分配必然要表现为劳动力价值。因为它属于商品价值的一个组成部分，即 V 的部分。"在这里，卓炯同志没有说清楚劳动力价值与商品价值中 V 的部分的价值之间的区别。劳动力价值说的是在劳动力成为商品的条件下，劳动者为了出卖自己的劳动力，必然会在劳动力市场上通过竞争，自发地形成劳动力价值。而商品价值中的 V 的部分的价值，说的是劳动者得到的归自己消费的那部分消费资料的价值，或者说是必要劳动所形成的必要产品的价值。至于劳动者是按照什么分配原则得到他的生活资料，那是有待进一步说明的问题了。例如，在资本主义制度下，劳动者只能实现自己的劳动力价值。V 的部分的价值受劳动力价值的制约。在社会主义制度下，实行按劳分配，V 的部分的价值受劳动者经由按劳分配取得的生活资料的价值的制约。新中国成立以来，我们实行的是按劳分配而不是按劳动力价值分配，实践证明，并没有因此而使商品不能交换，资金不能周转。可见，用商品经济下 V 属于商品价值的一个部分，来论证"生活资料的分配必然要表现为劳动力价值"，也是没有说服力的。

　　笔者不赞成把按劳分配同社会主义商品经济对立起来。但是社会主义商品经济的存在，也的确给按劳分配的实践提出了许多新问题，并且汇集成相当复杂的理论难点。例如，社会主义初级阶段，存在着多种经济成分和多种经营方式。除了两种公有制，还有私营经济、个体经济、中外合营和外国独资经营等多种经济；即使是全民所有制经济，在改革中也出现了多种形式的经营承包制，而且同集体经济、个体经济发展着各种各样的横向联合；此外，政府和银行发行各种债券，有些企业还发行股票等。所有这些都会在不同程度上影响分配原则和个人收入。在这种情况下，按劳分配究竟适用于什么范围呢？又如，在社会主义商品经济中，全民所有制企业成为自负盈亏的经济实体，有经营自主权和相对独立的经济利益。每个职工提供的劳动首先成为所在企业的集体劳动的组成部分。要等到企业生产的商品在市场上得到实现，局部劳动才转化为社会劳动。所以，即使是全民所有制职工，他们所得到的劳动报酬还不是完全的、直接的社会劳动，他们的劳动也不可避免地要受到商品交换的影响。在这种情况下，按劳分配的实现方式有什么不同于马克思设想的地方呢？看来，对这些理论问题必须给予高度的重视，从实际出发，寻求答案，而决不能简单化地照搬马克思的词句。

关于第一个问题，理论界已有不少议论。有的文章说，按劳分配并不是社会主义分配的唯一原则；有的文章提出，除了按劳分配，还应该有按经营成果分配和按资金分配。还有一种说法，社会主义的按资分配实际上是按劳分配的延伸，等等。笔者认为，不同的经济成分，生产关系性质不同，分配关系的性质当然也不同。按劳分配并非社会主义初级阶段个人消费品分配的唯一原则，这是很明显的。究竟在什么范围实行按劳分配，应该以本文第一个问题所说的三个基本点为标志。我们的劳动者在外资企业中工作，当然不能实行社会主义的按劳分配。就是私营经济、个体经济也不能实行按劳分配。因为不存在社会主义公有制这个前提。全民所有制企业实行各种形式的经营承包制，情况复杂，但只要不改变所有制的性质，那末，在企业与国家的关系上，应该不同程度地接受国家的宏观管理，在企业内部职工之间应该实行按劳分配，至少这两点是必须坚持的。至于投资分红、股息、债券利息等，即使它们的资金来自劳动报酬的长期积累，但在转化为股票、债券之后，是以资金投入多少计量所得，而不是以劳动贡献计量报酬，因而不属于按劳分配的范围。总之，应该明确，在社会主义初级阶段，尽管存在着各种经济成分和多种经营形式，但公有制始终占优势，全民所有制经济始终居于主导地位，所以，按劳分配仍然是个人消费品分配的主要原则。

关于第二个问题，关键是要在理论上解决按劳分配与价值实现之间的矛盾。按劳分配要求以劳动者个人作出的劳动贡献为尺度分配消费品。但在商品经济中任何劳动成果首先表现为商品，必须经过等价交换实现其价值。这是劳动者个人获得劳动报酬的物质前提。那末怎样解决这个矛盾呢？笔者曾经以全民所有制工业企业为剖析的对象提出过一些不成熟的看法。扼要地说，在社会主义个人消费品分配领域，有众多的经济规律在同时起作用。其中特别重要的是按劳分配规律和价值规律。这两个规律的作用相互交错，共同决定着个人消费品的分配过程。在商品经济中，企业生产的商品，经过等价交换为社会所承认的，不是个别劳动时间而是社会必要劳动时间。有的企业，商品的个别劳动时间低于社会必要劳动时间；有的企业，商品的个别劳动时间高于社会必要劳动时间。在前一种情况下，企业得到社会承认的劳动时间大于企业职工个人实际付出的个别劳动的总和，它的表现形式就是企业的劳动生产率高，盈利多，职工的个人收入较高。在后一种情况则正好相反。因此，在社会主义商品经济条件下，要通过两个层次的劳动计量来完成统一的按劳分配过程。第一个层次是企业按照社会必要劳动时间实现的净产值，再剔除级差收益和其他非劳动因素带来的收益之后余下的价值量，可以称做"为社会承认的结合劳动时间"，它体现着企业劳动者集体为社会作出的贡献。第二个层次的劳动计量是在企业内部进行的。每个劳动者按照他在企业里直接提供的劳动量，从企业"为社会承认的结合劳动时间"的总量中，分得同自己提供的劳动量相符的劳动报酬。

从以上的简要阐述中可以看出，社会主义商品经济下的按劳分配，同马克思原来设想的按劳分配有明显的差别。那末，为什么我们还说按劳分配规律仍然在客观地起作用；发生变化的主要是规律的实现方式呢？笔者认为还应以按劳分配的三个基本点来衡量。

第一，全民所有制企业的职工仍然是使用公有的生产资料进行联合劳动。这一按劳分配的前提条件并没有质的变化。当前需要重申的是，全民所有制企业职工，不仅是所在企业的主人，而且是整个全民所有制经济的主人。他们进行着两个层次的联合劳动。一是从企业作为一个经济单位来看的联合劳动，一是从全民所有制经济作为一个整体来看的联合劳动。诚然，在商品经济中，企业是独立经营、自负盈亏的经济实体。但是，我们不能只看到企业之间经济利益矛盾的一面，而忽视了利益一致的一面；只看到扩大企业自主权的一面，而忽视了国家从全局出发，通过直接计划和间接计划，对全民所有制企业进行引导、组织和协调的一面。所以，笼统地说，社会主义公有制决定按劳分配还是不够确切的。应该明确，即使在社会主义初级阶段，生产资料的全民所有制仍然是实行按劳分配的决定性的条件。

第二，社会主义商品经济是以公有制为基础的有计划的商品经济。国民收入之分为积累基金和消费基金，是由国家通过国民经济计划统筹安排的。马克思所说的各项社会扣除，是由国家运用行政手段和经济手段，有计划地实现的。实践已经反复证明，社会对消费基金进行严格的宏观管理，从而在总体上控制消费基金总额、平均消费水平和消费基金增长幅度等，在社会主义商品经济下也不应该改变。

第三，在全民所有制企业内部，或者说在一个经济核算单位内部，不存在商品关系。职工提供的劳动时间直接成为该企业集体劳动的一部分。企业内部的分配也直接以每个劳动者提供的个别劳动时间为依据，职工之间劳动报酬的差距应该同劳动贡献的差距相一致。在企业内部这个层次同马克思设想的按劳分配相当接近。正因为如此，有些文章认为在商品经济条件下，按劳分配原则只适用于企业内部。但是，笔者认为，在国家与企业之间、企业与企业之间，除了商品交换和价值规律的作用，也不是完全没有按劳分配规律的作用。例如，在企业净产值中尽可能剔除级差收益和其他非劳动因素给企业带来的好处，目的仍在于计量企业劳动者集体为社会总劳动时间提供的劳动量。从理论上说，是把各企业放在平等的条件下比较他们的劳动贡献，仍然体现了以劳动为尺度分配消费资料的原则。所以，不能把第一个层次的劳动计量完全看做交换过程，单纯由价值规律支配，只把第二个层次的劳动计量看做分配过程，完全由按劳分配规律支配。

以上三方面的分析，不但可以说明社会主义商品经济条件下仍然实行按劳分配的依据，而且还可以看出全民所有制企业在分配环节上同集体所有制企业的区别。

三　按劳分配与按劳动力价值分配区别何在？

有些文章主张社会主义社会劳动力仍然是商品。因此，个人消费品只能按劳动力价值分配。笔者不赞成社会主义社会（包括社会主义初级阶段）劳动力还是商品。但这是一个需要专门讨论的问题，在这里暂不论及。本文主要想对有些同志说的，在商品经济条件下，按劳动力价值分配就是按劳分配；按劳动力价值分配与按劳分配都是为了解决劳动者的生活资料，有共同点的说法提出商榷。笔者认为，无论从马克思主义基本理论上看，还是从社会实践上看，按劳动力价值分配与按劳分配是原则上不同的两种分配制度。

第一，两者体现的经济关系根本不同。按劳分配体现着在社会主义公有制下劳动者成为生产资料主人的经济关系。而劳动力价值只存在于劳动力成为商品的雇佣劳动制度下，它体现着资本家对工人阶级的剥削关系。

第二，两者所包含的内容不同。劳动力价值主要包括劳动者本人及其家属维持劳动力再生产和传宗接代所必需的生活资料。而按劳分配则包括生存资料、享受资料和发展资料，以保证劳动者的全面发展，并为向共产主义前进准备条件。它并不受维持劳动力再生产这个限度的制约。

第三，两者形成的途径不同。劳动力价值是在资本主义劳动力市场上，通过自由竞争和劳动力的自由买卖自发形成的。而按劳分配则同社会主义经济的计划性连在一起。国家（社会中心）根据全体劳动者的当前利益和长远利益，有计划地控制积累和消费的比例、公共消费和个人消费的比例等，这样就大体上确定了可用于个人消费的总量，然后再通过体现按劳分配原则的劳动报酬形式，形成劳动者的个人收入。

第四，两者的发展趋向不同。劳动力价值虽然如马克思所说，包含着历史的和道德的因素。因此，随着社会生产力的发展，雇佣工人得到的生活资料和实际消费水平还是逐步提高的。但由于在资本主义制度下，必要劳动和剩余劳动体现着对抗阶级的矛盾，工资增加就意味着利润减少。因此，资本家总是力图把工资压抑在劳动力价值以下。资本主义企业经营得再好，资本家腰缠万贯，同工人的收入并没有必然的联系。因为劳动力价值是由市场竞争决定的。按劳分配则是随着社会主义经济的发展和可供分配的物资日益丰富而不断提高人民的消费水平。因为在全民所有制经济中，劳动者创造的社会财富在作了各项必要的扣除之后，全部按照按劳分配原则分配给劳动者。而且，在社会主义制度下，V 和 M 不存在对抗性的矛盾。社会所作的各项扣除，归根结底仍然服务于劳动人民，而且，其中有相当部分仍然用于提高劳动者的消费水平。在社会主义商品经济条件下，一个全民所有制企业经营得好，利润增加，劳动者的报酬也相应提高。集体所有制企业更是如此。所以，无论从宏观上看，还是从微观上看，生产的发展同按劳分配的数量和方式总是存在着内在的联系。这是同按劳动力价值分配根本不同的。

总之，按劳分配与按劳动力价值分配性质不同，不容混淆。有些文章主张用劳动力价值取代按劳分配，认为在商品经济中按劳分配已经失效。这种说法在分清两种分配制度上，观点倒是鲜明的。也有些文章，在强调社会主义的劳动力商品不同于资本主义的劳动力商品的同时，也强调社会主义的劳动力价值不同于资本主义的劳动力价值，说在社会主义商品经济下，按劳动力价值分配同按劳分配是相通的。这种说法反而容易引起迷误。因为归根到底，按劳分配是以劳动者的劳动贡献为尺度，而劳动力价值则以维持劳动力再生产的生活资料为基础。作为分配原则，是根本不存在相通之处的。

在这里笔者还想扼要谈一谈市场机制同工资的关系问题。有些文章并没有明确否定按劳分配，也没有明确提出要按劳动力价值分配。但强调全民所有制职工的工资应完全由市场机制来决定。他们认为只要有发育成熟的劳动力市场，那末通过供求变动、自由竞争和劳动力的自由流动，就可以自然而然地形成工资水平。这样，不但企业内部的工资制度及其变动完全由企业自己决定，而且企业的工资总额和全民所有制经济的工资水平，国家也不要直接控制，只需通过各种经济杠杆间接地加以引导就可以达到宏观管理的目的了。

笔者认为市场机制是一个被广泛应用而内涵并不太明确的概念。在商品经济条件下，社会主义经济的运转离不开市场，工资制度的改革也离不开市场。考虑到我国商品经济的发达和市场发育的成熟都需要有一个较长的过程，笔者认为把全民所有制企业的工资总额同经济效益挂钩浮动作为今后十几年工资改革的目标模式是比较稳妥的。① 在这种模式中，所谓第一个层次的劳动计量就离不开市场；经过两个层次的劳动计量，职工得到的劳动报酬转化为消费资料，也离不开市场。而且，当前的经济生活中有大量事实告诉我们，社会上对不同劳动的需求，已经在影响着不同劳动者的个人收入。所以，如果把按劳分配确定的工资作为基数，由于供求变动，使劳动者的实际收入围绕基数有一定的浮动，也是正常的。所有这些都可以说是市场机制对工资的影响。问题在于有些同志所主张的，不是市场机制影响工资，而是市场机制决定工资。笔者觉得，如果工资完全由市场机制来决定，实质上还是用劳动力价值取代按劳分配。试问在劳动力市场上，随着自由竞争和劳动力的自由流动而自发形成的工资水平，不是劳动力价值又是什么呢？

四　就研究分配问题的方法论所进行的商榷

有些文章所以得出社会主义商品经济条件下按劳分配已不复存在的论断，笔者觉得在方法论上似乎也有一些值得进一步讨论的问题。

第一，关于普遍性与特殊性、共性与个性的关系问题。

辩证唯物主义告诉我们，这两者是有紧密联系的。一方面，普遍性不能离开特殊性而存在，共性即包含于一切个性之中，无个性即无共性。另一方面，特殊性也不能离开普遍性而存在，个别一定与一般相联而存在。人们认识事物的正常秩序总是从个性中抽象出共性，又以对共性的认识为指导，去进一步探索个性。问题在于，有些人对个性作了错误的抽象，把本来不属于共性的东西当做共性，然后又用错误的抽象去指导对个性的进一步研究，这当然只能错上加错。例如，机械唯物论的错误就在于，它把本来属于机械运动的特殊规律，视为事物发展的普遍规律，然后用机械运动规律简单地搬用于广泛的领域。对于分配问题的研究也有共性与个性的关系问题。马克思从不同社会制度的特殊分配关系中，抽象出必要劳动范

---

① 参见项启源《工资改革的目标模式和当前存在的问题》、《中国工业经济研究》1987 年第 1 期。

畴。这是完全正确的。但是有些文章却把本来只属于资本主义的特殊分配关系概括为各社会共有的分配关系，这当然不可能得出正确的结论。笔者认为卓炯同志对分配问题的研究就存在着这样的失误。例如，卓炯同志引用马克思如下一段话：“在任何社会生产（例如，自然形成的印度公社，或秘鲁人较多是人为发展的共产主义）中，总是能区分出劳动的两个部分，一部分的产品直接由生产者及其家属用于个人的消费，另一部分即始终是剩余劳动的那个部分的产品，总是用来满足一般的社会需要。”[1] 然后卓炯同志加以解释说：“在商品经济条件下，前者叫做劳动力价值，后者叫做剩余价值。”众所周知，商品经济在奴隶社会、封建社会早就存在，是不是那个时候直接由生产者及其家属用于个人消费的那部分产品也可以叫做“劳动力价值”呢？显然不可。马克思曾明确说过：“把剩余价值和劳动力价值表现为价值产品的两部分——这种表现方式其实是从资本主义生产方式本身中产生的。”[2]

卓炯同志还引用过马克思的另一段话：“工人在劳动过程的一段时间内，只是生产自己劳动力的价值，就是说，只是生产他必需的生活资料的价值。因为他是在以社会分工为基础的状态下进行生产，所以他不是直接生产自己的生活资料，而是在某种特殊的商品形式（如棉纱）上生产出同他的生活资料的价值相等的价值，或者说，同他用来购买生活资料的货币相等的价值。”[3] 然后他又解释说：“以上只说劳动力价值的一般性是由社会分工决定的，至于劳动力价值在资本主义条件下的特殊性，那是由资本主义所有制决定的。”劳动力价值究竟有没有一般性，马克思也讲得很清楚。他说：“有了商品流通和货币流通，决不是就具备了资本存在的历史条件。只有当生活资料和生产资料的所有者在市场上找到出卖自己劳动力的自由工人的时候，资本才产生；而单是这一历史条件就包含着一部世界史。因此，资本一出现，就标志着社会生产过程的一个新时代。”“现在应该进一步考察这个特殊商品——劳动力。同其他一切商品一样，劳动力也具有价值。这个价值是

---

① 《马克思恩格斯全集》第 25 卷，人民出版社 1974 年版，第 992 页。
② 《马克思恩格斯全集》第 23 卷，人民出版社 1972 年版，第 582 页。
③ 同上书，第 242 页。

怎样决定的呢?""同任何其他商品的价值一样,劳动力的价值也是由生产从而再生产这种特殊物品所必需的劳动时间决定的。"① 在这里马克思明确指出,货币所有者在市场上找到了出卖劳动力的自由工人(雇佣劳动者),货币才转化为资本。这种自由工人把自己的劳动力当做商品来出卖,所以才出现了劳动力价值这个范畴。劳动力所以有价值是资本主义生产关系决定的,而不是由社会分工决定的;劳动力价值并不是商品经济的一般范畴,而只是资本主义商品经济的特殊范畴。卓炯同志所引的马克思的那段话,只是说明维持劳动力再生产的生活资料为什么采取价值形态和货币形态,至于劳动力价值是雇佣劳动制度的产物马克思已经作为前提在这段话以前就加以说明了。总之,事实上并不存在劳动力价值的一般性,它只是资本主义的特殊范畴。

以上两例说明,卓炯同志把资本主义商品经济的特殊,概括为商品经济一般,然后又当做商品经济一般移植到社会主义商品经济中来。这在方法论上是不妥的。

第二,关于用系统论的观点来研究社会主义商品经济的规律问题。

在社会主义经济中有许多经济规律在同时起作用,它们相互联系、相互制约,形成一个整体,即社会主义经济规律体系。十二届三中全会明确了社会主义经济是在公有制基础上的有计划的商品经济。这一理论上的重大突破和实践上的重大进展,要求我们更好地研究社会主义商品经济的规律体系。一方面,我们的商品经济是社会主义的商品经济,而不是任何别的商品经济。因此,社会主义的一系列经济规律,如社会主义基本经济规律、按劳分配规律等,都在客观地起作用。另一方面,我国的社会主义经济不可能逾越商品经济这个阶段,商品经济的一系列规律,如价值规律、竞争规律、供求规律、货币流通和纸币流通规律等,也在客观地起作用。社会主义商品经济既有计划性又有商品性,是一个有机的整体。社会主义的一系列规律同商品经济的一系列规律,其作用也是相互交错、相互渗透的。十一届三中全会前的 30 年,我们没有认识到社会主义经济还是商品经济,因而只强调社会主义的经济规律,贬低或无视商品经济的一系列规

---

① 《马克思恩格斯全集》第 23 卷,人民出版社 1972 年版,第 193 页。

律，结果给国民经济的发展造成损失。十一届三中全会后，经济理论工作者普遍认识到按商品经济规律办事的极端重要性。这本来是一件好事。但有少数同志又忽视了社会主义经济的一系列规律，其结果同样会给国民经济的发展造成损失。笔者在 1984 年的一篇文章中曾同卓炯同志进行过商榷。① 笔者不赞成他把社会主义基本经济规律、国民经济有计划发展规律的要求，都包括在价值规律之中的观点。从方法论上说，这样孤立地强调价值规律而否定社会主义经济规律是不妥的。卓炯同志最近写的论述分配问题的两篇文章，提出新中国成立以来从未实现过按劳分配，在社会主义商品经济下应该用劳动力价值来取代按劳分配。从方法论上说，仍然是片面强调商品经济的规律（有的还不是商品经济的一般规律，而是资本主义商品经济的规律），而忽视甚至否定社会主义经济规律。这样，分配领域里的问题也不可能解决好。笔者认为工资改革的理论依据，在于把商品经济的规律同按劳分配规律相互作用的关系研究清楚。应该肯定，实行按劳分配不但不同社会主义商品经济相矛盾，而且是社会主义商品经济题中应有之义。

（原载《中国工业经济研究》1987 年第 4 期）

---

① 项启源：《社会主义社会经济规律体系研究中的若干问题》，《社会主义经济规律体系探索》，江苏人民出版社 1984 年版。

社会主义市场经济与按劳分配

党的十三大和十四届三中全会先后提出，在社会主义商品经济、市场经济体制下，要坚持以按劳分配为主体，多种分配方式并存的制度。十几年来我们遵循这一方针，在劳动制度和工资制度的改革上取得了很大进展，但也不可避免地遇到了许多新矛盾、新问题。看来要在我国成功地建立同市场经济相适应的、以按劳分配为主体、多种分配方式并存的分配制度，还要走一段较长的路。本文就这个问题提出一些探索性的意见。

一　讨论热点和理论难点

党的十四大以来，经济界和理论界对个人收入分配领域的关注热点之一，是在市场经济条件下按劳分配能否实现和如何实现的问题。讨论中出现的不同意见可简要归纳为三种基本观点。第一种，明确否定按劳分配。认为按劳分配只有在产品经济中才能实行，在商品经济中不可能实行；按劳分配理论纯属空想，新中国成立后从来没有实行过．今后也不会实行，今天强调按劳分配只有象征性的意义；在市场经济条件下能够实行的，只有按劳动力价值分配。第二种，并不否定按劳分配。但强调在社会主义市场经济中，按劳分配与按劳动力价值分配实质上就是一回事，甚至有人主张，按劳动力价值分配可更好地实现按劳分配。第三种，按劳分配与市场经济可以兼容。按劳分配是社会主义公有经济的客观规律，是不能用人的主观意志加以废除的。但是社会主义市场经济体制同马克思预见的实行按劳分配的环境和条件，的确存在着若干重大差别，从而注定了按劳分配的实现形式必将发生新的变化。这正是我们要着力探求和解决的。

以上三种基本观点，第一种无论用马克思主义基本原理来衡量，还是用新中国成立以来经济建设的实践来衡量，都是明显错误的，现在公开主张这种观点的人也为数很少了。但是第二种观点同第三种观点的争鸣则延续至今，而且渗透到个人收入分配领域的各个方面。

当前，我国正深化劳动制度和工资制度的改革，积极推进劳动力市场的发育成长。工资改革在个人收入分配领域处于极其重要的地位。但就在这个问题上我们遇到了不少理论难点，其中之一是，劳动者作为生产要素进入劳动力市场，在市场机制作用下形成平均工资率与劳动者作为公有生产资料的共同所有者享有按劳分配的社会权利，这两者之间究竟是什么关系，应如何处理？许多同志认为这是难点中之难点，是社会主义市场经济条件下能否实现按劳分配的关键。几年来，围绕工资改革提出了多种多样的意见，目前影响大的、较有代表性的是以下两种意见。

第一种意见，在统一的劳动力市场上，由市场机制形成的各类劳动的平均工资率是劳动力价值的反映。它对于公有经济的工资和非公有经济的工资都起着决定性的作用。由于劳动力价值和按劳分配存在着多方面的同一性，因此，从个人收入分配的全过程看，两者是融为一体的。例如，有的论者说，在社会主义市场经济条件下，首先要把劳动者在生产过程里提供的劳动当做自己劳动力发挥的结果，即把劳动力价值的实现作为实现按劳分配的第一步。从个人收入分配的几个主要层次来看，第一个层次是由劳动力市场决定的"录用工资"，它是劳动力价值在用人单位录用时的表现，相当于计划体制下的起点工资。第二个层次是企业依据劳动者的实际劳动表现晋升工资。第三个层次是企业依据劳动者的超额劳动给予奖励。第四个层次是企业对劳动者实行劳动分红。

第二种意见，研究分配问题要把内容和形式区别开来。个人收入分配的内容是分配原则，形式是分配机制。按劳分配是社会主义分配原则，它在公有经济范围内具有客观必然性，它的精髓是等量劳动获得等量报酬。在社会主义市场经济体制下，按劳分配的实现形式离不开市场的作用。市场机制的一个主要特点是平均化。因此劳动力进入要素市场也将形成要素价格，即计酬标准。问题就在于同样采取价格形式，它所反映的分配原则或经济关系却可以是完全不同的。在公有经济中，劳动力不是商品，也不具有劳动力价值，工资是按劳分配的货币形式，计酬标准实质上是等量劳动获得等量报酬在市场平均化过程中实现的机制。

在工资改革上两种有代表性的意见，显然是前述第二种基本观点与第三种基本观点的争论的延伸。分歧的焦点也还是在如何认识市场经济中按劳分配同按劳动力价值分配的关系上。

二　我国现阶段按劳分配实现方式的理论探讨

社会主义市场经济条件下如何实现按劳分配，笔者试图运用经济规律及其相互作用的理论加以论述。

要想取得各项社会主义事业的顺利发展，都必须使自己的行动符合经济规律的要求，这是人们的共识。那么，怎样才能做到这一点？首先，要深刻认识经济规律的客观性。每一经济规律都有其依以发生作用的基本条件，都有其相对稳定的基本内容，人们不可能凭主观意愿去废除它。其次，要充分注意到，每一经济规律总是同其他相关的经济规律同时起作用的。它们在同时起作用中的相互关系也具有客观性。再次，要注意区别经济规律的基本内容和它的实现形式。马克思说过，经济规律是根本不能取消的，"在不同的历史条件下能够发生变化的，只是这些规律借以实现的形式"①。

按劳分配是社会主义个人收入分配的主要规律。社会主义生产关系的建立使劳动性质发生了根本转变。在剥削制度下，劳动者从来都是为剥削阶级干活。社会主义革命的胜利，消灭了剥削阶级，劳动人民成为生产资料的共同所有者，才第一次出现了为社会劳动和为自己劳动的统一。在现阶段的生产力水平下，生产资料公有制在分配环节上的实现，只能以劳动者的劳动贡献为尺度。因此按劳分配就成为体现新的劳动性质、保证劳动者真正享有劳动成果的最合理的分配方式。按劳分配规律的基本内容是等量劳动获得等量报酬。马克思曾设想按劳分配是在商品货币关系已消亡的条件下进行的。社会主义初级阶段以公有经济为主体，实行按劳分配的基本条件没有变，但由于多种经济成分和商品货币关系仍然存在，按劳分配

---

① 《马克思恩格斯选集》第 4 卷，人民出版社 1972 年版，第 368 页。

的实现形式必将发生不同于马克思设想的重大变化。

在分配领域有多种经济规律同时起作用。在社会主义市场经济条件下的个人收入分配情况将更为复杂。在公有经济中制约个人收入分配的经济规律不止一个，其中最重要的是按劳分配规律；市场经济中有一系列经济规律在起作用，其中最重要的是价值规律；私营企业和外资企业的职工收入，也受某些经济规律的支配，其中最重要的是按劳动力价值分配的规律。下面笔者就以价值规律、按劳分配规律和按劳动力价值分配规律为主要对象，研究它们在个人收入分配过程的各个环节上的相互关系。

第一个环节，在劳动力市场上，由于各经济规律的作用在相互交错，形成统一的平均工资率。成熟的劳动力市场至少需要具备两个条件：一是不同利益主体之间能够比较充分地表达自己的意愿。真正实行双向选择；二是劳动力在各地区、行业、经济成分之间能够自由流动。这样，竞争机制、供求机制和市场化机制才能充分发挥作用，从而在劳动力市场上形成统一的平均工资率或要素价格。由于社会主义经济是建立在公有经济为主体的基础上的，因此在统一的平均工资率的形成上必然反映出这个特点。在公有经济中，几十年来大体上实行了按劳分配原则，工资基本上是按劳分配的表现形式。所以双向选择从总体上看谁也不可能抛开原有的工资基础，即使新创办的公有企业，也不会完全不顾同行业的工资水平，凭空的另搞一套。何况，按劳分配是公有经济的分配规律，今后在总结过去经验的基础上，应使工资更好地体现按劳分配。因此，在公有经济范围内，各行业、企业高低不等的工资水平，会在市场平均化机制下形成各类劳动的平均工资率或要素价格，但它所反映的经济关系始终是按劳分配的关系。在外资企业和私营企业范围内，工资是劳动力价值或价格的转化形态。不同行业、不同企业高低不等的工资水平，同样会在市场平均化机制的作用下形成平均工资率或要素价格。它所反映的经济关系仍然是按劳动力价值分配的雇佣劳动制度。我们不能只看到公有经济和非公有经济都实行工资制，都通过市场机制形成要素价格，而看不到相同现象背后的不同的本质。

为了反映不同经济成分分配原则的本质区别，笔者把公有经济范围内的平均工资率称之为平均预期收入率。还要看到，在我国未来的成熟的劳动力市场上，由于可能有大量的劳动者在不同经济成分间自由流动，上述两种反映不同经济关系的平均预期收入率和平均工资率，将相互影响而形成全社会统一的平均工资率。这是按劳分配规律、按劳动力价值分配规律和价值规律的作用相互交错的结果。它将对公有企业和非公有企业的实际工资水平和劳动资源的配置产生重要影响。不过，有必要指出，由于社会主义初级阶段公有经济为主体，非公有经济为补充，上述几个规律在作用范围和作用力度上并不是均等的，在形成统一的平均工资率上按劳分配规律起着主要作用。

第二个环节，经过商品交换，使公有企业的局部劳动转化为社会劳动，从而为比较不同企业的集体劳动贡献提供客观基础。在公有经济中，局部劳动转化为社会劳动是在企业生产的商品经过等价交换得到社会承认之后。但是社会承认的不是商品的个别劳动时间而是社会必要劳动时间。有的企业生产的商品，个别劳动时间低于社会必要劳动时间；有的则高于社会必要劳动时间。前一种企业表现为劳动生产率高，盈利多，职工的个人收入也比较高；后一种企业的情况则正相反。企业经过等价交换实现的净产值，在剔除了级差收益及其他非劳动因素的影响后余下来的价值量，就体现着企业劳动者集体为社会作出的劳动贡献，这里面包含着企业向职工个人进行分配的消费基金。由此可见，在社会主义市场经济条件下，向劳动者个人进行分配的主体，已由国家转变为企业；按劳分配所要求的同工同酬，也首先体现在以企业为单位的集体劳动贡献上。

第三个环节，公有企业内部实际工资的形成。在企业内部实际工资（包括奖金）主要由两方面的内容构成。一是企业的实际工资水平；二是各不同岗位的劳动者的工资关系。前者是以劳动力市场形成的平均工资率和公有经济范围内的平均预期收入率为重要参照系，考虑本企业的经营状况和对各类劳动力的需求程度来确定的。后者则以本企业生产、经营的特点和不同劳动岗位对劳动质量和强度的要求来确定的。至于每一个职工得到多少工资（包括奖金）则要以它的劳动实绩为根据。多劳多得，少劳少得。价值规律不仅透过平均预期收入影响企业的实际工资，而且近年来已有许多企业采取模拟市场的做法，把竞争机制引入企业内部。这样，在分厂、车间、班组之间职工的实际工资也要受价值规律的影响。

第四个环节，职工取得货币收入后，通过购买消费品，最终实现按劳分配。在这里要妥善处理名义工资和实际工资的关系，消费需求和消费品供给的关系。

以上分析表明，在个人收入分配领域的诸经济规律中，按劳分配规律始终起主要作用。笔者不赞成在劳动力市场上形成的要素价格只反映劳动力价值，并对全社会的工资水平起决定作用，而按劳分配仅在公有企业内部起作用。另外，我们有些同志自觉不自觉地照搬西方的工资理论用来解决社会主义市场经济体制下的个人收入分配问题。于是在公有经济范围内劳动力也成了商品，平均预期收入也成了单纯的劳动力价值的表现，而按劳分配实际上只能是象征性的了。笔者不赞成这些观点。笔者认为准确地把握劳动力价值范畴的科学内涵和重要意义，是解决上述种种误解和曲解的关键。

三　国有企业工资改革模式的设想

根据全国人大通过的"九五"计划和 2010 年远景目标纲要精神和建立现代企业制度的需要，结合我国劳动力市场的发育程度和个人收入分配存在的实际问题，笔者对今后几年内国有企业工资改革的模式设想为："按劳分配为主，市场机制调节，企业自主分配，国家宏观管理。"

按劳分配为主，即个人收入分配以按劳分配原则为主体。主要包含两层意思。第一，在国民经济各行业和各企业中，实行按劳分配原则的占大多数。要做到这一点，前提条件是以公有经济为主体、国有经济为主导、其他经济为补充的所有制结构不变。据统计，到 1995 年上半年，在职工工资总额中，国有单位占 77.71%，城镇集体单位占 15.03%，其他经济成分单位占 7.17%。大体上还可以说以按劳分配为主体。但也要看到，公有经济占主体并不等于按劳分配占主体。改革开放前两种公有制占绝对优势，按劳分配原则并未得到较好的贯彻就是明证。所以在今后的工资改革中，一是要坚持改革的社会主义方向，既要防止平均主义的回潮，又要防止出现名为按劳分配，实为雇佣劳动的情况。二是要在改革中建立同市场经济相适应的、按劳分配的新的实现机制。第二，在社会主义市场经济体制下，收入渠道多元化是必然趋势。因此，坚持按劳分配为主体，不但要做到在职工个人总收入中，从单位得到的工资性收入超过从单位外得到的非劳动收入；而且要做到职工从本单位按照按劳分配原则得到的收入，超过按人头平均的各种福利性收入。近年来收入分配秩序混乱，职工收入来源的透明度很差，工资性收入和奖金在个人总收入中的比重不断下降。1985 年职工工资外收入占全部收入的 15.3%，1993 年提高到 24.9%。这样发展下去是同按劳分配为主体的方针相背离的。解决这个问题难度很大，主要靠国家、企业、职工个人共同努力，抓紧整顿分配秩序，努力做到个人收入工资化、规范化、透明化。

市场机制调节，是指国有企业的工资水平要以劳动力市场上形成的平均工资率和公有经济的平均预期收入率为重要参照系。这样，可把企业的工资变动同市场信号联系起来，有利于解决长期以来未能解决的工资正常增长问题。但是，笔者不赞成市场决定工资的观点。因为平均预期收入毕竟是预期收入，以此为起点，具体化为每个企业的实际工资水平，再具体化为职工个人的实际工资，还要经过若干环节，受多种因素的制约。特别是当前和今后几年，我国劳动力市场还很不成熟。如劳动力供过于求，就业压力大；社会保险体系不可能很快建立和完善，许多国有企业职工对本单位的依赖性较强；流入外资企业和大型私营企业的高素质人才为数还不多，企业给他们的薪金主要是考虑比国有单位同类人员高出多少就具有吸引力，并不能较好地反映这类人员的劳动力价值。由于这些因素将长期起作用，造成城乡之间、各经济成分之间、各行业和企业之间，劳动力的流动还受许多限制。因此，不但全社会统一的平均工资率不可能形成，即使在一个地区（如一个省）一时也难于形成。在这样的情况下，说市场调节工资更加符合实际。

企业自主分配，即企业对职工的实际工资水平、工资关系有决策权。这本来是企业成为独立的商品生产者和经营者题中应有之义。笔者也赞成企业在完成上缴利税任务后余下来的剩余产品价值，由企业自主实行劳动分红。不过劳动分红仍应贯彻按劳分配原则，不要按人头平均分配。在社会主义企业里，经营者与劳动者都是工人阶级的一员，他们之间的矛盾是在根本利益一致前提下的非对抗性矛盾。但理论界现在有人把经营者与劳动者说成是两个对立的利益主体。经营者为了降低成本，增加利润，同时也增加他们个人的收入，力图把工人的工资压到最低限；而工人为了追求个人利益最大化，力图把工资提到最高限。据说企业工资只有在经营者与劳动者相互制衡中才能合理化。我认为这种说法不但在理论上站不住，而且不符合实际。按劳分配与工人的主人翁地位是内在统一的，这是企业自主分配必须遵循的原则。

国家宏观管理，在国有经济范围内当前最重要的是两个问题。其一，加强对工资总额和国有企业平均工资水平的调控。在这方面，从工效挂钩、"两低于"、弹性工资到工资指导线，目的都在于使工资增长与劳动生产率和经济效益的提高相适应。其二，通过宏观调控解决国有企业职工不同地区、不同行业、不同企业收入差距过大的问题。这个问题十分复杂。在一般人心目中，两个情况类似的劳动者在不同企业、不同地区从事同样的劳动而收入高低不同，就被认为是违反了同工同酬原则。笔者则认为收入差距扩大是否违背按劳分配还需作具体分析。本文第二部分已谈到工资与企业效益挂钩，情况相近的劳动者在盈亏状况不同的企业工作，收入有高有低，这正是按劳分配在市场经济条件下的实现形式。这个道理同样适用于不同地区。当然，笔者决不是说现存的就是合理的。在合理差距与过分悬殊之间有一个"度"，如何掌握这个"度"需要作更深入的研究。不过目前的收入差距有一点肯定是不合理的，即在企业的纯收入中，没有剔除自然资源的贫富，运输条件的优劣，装备水平的高低等非劳动因素对劳动生产率和职工收入的影响，这不符合按劳分配原则。而要消除这些影响，只能依靠国家的宏观调控，特别是税收政策。

（原载《经济纵横》1996 年第 12 期）

关于机关、事业单位工资地区差别问题的研究

一　正确处理机关、事业单位工资
地区差别的重要性和迫切性

（一）工资区类别制度已同当前的实际脱节。

我国幅员辽阔，各地区的自然条件、经济发展和物价水平差别很大。1956 年工资制度改革时，开始实行工资区类别制度。当时，机关、事业单位实行的是 11 类工资区。以第 1 类工资区为 100，每提高一级工资标准提高 3%，11 类地区与 1 类地区之差为 30%。以后做过几次调整，现行的地区工资类别只有第 5 类至 11 类。

除了工资区类别制度，1956 年工资改革时，国家机关、事业单位在西藏、新疆、青海、甘肃、四川等省区的大部分物价较高的地方，还按标准工资的一定比例，发给生活费补贴。如西藏为 37%—128%，新疆为 10%—80%，青海为 6%—97% 等。补贴后来也做过一些调整，现行的补贴标准，比起 1956 年略有降低。

以上情况说明，多年来党和政府一直关注着由于不同地区的物价水平差别而带来的工资上应有的差别。应该肯定，工资区类别制度和生活费补贴，对于保障职工生活，特别是边远艰苦地区职工队伍的稳定，曾经起过重要作用。那末，为什么又说工资区类别制度现在已经同实际脱节了呢？

第一，党的十一届三中全会后，特别是近几年来，我国大部分地区商品经济发展较快。在新旧体制转换过程中，我国的价格水平和劳动者的收入格局都发生了较大变化。1985 年实行的工资制度已在若干方面暴露出同现实经济生活的矛盾，其中也包括反映地区差别的工资区类别制度。

　　第二，物价稳定是实行工资区类别制度的一个前提条件。在改革开放前全国物价波动较小，各地区物价相对水平的变化还可以用调整工资区类别的办法求得大体的解决。近10年物价起伏较大，各地区物价的相对水平变化也较快，已不是相对固定的工资区类别制度所能适应的。

　　第三，各地区之间，特别是东南地区与西北地区之间，经济发展不平衡加剧。在工资管理高度集中于中央的体制下，各地区经济发展不平衡很少直接反映在职工工资收入的变动上。近几年，对国民经济的管理权限逐步下移，财政上又实行"分灶吃饭"，使经济较发达的地区有可能运用地方财力给本地区职工增加收入。事实上各地区公务员的工资性收入也已经拉开差距。这些也不是工资区类别制度能够调节得了的。

　　（二）对国家机关工资地区差别现状的分析。

表1　　　　　　　　**全国各地区机关平均工资变化情况**

（1985 年同 1989 年比较）　　　　　　　单位：元

1985 年		1989 年	
西藏	2029	西藏	3135
青海	1785	广东	2681
新疆	1610	青海	2464
广东	1335	新疆	2386
甘肃	1283	上海	2178
上海	1219	海南	2146
北京	1207	天津	2114
宁夏	1185	辽宁	2064
内蒙古	1148	福建	2048
福建	1125	浙江	2042
江西	942	贵州	1538
		深圳	3987
		广州	3233

　　注：（1）资料来源：1985 年见《中国劳动工资统计资料 1949—1985》。1989 年见《1990 中国劳动工资统计年鉴》。

　　（2）本表前 10 个省为当年全国机关平均工资最高的前 10 位。第 11 个省为当年全国机关平均工资最低的末位。深圳、广州分别代表特区和计划单列市。

从表 1 可以看出以下变化：广东由第 4 位上升到第 2 位；青海、新疆由第 2 位、第 8 位移后为第 3 位、第 4 位；甘肃、宁夏、内蒙古均由前 10 位移至 10 位以后；福建由第 10 位上升到第 9 位，浙江进入前 10 位。如果再把经济特区和计划单列市加进来比较，则差距拉大的情况更为明显。1989 年深圳和广州的平均工资均超过西藏。广州与贵州相比，年平均工资相差 1695 元，高幅为 110%。1985 年上海的平均工资同最低的江西相比，多 277 元，高幅为 22%。1989 年上海与最低的贵州相比，多 640 元，高幅为 29%。并且，据统计，1985 年西北五省区新疆、宁夏、青海、甘肃和陕西高出东南五省市上海、江苏、浙江、福建、广东 265 元，高出全国平均数 282 元；1990 年东南五省市反而比西北五省区高出 165 元，比全国平均数高出 373 元。变化是明显的。1978 年同 1990 年比较从内陆地区高于沿海地区 2.4 个百分点，变为沿海地区比内陆地区高出 19.8 个百分点。正反共相差 22.2 个百分点。

以上情况总起来说明如下的发展趋势：经济发达地区的工资性收入增长快于经济不发达地区，而且两个地区工资的差距有进一步拉大的趋势；西藏、青海、新疆等边远省区，尽管工资区类别最高，而且享受地区生活费补贴，但平均工资占全国的名次逐渐后滑，工资的相对水平不断下降。不仅如此，还有两点需要特别指出。第一，全民所有制单位职工的标准工资在工资总额中的比重由 1978 年的 80% 以上逐渐下降到 1988 年占 50% 以上。标准工资以外部分奖金与津贴之和目前约占 40%。第二，各地区机关工资总额构成中奖金和津贴所占比重，广东、福建、天津较高，1989 年分别高于全国平均数 12、5、3 个百分点，而江西、新疆比重较低，分别低于全国平均数 5、3 个百分点。这说明奖金和津贴的比重同地区经济发达与否直接有关，它已经成为影响各地区平均工资水平高低的一个重要因素。例如，广东省各种地方性补贴每月 85.88 元，佛山市各种地方性补贴每月 197.88 元，都已超过国家统一规定的各种物价性补贴和福利性补贴的总数。辽宁省某县的一位局级领导（正科级），现在的月工资性收入305.70 元。其中标准工资（基础工资、职务工资、工龄津贴）174 元，月奖金 35 元，各种补贴 96.7 元。而边远艰苦地区、内地贫困地区不但没有自行出台什么项目，就是国家准许发放的补贴也低于全国的平均水平。有些贫困县有时连县直机关干部的标准工资都发不出来。

表2　　　　　　企业、事业单位、机关分地区平均工资比较（1989年）　　　　单位：元

企业		事业单位		机关	
上海	2808	西藏	3147	西藏	3135
广东	2791	青海	2722	广东	2681
西藏	2757	广东	2698	青海	2464
青海	2546	新疆	2361	新疆	2386
天津	2483	上海	2217	上海	2178
北京	2479	北京	2211	海南	2146
甘肃	2413	海南	2177	天津	2114
宁夏	2215	天津	2153	辽宁	2064
浙江	2207	甘肃	2135	福建	2048
辽宁	2188	福建	2052	浙江	2040
江西	1674	贵州	1577	贵州	1538
深圳	3934	深圳	4476	深圳	3987
广州	3357	广州	3095	广州	3233

注：（1）资料来源：《1990中国劳动工资统计年鉴》。

（2）本表前10个省分别为企业、事业单位、机关平均工资最高的前10位，第11个省为当年企业、事业单位、机关平均工资的末位。深圳、广州分别代表特区和计划单列市。

首先应该肯定，工资地区差别是全国各地区经济发展不平衡加剧的必然反映，是商品经济和市场调节作用增强的自然结果。它对调动全国大部分地区、特别是经济发展较快地区的机关工作人员的积极性，提高机关工作效率，稳定机关干部队伍，起着重要的积极作用。

问题在于差距拉开的幅度和速度如何掌握。目前的状况已经暴露出不少问题，应该引起我们足够的注意。最主要的有两点：其一，由于工资区类别制度实际上已起不了多大作用，政府又没有及时建立起一套有效的、规范化的处理工资地区差别的办法。许多省和省以下各级政府，已在自己财力允许的范围内，或多或少自己出台了一些增加机关工作人员收入的措施。对于这些，中央有时也很难不加以默许。由于管理上的紊乱，已经出

现了国民收入的分配和再分配的某种程度的失控。其二，目前的状况对于边远艰苦地区和内地贫困地区的工作已经产生了消极影响。由于西北地区工资的相对水平下降，甚至实际工资下降，机关工作人员的许多实际困难解决不了，不少干部有失落感，各类各级干部，尤其是原籍在沿海各省的，强烈要求返还内地，致使西北地区本已十分短缺的人才大量流出。这对西北地区的建设极为不利，而且从长远看也不符合全国人民共同富裕的目标。

总之，目前这种地区差距迅速扩大的状况弊大于利，亟待改进。

在这里，有必要谈一谈机关、事业单位工资的地区差别是否反映按劳分配原则的问题。在沿海省市，有一些同志主张，机关、事业单位工资的地区差别符合按劳分配。因为一个地区经济效益的提高，其中也有当地机关、事业单位工作人员的一份贡献。经济效益好，说明当地政府的工作效率高，为经济发展服务有成绩。对于上述说法究竟应如何认识，笔者认为还是要从企业工资的机制转换谈起。

前文已经说明，从全国来看，机关、事业单位工资的地区差别是受本地区企业工资的变化拉动的。这种内在联系，基本符合企业属于物质生产部门，机关、事业单位属于上层建筑；企业工资来自国民收入初分配，机关、事业单位工资来自国民收入再分配的逻辑顺序，可以说，带有一定的规律性。所以，机关、事业单位工资的地区差别，从根本上说是企业工资机制转换、企业之间工资拉开差距（包括不同地区的企业）这一经济过程的延伸。在社会主义商品经济条件下，物质生产部门实行按劳分配主要在企业内部，机关、事业单位实行按劳分配也主要在本部门、本单位的内部。有些同志提出，地区经济效益提高，机关、事业单位也有一份贡献的说法，并非无道理。但是，一个地区的经济总效益取决于自然条件、原有的经济基础、当地在国家发展总战略中的地位等多种因素。本地区劳动者的努力程度当然是一个重要因素。不过，机关与企业的情况还有区别。企业从事物质生产，企业全体职工对提高经济效益做出的贡献是直接的，相对来说是比较容易计量的；而机关同物质生产的关系比企业要间接一些。比如说省直机关的工作同本省的经济总效益应该说是有内在联系的，但政府职能机构很多，各司其职，它们同物质生产联系各不相同，谈贡献只能从政府的总体来衡量。总起来看,笔者认为机关、事业单位工资的地区差别可以说包含着按劳分配的因素,但不能把这种差别完全说成是按劳分配的反映。如果这个逻辑能够成立,那岂不是说平均工资低的地区的机关、事业单位劳动者的贡献,一定比平均工资高的地方要少吗?

二　正确处理机关、事业单位工资地区差别的几点对策

(一) 总的指导思想,应遵循江泽民同志指出的:"实行以按劳分配为主体,其他分配方式为补充的分配制度,既要克服平均主义,又要防止两极分化,逐步实现全体人民的共同富裕。"根据这一精神,对机关、事业单位工资的地区差别,既要承认它的存在是社会主义商品经济发展的产物,对于加速地区的发展是有利的;又要防止差别悬殊。对各级政府公务员的职位设置全国是统一的,对各个工作岗位的要求也是明确规定了的,可比性很强。如果同一职务在不同地区工资差别悬殊,很容易超出人们的心理承受能力,对于调动工资低的地区的干部的积极性和大量吸引建设人才,都很不利。而且从长远看,同"防止两极分化,实现全体人民的共同富裕"的要求,可以说是背道而驰。

(二) 对于机关工资的地区差别,现阶段总的说,宜采取"统一一块,放活一块",分级分类管理的办法解决。所谓"统一一块",就是说全国的公务员要有统一的工资制度,包括工资标准、考核要求、升级办法等。目前实行的各项物价补贴和福利性补贴原则上应并入标准工资。中央财政保证这一块的正常运转。比如说,在严格考核的基础上,大部分公务员每两年晋升一级工资,如果地方财力不足,中央财政应予保障。我们不能重蹈覆辙,使正常升级制度形同虚设,造成标准工资范围内各地区公务员得不到平等对待的结果。所谓"放活一块",就是说在统一的标准工资以外,各地区可以按照中央统一规定,从地方财政支出,给本地区的公务员增加收入。所谓分级管理,指的是对工资的管理权,中央要分一部分给省、市、自治区,实行中央和省两级管理。大体上说属于全国统一的一块,主要由中央集中管理,各地未经批准不能自行变动。属于放活的一块,主要由各地自己管理,中央只作一些政策性、原则性的规定,不干预具体分

配。所谓分类管理，除了按机关、事业单位、企业这三大类以及更细的各部门、各行业的劳动特点进行分类指导外，还应区别不同地区，作出不同的规定。当前最迫切的，是对边远艰苦地区和内地特别贫困的地方，在工资制度上要有特殊照顾，不能"一刀切"。比如放活的一块，全国大部分省区可以实行中央给政策，地方自己出钱的办法。但对西北几省及其他特别困难的省，则必须既给政策又给钱。又如，对于各种物价补贴和福利性补贴，应逐步纳入标准工资，但对边远艰苦地区的各种地区性的特殊补贴和津贴，不仅原已实行的要继续保留（标准工资包容不了），还应进一步完善，增加一些新项目或提高原有补贴、津贴的标准，切实保障这些地方的干部的工作条件、生活条件，稳定边疆的干部队伍。

（三）从机关、事业单位工资改革的长远目标说，应该建立、健全机关、事业单位工资向企业工资"跟进"的机制。这实质上是把商品经济的规律和市场调节的作用，通过企业工资"折射"到机关、事业单位工资中来。如果能够真正做到各地区机关、事业单位工资不断向本地区的企业工资逼近，那末不同地区的经济发展水平、消费水平的差异以及物价水平的变动等因素，都自然地包容在这种新的工资变动机制之中了。但是，我们必须清醒地看到，要实现这个目标，需要逐步创造条件，经过几年、十几年的努力才能做到。在大部分全民所有制企业的自我平衡、自我约束机制还未建立起来之前，过分强调机关、事业单位的工资向企业逼近，导致全国消费基金的失控，这是不可取的。

（四）当前应该考虑一些现实的、过渡性的措施。

（1）要把影响机关、事业单位工资的三个主要因素：经济发展水平和消费水平；物价水平；自然条件加以分别处理。这三个因素对工资的作用并不是同步的。它们相互作用的结果可能制约地区工资差别不至于过大。例如，自然条件恶劣的边远地区，经济发展不如沿海快，但它们可以得到特殊性的地区补贴、津贴，这些又是沿海地区所没有的。

（2）在"统一一块"中，机关工资与企业工资差距较大，要想很快赶上是不现实的。但也要向这个方向努力。这里面，保证机关工资的正常升级是关键。目前一些效益好的企业，职工工资年年晋级，效益中等的企业不少能够做到一年半或两年晋升一级。如果机关连两年升一级都办不到，必将继续扩大机关工资与企业工资的差距。在"放活一块"中，可以考虑逐步推广浙江省兰溪市的做法。机关工资总额可以同反映当地经济效益和财政状况的一系列指标挂钩浮动。每年按规定增加的工资额，大多数省由地方财政出钱去落实。

（3）在机关、事业单位"跟进"企业工资的机制还没有建立起来以前，为了保证实际工资不下降或者实实在在的增长，有必要考虑工资与物价的关系问题。对于两者的关系大家都原则上同意挂钩，但如何挂法则众说纷纭。在目前条件下，建议采取一些暂时性的措施。例如，工资不是同全面的生活费价格指数挂钩，而是选择若干生活必需品，统计出基本生活资料指数，用以同工资挂钩。还可以考虑，物价方面以职工生活费用价格总指数为依据，但暂不同全部工资挂钩，而只同职务工资和基础工资挂钩。在工资区类制度作用降低的情况下，按照中央统一规定，结合各地区特点，由各省、市、自治区统计局编制本省的职工生活费用价格指数，作为标准工资以外的地方性补贴的依据。最后，对于边远艰苦地区的各项特殊性的补贴、津贴也应该同物价指数挂钩，以保证这些地区的实际收入水平。

（原载《求是》内部文稿，1993 年第 2 期）

第四篇

坚持公有制的主体地位，壮大国有经济

国有经济改革的政治经济学思考

对国有经济的深入改革，关系改革开放的全局和社会主义制度的巩固。党的十四大、十四届三中全会以及党和国家领导人的一系列讲话，已经指明了国有经济改革的方向、方针和政策。为了统一思想，提高认识，笔者认为有必要以马克思主义政治经济学基本原理为指导，以建设有中国特色社会主义理论为依据，对学术界迄今为止仍存在不同见解的几个重大问题进行深入探讨。

一　社会主义基本经济制度与市场经济相结合

党的十四大决定建立社会主义市场经济体制，指出社会主义市场经济体制是同社会主义基本制度结合在一起的。对此江泽民同志作过精辟的概括，他说："社会主义市场经济是一个完整的概念。简要地说，就是要把公有制的优越性与市场经济对资源的优化配置有效地结合起来，二者不能割裂，也不能偏废。"[①] 由此可见，能否做到市场经济与社会主义基本制度相结合，是我国经济体制改革成败的关键。市场经济本来是在私有制基础上生长起来的。资本主义市场经济以资本主义私有制为基础，发展到今天已有二、三百年的历史了。社会主义市场经济以公有制为基础，这是它最主要的特点也是它面临的最大难点。正是在能否结合和如何结合这个问题上，近几年我国理论界一直存在着不同的认识。

有一种较为流行的观点，认为市场经济就是市场经济，何必给市场经济加上"社会主义"这四个字呢？有些论者虽然没有公开否定社会主义市

---

① 《人民日报》1993 年 8 月 9 日。

场经济这个提法，但却片面强调市场经济而极力淡化社会主义基本制度。他们主次倒置，用市场经济这把剪刀肆意剪裁社会主义基本制度。例如，有的论者认为应该依照市场经济的要求决定有什么样的所有制，而不是由所有制的性质来决定有什么样的市场经济。他们主张国有经济只有一个所有者，其内部不可能产生出真正的市场主体。因此要发展市场经济就必须降低国有经济的比重，改变非公有经济作为国民经济补充的地位。又如，以社会主义还存在劳动力市场为由，推论出公有制经济中劳动力仍然是商品，不能实行按劳分配，只能实行按劳动力价值分配，等等。怎样才能做到社会主义基本制度与市场经济相结合？笔者认为应该从马克思主义政治经济学得到启发。

　　马克思主义政治经济学告诉我们，任何一种生产关系都是一个复杂的体系。这里面既有决定生产关系性质的基本经济制度，又有作为这种生产关系的具体形式的各个具体环节、具体制度。前者主要指一个社会经济形态中占统治地位的生产资料所有制，后者包容很广，像经济体制、经济运行机制、商品货币关系等均属这个范围。我们说社会主义生产关系是一种适合生产力性质的新的生产关系，是就它的基本经济制度而言的，这当然不是说社会主义生产关系同生产力就没有矛盾。在通常情况下，这种矛盾主要来自生产关系的具体环节、具体制度。有时是因为领导者缺乏经验或指导失误，使某些具体环节同生产力的要求相矛盾；有时是因为生产力向前发展了，生产关系的某些环节本来是适合生产力的，现在变得不适合生产力了。在社会主义条件下，为了及时解决这些矛盾，应该自觉地进行调整或变革。这就是说，一方面，对社会主义基本经济制度，包括公有制、按劳分配，我们要巩固它，发展它；另一方面，对社会主义生产关系的具体环节、具体制度又需要进行经常的调整。这两方面相辅相成，推进社会主义生产关系的不断完善。我国当前正在进行的经济体制改革，由于旧体制实行了几十年，积重难返，同生产力的矛盾日益明显，因此，必须进行全面的、深入的改革，它同生产关系的一般性调整还是有区别的。但就经济体制改革的根本性质而言，仍属于生产关系具体形式的变革，而不是要改掉社会主义基本经济制度。对这个问题，邓小平同志多次作过明确的指示。他说，改革是社会主义制度的自我完善，"改革中坚持社会主义方向，这是一个很重要的问题。"① "我们采取的所有开放、搞活、改革等方面的政策,目的都是为了发展社会主义经济。我们允许个体经济发展,还允许中外合资经营和外资独营企业发展,但是始终以社会主义公有制为主体。"② 总之,改革是为了调整生产关系和上层建筑中那些不适合生产力要求的具体形式,目的在于壮大社会主义经济,更好地促进生产力的发展。这是我们在考虑任何一项改革举措时都必须坚决贯彻的指导思想,也是我们用社会主义市场经济体制取代过分集中的计划经济体制的基本立足点。

商品经济和市场经济存在于不同的社会经济形态。马克思恩格斯都曾论述过商品一般和市场一般。但这只是一种科学的抽象。历史上实际存在的商品经济、市场经济,在不同社会经济形态各有不同的特点。这是因为在任何一个生产关系体系中,占统治地位的生产资料所有制决定着该社会人与人之间最基本的经济关系。商品经济、市场经济也是物与物掩盖下的人与人之间的经济关系,不过,它们只是人与人之间经济关系总和的一个侧面,因此不能不受人与人之间的基本经济关系的制约。这就决定了不同社会形态中商品经济、市场经济各具特点。以资本主义制度为例,占统治地位的生产资料所有制是资本主义私有制,人与人之间最基本的经济关系是资本与雇佣劳动的关系。因此,马克思在谈到资本主义商品经济时说:"使它和其他生产方式相区别的,不在于生产商品,而在于,成为商品是它的产品的占统治地位的、决定的性质。这首先意味着,工人自己也只是表现为商品的出售者,因而表现为自由的雇佣工人。"③

以上我们着重讲了基本经济制度对于商品经济、市场经济的制约作用,目的是要说明两者主次关系不容颠倒。但是,如果仅仅强调这一个方面,而看不到市场经济在生产关系体系中的重要地位,忽视了它对于生产关系的具体环节、具体制度发生着重要的影响,那就会陷入另一种片面性。《资本论》全面地、系统地、深刻地揭示了资本主义基本经济制度是如何同市场经济相结合的,它所蕴藏的巨大的精神财富至今仍具有重要的

---

① 《邓小平文选》第 3 卷,人民出版社 1993 年版,第 138 页。
② 同上书,第 110 页。
③ 《资本论》第 3 卷,人民出版社 1974 年版,第 994—995 页。

现实意义。《资本论》的中心内容是剩余价值的生产、实现、增殖和分割。但是，整个的论证过程，自始至终都是同资本主义商品经济和市场经济结合在一起的。例如，《资本论》从分析资本总公式的矛盾及其解决提出货币转化为资本。这种转化以等价交换为前提，"它必须在流通领域中，又必须不在流通领域中"①。《资本论》从劳动力成为商品揭示剩余价值的源泉。资本家与雇佣工人之间的劳动力买卖完全是在市场上进行的，在这里通行的仍然是商品交换的原则，只是在步入生产过程的时候，"原来的货币所有者成了资本家，昂首先行；劳动力所有者成了他的工人，尾随于后"。② 即使对于生产过程，马克思也是把劳动力作为特种商品，指明剩余价值的实质是劳动力的使用价值创造出超过其自身价值的价值，而这部分价值又归资本家无偿占有。《资本论》对于资本循环同样是和市场经济的购、产、销结合在一起进行分析的。在 $G - W < {A \atop pm} \cdots P \cdots W' - G'$ 这个公式中，G 不是普通的货币，A、Pm 不是一般的生产要素，W' 也不是一般的商品，它们都是资本的各种形态。为了揭示剩余价值的分割，《资本论》首先分析了利润平均化趋势，价值转化为生产价格，在资本主义发达形态上价格不是围绕价值波动，而是围绕生产价格波动。市场经济的这些变化成为剩余价值在产业资本、商业资本、生息资本和土地所有者之间分割的经济条件。

　　《资本论》是马克思主义政治经济学的百科全书。其中对资本主义市场经济的剖析内容也极其丰富，对于我国建立社会主义市场经济体制具有多方面的指导作用。仅就基本经济制度与市场经济相结合这一点来说，《资本论》一方面揭示了资本主义市场经济的运行和发展归根结底是为剩余价值的增殖服务的，从而把资本主义市场经济的特点从市场经济一般中剥离出来，始终坚持了基本经济制度决定市场经济性质的基本观点。另一方面，又系统阐明了资本存在的具体形式，资本主义生产目的的实现方式，资本主义经济运行的机理等生产关系的具体环节、具体制度，都是同

---

① 《资本论》第 1 卷，人民出版社 1972 年版，第 189 页。

② 同上书，第 200 页。

商品经济、市场经济相结合，并且受商品经济、市场经济发展规律的制约的。这就从方法论上给了我们极为重要的启示。

建立社会主义市场经济体制是前无古人的事业，现在就企图拿出一套成熟的做法是不切实际的。我们应该沿着党中央指出的方向，大胆实践，要靠我们自己创造；同时应该认真学习西方国家搞市场经济的经验，不过，一定要从中国的实际出发加以消化，而不是全盘照搬。本文在前面提到的把社会主义基本制度与市场经济对立起来和割裂开来的种种说法之所以站不住脚，从理论上说，是因为它们违反了马克思所揭示的上述一系列基本原理；从实践上说，否定社会主义基本制度，着力于发展资本主义市场经济，必然导致经济、政治、社会各方面的严重后果，这在国际上已有先例，我们决不应重蹈覆辙。

二　生产资料所有制理论与产权改革

近几年在国有企业改革进程中，产权改革是一项重要内容。产权概念来自西方，本意是财产所有权、财产权或所有权的简称。从马克思主义经济学来看，产权是以一定的生产资料所有制为基础的，财产权、所有权都是所有制的法律用语，所以，产权应包括在生产资料所有制理论之中。

生产资料所有制是政治经济学的重要范畴。每个社会中的生产关系都形成一个有机的整体，即人们在生产、交换、分配、消费诸方面的经济关系体系。贯穿在生产关系诸方面的，是生产资料所有制。生产资料所有制是通过人对生产资料的占有关系而表现出来的人与人之间的经济关系，它不是孤立存在于生产关系之外，而是体现在生产、交换、分配、消费诸方面的人与人之间的关系之中。马克思曾有一段名言："给资产阶级的所有权下定义不外是把资产阶级生产的全部社会关系描述一番。要想把所有权作为一种独立的关系、一种特殊的范畴、一种抽象的和永恒的观念来下定义，这只能是形而上学或法学的幻想。"① 因此，人们通常把生产资料所有制称作生产关系的总和。

---

① 《马克思恩格斯全集》第4卷，人民出版社1972年版，第180页。

我国经济学界在 70 年代末 80 年代初曾围绕如何理解生产关系的内涵问题进行过学术讨论。这是由已故著名经济学家孙冶方同志提出来的。他把恩格斯对作为政治经济学对象的生产关系所下的定义同斯大林对生产关系所下的定义加以比较。发现斯大林把"生产资料所有制形式"当做生产关系的一个方面单独列出来，这是恩格斯定义所没有的，而恩格斯定义中的"交换"在斯大林定义中又没有了。孙冶方同志认为斯大林定义比起恩格斯来是一种后退。他说生产关系的全部内容也就是所有制形式或财产形式的全部经济内容。所以，他坚决反对把所有制当做生产关系的一个方面独立出来，认为这样做必然导致离开生产关系整体，即离开生产、交换、分配、消费诸环节的人与人之间的经济关系，去孤立地研究所有制问题，从而陷入马克思所说的"形而上学或法学的幻想"。孙冶方同志还进一步指出，斯大林的上述定义已经给社会主义实践带来了消极后果。[①] 当时也有一些经济学者不赞成孙冶方同志的上述观点，主要是认为斯大林把生产资料所有制形式作为生产关系的一个方面独立出来未必是错误，马克思自己就曾在许多著作中从所有制本身的独立内容来概括它的性质和特征。经过十几年改革的实践，今天回过头来看，对生产资料所有制范畴似乎可以从广义上和狭义上作两种理解。广义的所有制即生产关系的总和，它是同生产关系的范围相一致的，并构成一定社会经济形态的特征。狭义的所有制是指生产资料归谁所有，由谁支配，由谁受益的问题。在当代，它的法律形式也就是通常所说的所有权、占有权、处置权、受益权等。但是有一点笔者认为有必要着重加以澄清：把所有制独立出来进行考察，同把所有制孤立起来进行考察并不是一回事。无论是广义的所有制还是狭义的所有制，都不容许把生产资料所有制看做一个孤立存在的东西，即离开生产关系整体，离开生产、交换、分配、消费诸方面的人与人之间的关系，把所有制简单化为财产归属问题。孙冶方同志对斯大林的批评未必能够成立，但是他早在 1979 年就看到理论界已经出现把所有制孤立起来研究的现象，并已造成严重危害，则是很有远见的。孙冶方同志举例说，无论历史和当

---

① 《社会主义经济的若干理论问题（续集）》，人民出版社 1982 年版，第 57—58 页。下文所引孙冶方同志的观点均见此书。

代，世界上都有各种各样的假社会主义。从所有制形式上看，它们实行的
也是公有制。但是，如果从生产关系的各个方面进行全面考察，真假社会
主义的区别就会一清二楚。所以，只有当公有制能够体现社会主义生产关
系总和的时候，它才是真实的社会主义公有制。谁要是离开了生产关系，
孤立地从所有制形式上看问题，那末他就会把封建主义的或资产阶级的国
有制当做社会主义来推崇。孙冶方同志还举了"四人帮"的例子。在
"四人帮"控制的地区、部门和经济单位里，从形式上看，"公有制"并
没有改变，相反，他们还在叫嚷"穷过渡"，生产资料公有化程度越高越
好等。如果把所有制孤立起来看，似乎他们搞的这一套比谁都更加"社会
主义"。但是，我们从各个方面的人与人之间的关系来分析，就可以清楚
地看出"四人帮"搞的是假社会主义，真封建主义。此外，他还举了人民
公社化运动中，离开生产力和生产关系整体，单纯追求公有化程度不断升
级而带来的损失。他总结说，我国二十多年来，生产发展缓慢，并且曾两
度遭到很大破坏，还发生了阶级斗争扩大化，这同把所有制从整个生产关
系中孤立出来，不能说是没有关系的。

　　孙冶方同志的上述见解至今仍有现实意义。近几年在改革进程中，理
论界就出现了一种比较流行的观点，即离开生产关系整体孤立地讲所有
制，进而把所有制关系简单化为一个财产归谁所有的问题。有些论者公然
提出改革国有企业不应该也不必要考虑生产关系；有些论者认为国有经济
不是社会主义的标志，资本主义也有国有经济，英国工党执政期间国有经
济的比重还相当高；有些论者主张国民经济民营化，认为国有中小企业实
行国有民营是必由之路等。笔者觉得对国有企业、特别是国有大中型企业
的产权改革，如果把着眼点仅仅放在国家是否保有企业的财产权上，视野
是否太狭窄了。我们都知道，几年来国有资产大量流失，有人说每天流失
一个多亿，有的报刊公布，近七年国有资产已经流失了两千个亿。对此已
引起各方面的严重关注，国家正在采取各项坚决措施加以制止，这是完全
必要的。但是，笔者认为国有企业改革不能仅仅停留在这一步上，不能把
主要着眼点仅仅投射在财产关系上。国有大中型企业是全民所有制性质的
企业。全民所有制是一种生产关系而不仅仅是一种财产关系。只有通过改
革来巩固和完善企业的全民所有制性质，发挥出社会主义企业特有的优

势，才能增强国有企业在市场上的竞争力，达到搞好国有企业的目的。无论是保值增值，转换企业经营机制，加强科学管理，进行股份制改造，都不能忘记这个基本点。

社会主义国家的国有经济同资本主义国家的国有经济，在经营方式、运行机制等方面有某些相近之处。因此，我们可以借鉴他们的一些做法。但社会主义国家同资本主义国家的根本性质不同，因此，社会主义国家的国有经济同资本主义国家的国有经济根本性质也不同。这本来是马克思主义的基本原理，恩格斯早已讲得清清楚楚。为什么有些经济学者会产生模糊认识呢？从理论根源上说，很可能就是孙冶方同志指出的，离开了生产关系，孤立地从所有制形式上看问题。

笔者不赞成国民经济民营化这个提法，也不赞成国有民营是国有中小型企业改革的主要途径。原因主要有两点：第一，所谓"民营"和"国有民营"，主张者说法不一，相互矛盾，还不能称作一个科学的概念。例如，对于民营经济，有人说主要包括两种形式，一是"民有民营"，指个体经济、私营经济、合作、集体、外资等多种成分；一是"国有民营"，即由国家将其资产采用承包、租赁或股份形式交给民间的经营团体或个人经营。按照这种说法，民营经济几乎是国民经济的全部。因为"民有民营"已经覆盖了所有非国有经济，而国有经济中除承包、租赁和股份形式以外也所余无几了。按照这种说法，中国岂不是早就实现了国民经济民营化了吗？同时，他们当中也有人不赞成把"民营经济"说成是一种包括个体、私营、合作、集体、外资等多种成分的经济关系；还有人不赞成"国有民营"包括承包制和租赁制。可见，迄今为止对"民营经济"、"民有民营"、"国有民营"都还没有一个统一的说法。第二，笔者认为用马克思主义的生产资料所有制理论来衡量所谓"国民经济民营化"，其必然结果是使绝大部分国有企业改变为非国有企业，从而大大削弱国有经济在国民经济中的主导作用。为什么这样说呢？有人提出，国有民营是指在资产所有权不变，职工身份不变，财税上缴渠道不变的原则下，将国有资产经营权以有偿使用形式交给个人或个人组成的集团，按照私营企业管理模式经营。也有人主张，国有民营即企业资产国家所有，由自然人或私营企业经营。实行国有民营后，企业所有制性质不变，隶属关系不变，职工身份不变。这两种说法大同小异，但都是自相矛盾的。因为我们不应该把国有企业或生产资料全民所有制仅仅看做一个财产归国家所有的问题。既然这些论者都说要把国家财产交给私营企业经营，或按照私营管理模式经营，那么从企业生产关系的整体来看，对内对外的经济关系怎么可能是"企业所有制性质不变"，"职工身份不变"呢？笔者并不反对国有中小型企业实行租赁制，承包制，甚至出售给私人。但不赞成把这种交给私营企业经营的企业仍叫做国有企业，或者给它们戴上一顶含混不清的"国有民营"的帽子。至于国民经济民营化究竟意味着什么，这需要对它的设计者们的主张作一些具体分析。首先，他们认为应该把"官营"与"民营"分开。"民营"是一个与"官营"相对的概念。"民营"的实质在于"非政府"、"非官方"直接插手的自主经营。其次，他们认为从生产资料所有制关系的角度来看，"民营经济"的实质不仅在于"民"在生产经营过程中具有完全的自主决策权，而且在于它是一种在企业股份总额中私人股份达到51％以上，国家可以占有一定量股份但不直接干预企业生产经营活动的经济。所谓国家不直接干预企业生产经营活动，一个基本标志是，企业领导干部完全不是由政府直接或间接任命的。再次，国民经济民营化，并不否定一定范围的"国有官营"或"官办官营"。那就是关系国计民生和社会需求弹性较小具有"公共产品"性质的生产经营项目。因为能够充当不计个人损失而甘愿提供"公益产品"供给的，只有"国有官营"。除此之外，他们特别强调，在非公共产品的生产经营领域，"民营"不仅要占据主要地位，而且构成国民经济活动的主要基础。对于"国民经济民营化"的上述观点，笔者也提出三点意见来进行商榷。第一，他们所说的生产资料所有制角度显然不是指生产关系，而仅指财产关系。但即使从财产关系来看，他们又限定对民营经济国家最多只能参股而不能控股。所以，无论从生产关系看还是从财产关系看，这些民营企业都已经不再是国有企业。第二，不能把他们所主张的"非政府直接插手的自主经营"同我们党正在推行的政企职责分开混为一谈。我们所说的政企职责分开，国家作为所有者仍然保有选择企业管理者的权利，这是党的十四届三中全会决定明确规定了的。而他们却把国家不能任命企业领导者，当做企业自主经营的基本标志。第三，对无利可图的"公益产品"，即使在发达资本主义国家也是由政府经营的，它们在国民经济中所占的比重很小。国民经济民营化把除此以外的经济活动统统归入民营的范围，而他们所说的民营企业又已经不再是国有企业，那么没有国有企业的国有经济在国民经济中起主导作用岂不是一句空话吗？

在国有企业逐步推行现代企业制度的过程中，怎样才能做到坚持和完善企业的全民所有制性质？党的十四届四中全会决定指出，国有企业要充分发挥党组织的政治核心作用，坚持和完善厂长（经理）负责制，全心全意依靠工人阶级。这三句话本来是我们党在国有企业管理中一贯坚持的原则。十四届四中全会重申这些原则，其意义超出了企业管理的范围。笔者体会，这三句话中，关键是充分发挥党组织的政治核心作用。国有企业无论是政企分开、转换经营机制、明晰产权、股份制改造、加强科学管理、调动职工的积极性，都离不开党的领导。只有真正发挥了党组织的政治核心作用，企业上下内外的关系才能真正保持国有经济的本色，社会主义企业所特有的优越性才能发挥出来。

三　国有经济的整体性与"重建劳动者个人所有制"

我国宪法规定："中华人民共和国的社会主义经济制度的基础是生产资料的社会主义公有制，即全民所有制和劳动群众集体所有制。""国有经济，即社会主义全民所有制经济，是国民经济的主导力量。国家保障国有经济的巩固和发展。"《民法通则》规定："国家财产属于全民所有。国家财产神圣不可侵犯，禁止任何组织或者个人侵占、哄抢、私分、截留、破坏。"党的十四大和十四届三中全会都明确提出，社会主义基本经济制度，在所有制结构方面以公有制为主体，发挥国有企业的主导作用。国务院发布的《国有资产监督管理条例》又进一步具体规定："企业财产属于全民所有，即国家所有。""国务院代表国家统一行使对企业财产的所有权。""在国务院统一领导下，国有资产实行分级行政管理。"以上这些规定符合马克思列宁主义和毛泽东思想，符合建设有中国特色的社会主义理论，而且新中国成立以来我国社会主义建设的实践也证明它们是正确的。但是，近十几年理论界却先后出现了一些与上述精神不符的言论。例如，国有经济由于它固有的统一性已经成为生产力进一步发展的障碍；由于国有经济的整体性，使国有企业不可能成为真正的经济实体，应把全民所有制改为企业所有制；全民所有制名义上是人人皆有，实际上是人人皆无，必须把国有财产分散给个人等。从诸如此类的观点可以看出，他们批评的焦点集中在国有经济的整体性或统一性上。最近，看到一篇公开发表的文章，笔者认为很有代表性，值得做一些具体分析。[①] 文章一开始就提出"投资者产权"这个概念。认为它才是企业制度的产权基础。投资者产权可以分为两种形态："其一是个人所有制，即投资主体的资产或投资份额可以或最终可以明确划归到个人头上"，"其二是机构所有制，即由机构负责的资产只能归属到机构的自身，而无法最终明确地划归到个人的头上，如宗教组织、慈善机构、政府部门、事业单位以及国有企业等机构投资者"。文章认为个人投资者的集合可以保证以追求资产的保值增值为最大目的，在资产约束上也是最硬的。而机构所有制则不然，由于它的资产不能落实到任何个人的头上，这就意味着对机构资产的侵害不会侵害到任何个人的资产，反过来，人们却可以从对机构资产的侵害中谋取个人的利益，这就难以形成对机构资产的严格管理和监督。所以，现代企业制度必须以个人所有制为基础。国家所有制有两个基本特点：1. 以政府为产权主体；2. 国有资产不能划归到任何个人头上。因此，国家所有制既是国有企业活力不足等诸多问题的根源，也是企业改革一再陷入困境的根源，是成功推行现代企业制度的最大障碍。围绕这个结论，文章列举了国有经济的八项矛盾。其主要内容是力图说明，在国家成为投资主体或国家控股的情况下，不可能做到政企分开，不可能消除政府的直接干预，不可能制止滥用权力，也"构造不出现代企业制度有效运作所需的产权基础"。那么，出路何在呢？作者的主张是"必须彻底摒弃国家所有制这种以政府为主体的机构所有制"。"只有在全民所有制意义上重建个人所有制，推行国民基金计划，才能合理构造国有企业的投资者产权。"为此，文章参照西方发达国家的经验，提出了 12 项措施。主要内容是：在核实现有国有资产总量的基础上，向全体公民发放等额的国有资产股权证；国有资产的损益及其运

---

① 参见《经济研究》1995 年第 1 期，第 30—36 页。以下引文或引文大意均见此文。

营的资产收益直接分配记入个人持有的股权证名下；股权证可以继承、转让、馈赠和出售；股权证持有人享有国有资产股东的权利，实行一人一票制，定期通过股东代表大会选出国民基金会的董事和监事；国有企业员工按其持有的国有资产股权证所含的资产价值直接占有本企业资产中的相应份额。

这篇文章同我国的宪法和有关法律可以说是背道而驰。作为一种学术上的商榷，笔者想对几个基本理论问题提出自己的看法。

第一，怎样认识国有经济的整体性、统一性？

国有经济即全民所有制经济。关于全民所有制的本质，马克思主义创始人说过："社会主义的任务勿宁说仅仅在于把生产资料转交给生产者公共占有。"① 又说："联合起来的个人对全部生产力总和的占有，消灭着私有制。"② 马克思、恩格斯在许多著作中，用不完全相同的语言表达着同一个基本思想，即全部生产资料归社会全体成员共同所有。由此产生了全民所有制经济的整体性、统一性，就是说全民所有制具有集合性质，它作为一个统一体集中体现着全体社会成员的共同利益。因此，它既不能分解为一个个局部所有，更不能量化为个人所有。这是全民所有制最基本的特点和优点。但是，对"生产资料归全体社会成员共同所有"，有些人是很难理解的。马克思曾尖锐地指出："私有制使我们变得如此愚蠢而片面，以致一个对象，只有当它为我们拥有的时候，也就是我们直接占有，被我们吃、喝、穿、住等等的时候，总之，在它被我们使用的时候，才是我们的。"③ 有些人指责全民所有制是"人人皆有，人人皆无"，认为只有把国有资产分解到全体公民个人的头上，才能使人民真正从国有经济中得到好处，人民也才真正关心国有经济。笔者认为这些都是用私有制的狭隘眼界，站在利己主义的立场上来看待全民所有制。它不但离马克思主义很远，而且不符合基本史实。难道新中国成立四十多年国有经济的壮大和综合国力增强，没有给全国人民带来利益吗？难道没有各族人民举国一致地

---

① 《马克思恩格斯选集》第 4 卷，人民出版社 1972 年版，第 303 页。
② 《马克思恩格斯选集》第 1 卷，人民出版社 1975 年版，第 75 页。
③ 《马克思恩格斯全集》第 42 卷，人民出版社 1979 年版，第 124 页。

关心、支持和奉献，我国社会主义建设能够取得如此巨大的成就吗？当然，对全民所有制也应该像本文第一个问题谈到的，把基本经济制度同具体形式的区别和联系搞清楚。全民所有制的整体性、统一性是就这种生产关系的根本性质而言的，它同我们通常遇到的企业股份制改造，发挥各级地方政府的积极性，市场主体之间的平等竞争等，并不是一个层次的问题。

第二，怎样认识全民所有制经济内部国家与国有企业之间的关系？

本文所举的上述文章，把国家所有制说成是推动现代企业制度的最大障碍，主要论据之一是全民所有制内部不可能做到政企分开，文章说，在国家作为主要投资者的情况下，要推行规范的公司制度就不可能真正做到政企分开；要想使企业成为真正的独立法人，就不可能推行规范的公司制度。这就涉及怎样理解国家与国有企业之间的关系问题了。

国家与企业的关系，笔者认为可以从三个不同角度来分析。首先，国家与企业是全民所有制经济内部两个基本层次之间的关系，它们属于一个所有者。在这里，理顺产权关系是同一生产关系体系内部不同层次之间的职能划分问题。这与不同所有制经济单位之间的关系在性质上是有明显区别的。其次，从生产关系的深层本质来看，国家和企业都不是全民财产的最终所有者。众所周知，在国家消亡前，全民所有制必然要采取国家所有制的形式。它实质上是国家受全民的委托，作为全社会的代表，对全民财产行使所有权。企业不仅是全民所有制经济的细胞，而且是一部分劳动者进行联合劳动的载体。企业受国家的委托对本企业的国有资产负责保值增值，实质上也就是这部分劳动者受全民的委托（经过国家）对企业范围的局部财产进行直接的管理。从这个角度看，国家与企业是委托再委托的关系。再次，政企职责分开，所有权与经营权分开，是国家与企业深层本质关系在市场经济条件下的现象形态。党的十四届三中全会决定指出，现代企业制度有五个特征，其中包括企业中的国有资产所有权属于国家；企业拥有全部法人财产权，成为法人实体；国家享有资产收益、重大决策和选择管理者等所有者权益；政府不直接干预企业的生产经营活动。这些规定对于政企分开、两权分离，应该说是明确的和比较完备的。从以上三个角度综合起来看，国家与国有企业之间的关系，本质上是同一所有者内部不同层次之间委托、再委托的关系。只要国家与企业各自的责、权、利划分得明确、合理，企业就能够成为自主经营的法人实体和市场竞争主体，政企职责分开的问题也就解决了。上述文章所以把国有经济说成是建立现代企业制度的障碍，笔者想至少有两个原因。其一，我们所说的现代企业制度是以公有制为主体的、有中国特色的；他们所说的现代企业制度是以个人所有制为产权基础的，是以资本主义企业为圭臬的；两者并不是一回事。其二，他们把政企分开绝对化了，违反了辩证法。在他们看来，既然说政府不再干预企业的生产经营，那么除了遵纪守法，照章纳税，就什么经营活动也不该管；既然说企业是自主经营的法人实体，那么就应该一切自主，不再受任何约束。总之，他们想把国家与国有企业的关系变得同国家与私营企业的关系完全一样，否则就是政企不分，这既不可能也不合理。

第三，怎样理解马克思所说"重建劳动者个人所有制"？本文所举上述文章，曾把他们提出的向全体公民发放国有资产股权证说成是"在全民所有制的意义上重建个人所有制"。众所周知，"重建劳动者个人所有制"见《资本论》第1卷，第32章。近几年，有些论者力图用这段话证明，马克思提出的生产资料归全社会公有，本意就是实行股份制或把全民财产分归个人所有。许多同志不同意这样来引用马克思的话。最近，苏星同志指出，马克思这里讲的个人所有制是指消费品在社会主义制度下仍归个人所有。① 我赞同苏星同志的意见，同时考虑到这场争论已持续几年，迄今仍有人在歪曲马克思的原意，所以想再补充一点个人的体会。

"重建劳动者个人所有制"这段话原文如下："同资本主义生产方式相适应的资本主义占有，是这种仅仅作为独立的个体劳动的必然结果的私有制的第一个否定。但是，资本主义生产本身由于自然变化的必然性，造成了对自身的否定。这是否定的否定。这种否定不是重新建立劳动者的私有制，而是在资本主义时代的成就的基础上，在协作和共同占有包括土地在内的一切生产资料的基础上，重新建立劳动者的个人所有制。""当然，作为个人劳动的目的的分散的私有制转化为资本主义私有制，同事实上已经

---

① 苏星：《论社会主义市场经济》，中共中央党校出版社1994年版，第111—112页。

以集体生产方式为基础的资本主义私有制转化为公有制比较起来必然有更长的时间，更多的努力和痛苦。"①

对马克思的这段话究竟怎样理解，其实引文本身已经说得很清楚。无论如何，从这里面找不出共同占有的生产资料必须分散给劳动者个人所有的意思。笔者的这一理解还可以从马克思的其他著述中得到佐证。

马克思恩格斯在《德意志意识形态》中说："在无产阶级的占有制下，许多生产工具应当受每一个个人的支配，而财产则受所有的个人支配。"②马克思在《经济学手稿》中又说："资本主义所有制只是生产资料的这种公有制的对立的表现……只有通过他的所有制改造为非孤立的单个人的所有制，也就是改造为联合起来的社会个人的所有制，才可能被消灭。"③ 马克思在《资本论》中还曾把未来的公有制社会称作"自由人联合体"。④马克思的上述一系列论述，其要意可归纳为以下三点：其一，"重建劳动者个人所有制"，"联合起来的社会个人所有制"，都是同生产资料私有制相对立的。其二，"重建劳动者个人所有制"、"自由人联合体"、"联合起来的社会个人"讲的都是公有制。马克思所以用这样的语言来论述公有制，其用意在于强调无产阶级取得政权并实行了剥夺剥夺者的条件下，每一个劳动者都是全社会生产资料的共同所有者，突出了劳动者的主人地位。其三，值得特别注意的是，马克思在讲到劳动者个人是生产资料所有者时，一再强调是"非孤立的单个人的所有制。""联合起来的社会个人的所有制"，等等，因此，决不能把这些话曲解为马克思主张全社会公有的生产资料应分解为劳动者个人的财产。

本文围绕国有经济改革探讨了三个基本理论问题。笔者的中心思想就是要强调马克思主义政治经济学的重要性。不容否认，近些年经济学界出现了贬低、否定马克思主义政治经济学的情况，有人认为政治经济学已经过时，成了传统经济学、古典经济学，解决不了当前的问题。有人歪曲篡改马克思主义经济理论，力图把它庸俗化。这种情况不利于坚持四项基本

① 《资本论》第1卷，法文版中译本，中国社会科学出版社1983年版，第826—827页。
② 《马克思恩格斯选集》第1卷，人民出版社1972年版，第75页。
③ 《马克思恩格斯全集》第48卷，人民出版社1985年版，第21页。
④ 《资本论》第1卷，人民出版社1972年版，第95页。

原则，也不利于改革开放。基础理论研究乍看起来似乎离现实生活很远，实际上对现实生活影响很大。本文论及的几个基本理论问题不就是直接关系着社会主义市场经济的建立和发展吗？马克思创立政治经济学是一百多年前的事情。因此，决不能用教条主义的态度对待它，而是要结合国情和时代特征，实事求是，解放思想，在坚持马克思主义基本原理的基础上，不断总结实践经验，创新发展，开拓前进。

（原载《西方经济学与我国经济体制改革》（第二册），中国社会科学出版社 1996 年版）

建立现代企业制度要同我国国情相结合

推进以现代企业制度为目标的改革，要从中国国情出发，把现代企业制度的一般特征同社会主义企业特有的优势结合起来，进行新的创造，走出一条有中国特色的国有企业改革之路。国有企业按公司制改制，建立新的治理结构和制衡机制，不仅涉及法规、程序和组织技术问题，而且必然会引起企业内部人与人之间经济关系的重要变化。因此，我们必须注意从生产关系来观察问题。

近年来有一种比较流行的观点，认为在公司制企业中，由于所有者进入企业，实际上已经形成了所有者、经营者、劳动者三个不同的利益主体。所有者以资本收益最大化，减少风险为目标，掌握着企业的最终控制权；以总经理为首的高层管理人员，受雇于所有者，拥有经营管理权和代理权，他们追求的是充分表现自己的才能，实现自身价值最大化；而职工则是通过企业的发展使劳动岗位稳定，收入有保证并不断提高。在这种情况下，回避三方利益的差别，笼统地号召为党工作，为国家生产，把三者看做一个利益主体显然是不适当的。正是自身利益的不同，才使他们之间产生了真正的制衡，有了制衡，所有者、经营者、劳动者的积极性才能充分发挥。

笔者不赞成上述观点，主要理由有以下三方面。

（一）如何认识国有经济和国有企业内部的利益结构？

我国宪法规定，国有经济即全民所有制经济。从生产关系的深层本质来看，全民所有制即生产资料归全体劳动者共同所有。国家受全民的委托，代表全民行使最终所有权。国有企业不但是国有经济的基层组织，而且是一部分劳动者运用全民所有的生产资料进行联合劳动的载体。企业受国家的委托对全民财产负责保值、增值，实质上是一部分联合劳动者受全民的委托（经过国家），对企业范围内的局部财产进行直接的、实际的管理和运营。所谓联合劳动者当然不仅指直接从事生产的工人，还包括企业的各级领导者。所以，接受国家委托的是企业的劳动者整体。我们在日常经济活动中经常可以看到，国家是国有财产的所有者，国家通过各种形式选择企业负责人，企业负责人管理职工，组织生产。这些都只是事物的现象形态。现象是反映本质的，但并不等同于本质。所以，我们一定要透过现象，把握全民所有制内部经济关系的本质。

全民所有制生产关系的本质决定了国家、企业、劳动者个人三者之间的利益结构。这种利益结构的首要之点是，三者利益具有统一性。社会主义国家代表全体劳动者长远的、根本的利益。它提出的中长期的建设目标和作出的全局性的决策，企业、个人都应努力完成。国有经济不断壮大，企业会得到更多的发展机会和条件，劳动者会得到更多的实惠。当然，企业的经济效益的提高和劳动者的积极性的发挥，又是国有经济得以发展壮大的基础。在根本利益一致的前提下，三者之间也有各自相对的经济利益，因而也会产生这样那样的矛盾，需要加以协调。但这些矛盾同根本利益一致比较起来，都是从属的、次要的。

全民所有制经济从整体上看的利益结构决定着企业内部的利益结构。如果无视所有者、经营者、劳动者根本利益一致这个主要方面，相反，却一再强调不能把三者看做一个利益主体，甚至主张不能笼统地号召为党工作，为国家生产，这就离开了国有企业的正确轨道。应当看到，把所有者、经营者、劳动者根本利益一致作为利益结构的主导因素，对坚持国有企业的社会主义性质和发挥国有企业特有的优势极为重要。因为从一定意义上说，国有经济是一个利益共同体，国有企业也是一个利益共同体。笔者这样说一点也没有否认三者利益存在矛盾需要协调的意思。共同体里面还有矛盾，这很正常。但是，否定了根本利益一致这个主导因素，必然导致把原本属于次要的、从属的经济利益矛盾，上升为三个独立的利益主体。国有企业那种上下一心，团结奋斗，为国家、为社会多做贡献的内在动力也就大大削弱了。

（二）如何看待所有者、经营者、劳动者追求的利益目标？

在上述观点中，所有者、经营者、劳动者分别追求的利益目标，即所有者追求资本收益最大化，经营者追求自身价值实现的最大化，劳动者追求个人收入最大化，也是片面的，不符合我国的社会制度和实际情况。

先说所有者。社会主义国家代表全民对国有财产行使所有权，同资本主义私有制下的资本所有者在性质上是根本不同的。资本的唯一目的是追求剩余价值。资本家及其代理人作为人格化的资本，在企业里的作用也完全是为了这个目的。社会主义国有企业，除带有社会公益性的行业外，绝大部分也要通过市场竞争，提高经济效益，力求取得尽可能多的利润。但是，我们却不可把社会主义利润同资本主义利润混为一谈。早在 1963 年，我国著名经济学家孙冶方，在大声疾呼为社会主义利润指标恢复名誉的同时，就明确指出社会主义利润与资本主义利润的本质差别。首先，利润的阶级本质不同。资本主义利润表示资本家对工人的剥削；而社会主义利润则是生产企业职工为社会扩大再生产和社会公共需要而创造的财富。其次，生产的目的和手段不同。资本主义生产的目的就是为追逐利润本身，资本家生产商品只是为了追逐利润所不得不采取的手段；社会主义生产目的是创造物质财富本身，但是为达到这个目的，必须善于使用自己的手段：提高劳动生产率，降低产品的成本，增加利润。孙冶方同志的这些论述至今仍有参考价值。所谓"资本收益"，实质上是国家同国有企业之间对企业创造的剩余产品价值（利润）如何分配的问题。这是国有经济生产关系的重要内容。正因为如此，国家行使所有者的职能不能仅仅考虑国家从企业获得经济收入的最大化。所有者代表进入企业，除了有资产回报权，还有对企业主要领导者的选择权和企业重大问题的决策权。国家在考虑这些问题的时候，就不应把经济收入最大化当做唯一的依据。以市属国有企业搞得有声有色的广西柳州市、四川德阳市和辽宁朝阳市为例，政府通过多种形式帮助企业解决资金困难，酌减企业的上缴利润，甚至把企业已交给政府的利润部分地退还给企业，支持企业艰苦创业。所以无论是从理论上看，还是从实践上看，把国有企业所有者及其代表的利益目标仅仅规定为追求国家经济收入的最大化，是过于简单和片面了。

再说国有企业的经营者。在资本主义制度下，经营者，包括"经理阶层"都是资产阶级的代理人或者本身就是资产阶级。他们虽然也受雇于董事会，但他们同雇佣劳动者并不属于同一个阶级。社会主义全民所有制企业的经营者同国家的关系根本不是雇佣关系。在国家独资（包括若干国有企业共同投资）和国家控股的公司制企业里，尽管董事会可以聘任总经理，但总经理和董事会的关系并不是雇佣和被雇佣的关系。国有企业的经营者既受国家的委托，又受本企业劳动者集体的委托，他们仍是工人阶级的一分子，他们与本企业一般职工的区别在于分工不同，岗位不同，肩负着更为重大的责任。他的个人价值就体现在同工人、技术人员一道，通过艰苦奋斗为国家和人民创造更多的社会财富和剩余产品价值之中。离开这一点，而讲什么"个人价值的最大化"，这里所谓的个人价值无非是社会地位和经济收入，即个人名利。一个把追求个人名利最大化当做主要目标的企业领导者，是不可能团结广大职工，把国有企业搞好的。更有甚者，这种做法还会助长那些革命意志薄弱的人为追求更高收入而"跳槽"，为满足个人私欲而从企业中"捞一把"。

最后说劳动者。至于说劳动者追求的目标是个人收入的最大化，其片面性就更加明显了。在我国目前生产力水平下，劳动在很大程度上还是谋生的手段。劳动者关心自己的收入并希望逐步提高自己的收入水平，是合理的，很自然的。但是，这并不是唯一的目标，甚至不是主要的目标。国有企业的劳动者既是国家的主人，又是所在企业的主人。由此而激发出来的历史责任感和社会主义积极性，正是新中国成立以来生产力获得巨大发展的主要推动力。有人说，为社会主义事业无私奉献，这只适用于工人中极少数先进分子。这不符合实际。在我国工人阶级中，不但有王进喜、孟泰、李双良等一大批公而忘私，艰苦奋斗，做出重大贡献的英雄模范人物，而且还有千千万万个在平凡岗位上兢兢业业，努力工作，个人利益服从集体利益的工人、技术人员、科室人员。在 60 年代，战胜难以想象的困难，制造出我国第一颗原子弹，90 年代，克服多少艰难险阻提前建成京九铁路，靠的不是劳动者追求个人收入最大化的积极性，而恰恰是"为党工作，为国家生产"的积极性。目前许多国有企业比较困难，有些亏损企业发不出工资。全体职工与企业领导者紧密团结，甚至由职工集资充作启动资金而使企业起死回生者并不少见。几十年来事实俱在，怎么能说劳动者追求的目标就是个人收入最大化呢？

传播这种思想会助长劳动者的雇佣观点，不利于发挥职工的主动性和创造性。

（三）在国有企业改革中如何对待西方的管理经验和经济理论？

有人可能会说，三个"利益主体"、三个"最大化"，这种治理结构和制衡机制，是市场经济国家实行公司制的一般做法，属于国际惯例，何错之有？这就涉及如何对待外国经验的问题了。笔者认为在我国现阶段，借鉴西方搞市场经济和管理现代企业的经验是有重要意义的。社会主义市场经济同资本主义市场经济总有某些共同点，我国的现代企业制度同西方发达国家的企业制度也总有相通之处。学习他们长期积累起来的正反两方面的经验为我所用，很有必要。但是，借鉴不同于照搬。学习外国管理现代企业的经验也必须注意把现象和本质区分开来。20 世纪以来，特别是第二次世界大战后的几十年，在新科技革命迅猛发展，社会生产力增长很快的情况下，由于工人阶级的长期斗争，资产阶级从本阶级的利益出发，采取了一些缓和阶级矛盾，激励职工积极性的措施。除吸收工人参与某些管理外，还鼓励工人少量持股，允许职工分享一部分利润，在福利和社会保险方面也向工人阶级作出一定的让步。但这些措施，从根本上说，并没有改变资产阶级和工人阶级之间剥削与被剥削的对抗性矛盾。所以，对西方国家管理企业的各种具体做法，要从中国的实际出发加以分析和辨别，哪些值得学习，哪些不宜采用。如果我们把资本主义制度下所有者、经营者和劳动者相互关系的理论和做法照搬到我国国有企业的改革中来，显然是不可取的。

还需指出，上述流行观点，从思想渊源上说，笔者认为是受了资产阶级经济理论的消极影响，没有划清资产阶级利益观与无产阶级利益观的原则界限。资产阶级经济理论，从古典经济学到现代经济学，有一个一以贯之的基本观点，即人的本性是自私的。因此判断人的经济行为是否合乎理性也要以是否符合自私的本性和个人私利为标准。当代著名的资产阶级经济学家哈耶克就说过：每个人都不关心其他任何人的经济问题而只关心他自己的经济问题。社会只能让他按照他所知道的和关心的那些眼前的结果来指导自己的行动，而资本主义提供了这样一种刺激，因此是成功的，合理的。社会主义则正好相反。这种把自私自利，唯利是图，"人人为自己，上帝为大家"当做天经地义的利益观，是资产阶级的意识形态，因而也是整个资本主义社会占统治地位的意识形态。无产阶级也有自己的利益观。从马克思、恩格斯、列宁到毛泽东、邓小平都对此作过精辟的论述。邓小平曾经指出：在社会主义制度之下，个人利益要服从集体利益，局部利益要服从整体利益，暂时利益要服从长远利益。我们提倡和实行这些原则，决不是说可以不注意个人利益，不注意局部利益，不注意暂时利益，而是因为在社会主义制度之下，归根结底，个人利益和集体利益是统一的，局部利益和整体利益是统一的，暂时利益和长远利益是统一的。我们必须按照统筹兼顾的原则来调节各种利益的相互关系。如果相反，违反集体利益而追求个人利益，违反整体利益而追求局部利益，违反长远利益而追求暂时利益，那末，结果势必两头都受损失。

这一观点深刻阐明了无产阶级利益观的真谛，从中可以领悟到无产阶级利益观同资产阶级利益观的根本区别。我国实行改革开放和推进社会主义市场经济体制以来，资产阶级意识形态乘机渗入，一些人受其影响，分不清自私自利、唯利是图与劳动者合理的个人物质利益之间的原则区别，导致社会上个人主义、拜金主义、享乐主义滋长蔓延。针对这种情况，党的十四届六中全会《关于加强社会主义精神文明建设若干重要问题的决议》中明确提出："反对见利忘义，唯利是图，形成把国家和人民利益放在首位而又充分尊重公民个人合法利益的社会主义义利观。"由此可见，那种否定所有者、经营者、劳动者存在统一的共同利益，强调三者是各自独立的利益主体；而且认为只有这样才能建立起制衡机制，才能调动人们的积极性的观点，在本质上同邓小平同志的教导和社会主义义利观相去甚远。

当前，在建立现代企业制度的过程中，我们常常可以听到"规范化"这个说法。人们对"规范化"至少有两种不同的认识。一种是把当代发达资本主义国家公司制和股份制的一套做法当做"规范化"的标尺；另一种以我国现有的法律、条例、制度为依据，认为符合它们的要求就可以说达到"规范化"了。笔者比较赞同后一种认识，但觉得还不够确切。比较确切的说法似应是在本土化的基础上实现"规范化"。本土化在资本主义各国的发展史上并不少见。日本参照欧美的企业管理制度，使之本土化，形成自己的企业管理制度，是大家所熟知的。我国的本土化亦即中国化，是指把发达资本主义国家公司制、股份制中适应高度社会化生产和成熟市场经济的内容吸收到我国的企业制度中来。但由于社会制度不同，经济发展水平不同，历史文化传统不同，我们只能取其精华，进行大胆探索，创造出适合我国国情、具有我国特点的现代企业制度。当然，这里面有一个实践—认识—再实践—再认识的过程，我们立法也有一个不断完善和改进的过程。所以"规范化"也是动态的，而不是一成不变的。

对于国有企业改革，党中央已经明确规定了总的指导思想和总的方针政策。现在的任务是如何结合本地区、本部门、本企业的实际认真落实建立起所有者、经营者、劳动者既相互支持，又相互制约的管理体制，促进企业经营机制的转变。这是一个涵盖很广的问题，在此仅就其中的几个方面谈一点浅见。

其一，要把所有者代表进入企业真正落到实处。

改革开放以来，国有资产流失严重。有鉴于此，国家已制订了一系列法律、法规、条例、制度，中心内容是建立有效的国有资产监管体系。其中所有者代表进入企业可以使企业内部保证国有资产保值增值，杜绝漏洞，克服原有体制下许多部门都认为自己代表所有者，都插手企业，而又都不能真正负责的缺陷。目前突出的问题是许多所有者代表并没有起到应有的作用，甚至流于形式。重要原因之一，是所有者代表的派出机构仍然是"政出多门"。除国有资产管理局外，有些由各级地方政府派出，有些由主管局派出，有些由政府部门"翻牌公司"派出，等等。代表们要对派出单位负责，往往屈从于地方利益、部门利益，而把国有资产的全局利益放在次要地位。改变这种状况当然需要综合治理。但笔者认为当务之急是把派出所有者代表的权力集中于专门管理国有资产的部门。上海等城市设立国有资产监管委员会以加强国有资产监管的集中性和权威性的经验，值得各地借鉴。同时，还要加速设立企业外的监事会。它既不同于企业内的监事会，又不同于董事会中的"外部董事"，可以同所有者代表进入企业相辅相成。目前试行这种做法的只有几十家企业，需要扩大试点，总结经验。

其二，要把加速建设社会主义企业家队伍真正落到实处。

近些年来国有企业存在的问题，不仅在于国有资产大量流失，而且还包括管理人才和技术骨干大量流失。现有的经营者队伍总的说还不能较好适应社会主义市场经济的要求。针对这一情况，有些人主张经营者职业化，形成中国的"经理阶层"；有些人主张用高额年薪留住管理人才。笔者认为这些办法并不符合中国的国情，从长期看，不但无效还可能适得其反。党中央号召要大力培养德才兼备的国有企业经营者，建设一支高素质的社会主义企业家队伍。为此，除了集中培训，提高业务水平和市场知识外，更重要的还是政治思想教育与物质鼓励相结合，把着力点放在培养国有企业经营者的政治素质上，提高他们的光荣感、使命感。社会主义企业家所必须具备的品质和情操，决不是形成"经理阶层"那样的机制可以培育出来的。当前，国有企业负责人的平均收入水平偏低，需要作较大幅度的调整，这是事实。但如果把人们的注意力完全吸引到收入高低上，高则留，低则去，我们将比不过外资企业，甚至比不过私营企业。至于谈到对经营者实行年薪制，笔者认为首先应该把它纳入按劳分配的范围。这样就不会出现某些省市、某些企业经营者的年薪高出工人平均工资几十倍的情况。现在不是有不少同志主张对职工实行劳动分红吗？既然如此，为什么不能以劳动贡献大大高于一般职工为依据，大幅度提高经营者的报酬呢？

其三，要把全心全意依靠工人阶级办好企业真正落到实处。

国有企业的劳动者既是国家的主人又是所在企业的主人，这是社会主义企业与资本主义企业的本质区别之一。从先进企业的经验来看，要真正做到依靠工人阶级办好企业有两个环节是至关重要的：一是充分发挥职工代表大会的作用，二是把当家做主落实到每个职工身上。我们党一贯重视国有企业的职工代表大会制度。但在近几年推行公司制改制中，有人却把职代会同股东大会、董事会对立起来，认为在新的治理结构中职代会已无容身之地。这当然是不对的。先进企业的经验证明，职代会对于保证企业的社会主义性质，调动广大职工的积极性，实行职工对企业各级领导的监督，都有不可替代的作用。这些企业在实践中已经较好地解决了职代会与股东大会如何协调，如何参加董事会、监事会，如何参与企业领导班子的重要决策等许多难点，而且已形成一些规章制度。现在的突出问题是，对职代会的法律支持还不够有力。有不少企业并不重视职代会，甚至把它撇在一边，形同虚设。看来，在发挥职代会的作用上，变人治为法治，结合近几年出现的新情况、新问题抓紧修订职代会条例，是很有必要的。当然，全心全意依靠工人阶级办好企业，不仅仅是通过职代会这一个途径。企业应制订系统的规章制度，保障每个职工，对班组、车间、分厂以至整个企业直接行使民主权利。更为重要的是，要把职工当家做主落实到每个人。一方面把各项重要指标逐级分解一直具体化到每个职工，使他们每个人都清楚在企业整体中自己应起的作用；另一方面，把职工的工资、奖惩、升职同本岗位必须完成的指标直接挂钩。用邯钢的话来说，叫做"市场价格确定成本，指标分解落实到人，按劳分配只看效益，当家理财都是主人。"许多先进企业尽管具体做法不同，都有类似的经验。这就是把责权利捆在一起，落实到各级领导直至职工个人，使每个劳动者都立足于本岗位，来发挥主动性、创造性，来行使各项民主权利，成为企业这个有机体的充满活力的细胞。只有这样，职工当家做主才是自觉的、有效的、牢固可靠的。

（原载《高校理论战线》1997 年第 7 期）

从《反垄断法》制定到实施的过程
看两种改革观的争论

　　《反垄断法》是建立和完善社会主义市场经济体制中一部很重要的法律。此法酝酿起草十三年之久，于 2006 年 6 月 24 日将草案提交第十届全国人大常委会审议。经过常委会三次审议修订，于 2007 年 8 月 30 日通过，并依法于 2008 年 8 月 1 日起实施。在这整个过程中始终存在着争议，有时还成为舆论关注的重点。下面笔者想对围绕《反垄断法》的争论谈一点看法。

　　反对意见主要针对两条。一条是第一章"总则"中的第七条："国有经济占控制地位的关系国民经济命脉和国家安全的行业以及依法实行专营专卖的行业，国家对其经营者的合法经营活动予以保护，并对经营者的经营行为及其商品和服务的价格依法实施监管和调控，维护消费者利益，促进技术进步。""前款规定行业的经营者应当依法经营，诚实守信，严格自律，接受社会公众的监督，不得利用其控制地位或者专营专卖地位损害消费者利益。"另一条是第五章"滥用行政权力排除、限制竞争"中的第三十二条："行政机关和法律、法规授权的具有管理公共事务职能的组织不得滥用行政权力，限定或者变相限定单位或者个人经营、购买、使用其指定的经营者提供的商品。"

　　先说第七条，这一条完全符合宪法规定的"国家保障国有经济的巩固和发展"。而且我们党自十四大到十七大的决议中，一贯强调国有经济必须控制国民经济命脉并在关键领域占支配地位。改革开放以来社会主义建设的实践经验，充分证明了党的一系列决定是完全正确的。尤其是关系国家安全和国民经济命脉行业中的大型国有企业，近几年经营管理水平逐步提高，利润和上缴税金大幅度增加，国际竞争力日益加强，更证明了《反垄断法》第七条是符合党的政策，符合我国国情，很有现实意义的。但是在我国学术界、经济界、政界却有一些热衷于宣传新自由主义的人把第七条当做集中攻击的目标。笔者把他们的有代表性的言论归纳为以下三个方面。

一是，根本反对国家通过国有经济控制国民经济命脉。

有人说，当今中国的垄断行业全部是国有经济在计划经济时代留下来的特大型国有企业所构成的。现在在"所有权与经营权分离"、"国家掌控国民经济命脉"思想指导下，由这些企业自主经营。这种行业性垄断经营，实际上是与市场原则相违背的，仍然是计划经济手法的实现。①

有人认为，当前具有强烈行政垄断色彩的行业完全由国有企业和国有经济占据。如电力、通讯、公用事业、交通、教育、金融、烟草、卫生等。这些行业都是国有企业的垄断天下。由于这种垄断使公众不得不承受质次价高的商品与服务，致使民怨越来越强烈。打破这种垄断局面已经成为除行业内的既得利益者以外的广大公众共同一致的"心声"。追根究源，这些行业的起源都有一个动人的理论基础，"以公有制经济占主体地位"，"国家掌握国民经济命脉"，这就为国有企业的行政垄断地位奠定了基础。打破这种垄断被某些人认为是破坏公有制，走私有化之路。②

有人反对国务院国资委于2006年底出台的《关于推进国有资本调整和国有企业重组的指导意见》中把七个行业定位为关系国家安全和国民经济命脉的重要行业和关键领域，国企必须保持绝对控制力。他认为这体现了利益集团的意志，破坏了市场经济公平竞争的原则，也与WTO规则相悖，是跑马圈地，借助政府力量瓜分势力范围。③ 有一个持相同观点的人还提出了具体建议，要求对上述领域的国有企业进行甄别，确定承担公共服务和极少数具有自然垄断性质的企业，可以在反垄断法中给以相应的豁免。除此以外，应该对它们彻底民营化。④

①　"经济学家网" 2006年6月7日。
②　"经济学家网" 2006年10月3日。
③　《中国经济时报》2007年4月5日。
④　《南方周末》2007年9月6日。

　　二是，反对国有资本向关键领域集中，反对做强做大国有企业。

　　《经济观察报》有一篇社论，写道："国资委最新统计数字显示，2006年前七个月国有重点企业实现利润4967.8亿元，同比增长15.2%，排名第一的荣获了'亚洲最赚钱的公司'殊荣的中石油，半年狂赚806亿元。与一些人士为此而高声叫好相反，我们认为，这些企业的利润高升不见得是好事，其实质是通过垄断性的定价权来获取消费者的转移支付，这些企业的利润不断增长，其实质是在与民争利，压缩国内民营企业的财富创造机会和创业空间。""中国加入WTO，中国市场化改革的大方向，就是不断降低国家占有社会资源的比重，国有企业的现状越好，盈利越高，越应该进行改革。国家应该彻底退出那些竞争性行业，那些通过垄断而'充满活力'的行业，降低垄断带来的扭曲，这样的结果是，国有企业的市场份额缩小了，国有经济的比重降低了，但是中国的经济总量将更高，中国人均财富将创造更多。[①]"

　　有一篇文章，题目就叫《垄断巨人正在越长越大》。文章说：在公众的声声责难里，垄断巨人正在越长越大。近20万亿元的国有资产，正向垄断行业集中。联想起几天前出炉的"2005年度中国纳税百强榜"上，垄断型国企集团独领风骚，人们可以明显感到垄断巨人的实力正在迅速增长。这当然不是个好消息。且不说没有垄断这些行业能不能获取高额利润，仅就目前的高利润来看，它的存在本身就是对公众的一种剥夺。[②]

　　我国还有一个《反垄断网》。它的主编在一次接受记者的专访中，讨论的主题就是国企大规模重组，"再国有化"与中国改革的倒退。这位主编说：本轮国有企业大规模重组，表面上是为了应对WTO全面履约后抵御外国大企业入侵的不得已的手段。但实际上则是政治权利在经济领域的空前扩张。"再国有化"的过程实际上是对民营企业的生存空间进行挤压，并使其成为国有经济的附属的过程。从中央政府的正面角度看，本轮国有企业大规模重组，特别是国务院提出的"100家"目标更是中央直接控制经济的目标彰显。另一方面，我们可以清楚地看到，特大型国有企业的形

---

　　① 《经济观察报》2006年9月4日。

　　② 《中国经济时报》2006年9月7日。

成与众多国有企业的简单组合和名义合并是同步进行的，这实际上还是政治权力扩大的表现。①

三是，利用关键领域中某些国有企业的高工资问题，夸大事实，力图误导群众。

近几年，社会上贫富差距越来越明显，引起了广大群众的不满。在国有经济控制的关键领域中有些行业的工资明显高于平均工资水平，群众有意见也是正常的。几年来财政部、劳动和社会保障部、国资委等部门陆续采取措施解决这方面的问题。如对平均工资水平封顶，规定这些企业除照章纳税外还向国家上缴一部分利润，对这些企业高管人员的报酬统一规范，甚至对某些行业实行全行业降薪等。这类问题本来属于工作上的缺点，是可以逐步解决的。但是一些人却想借这个问题煽动群众对国有经济不满，一时闹得沸沸扬扬。

有一篇文章题目叫《全国人民还要供养垄断行业多久》。文中说：我国垄断行业——电力、电信、金融、保险、水电气供应、烟草等，均属行政性垄断。工资"笑傲江湖"与成效、贡献无关，只与行政力量相连。行政力量生于公共权力，这种权力的运用支撑垄断行业水平畸高、增长畸快的工资本质上是全国人民"吐血"供养垄断行业。现在的问题是：这样的历史会否延续？全国人民还要供养垄断行业多久？②

还有一篇文章，题目就叫《伤其十指，不如断其一指》，文章写道：近年来我们对于垄断业成本的挞伐简直形成了"天下围攻"之势，但似乎天上雷声轰隆地上寸土未湿，老百姓盼星星盼月亮，等到了最后等成了透心凉。还是老百姓说得好："伤其十指，不如断其一指"，与其昨天价格监管，今天成本监审，后天行业降薪，不如来一招"狠"的。该如何断其一指，窃以为有两个路径，一是逐渐允许非公经济进入垄断行业；二是对于政策不当回事的垄断业高管该动手术就动手术。③

再有一篇文章题目是：《国企垄断利润是分配不公的一大原因》。文中

① "经济学家网" 2007 年 7 月 16 日。
② 《中国经济时报》2006 年 5 月 19 日。
③ 《中国经济时报》2006 年 11 月 14 日。

写道"具有垄断地位的大型国有企业，近几年来利润量获得了巨大增长，年利润达1万亿之巨，但国家分红这些利润才确定了一个微不足道的数字，170亿元。那么这些利润中的另外一大部分都到哪里去了呢？显然都到了'体制内'既得利益群体中去了。要知道，这些利润的获得，是在这些企业拥有行政垄断特权的条件下获得的。因此这种利润越大，对社会的损害也就越大（相反，如果不是垄断性质的，那么他们的利润越大，对社会的贡献也就越大）。它等于是将社会财富转移到它内部所积累起来的结果，因此，它之坐大，显然会导致分配不公与社会的贫富分化。"①

下面再谈谈对《反垄断法》第三十二条关于行政垄断的反对声音。

行政垄断在法学理论中本来就是一个十分复杂的问题。我国学术界对什么叫行政垄断的界定就有若干种不同的说法。因此参与《反垄断法》起草的有些学者，认为第三十二条及相关条款对行政垄断作原则的规定是符合我国当前的国情的，是一个好的开始。有些人其实并不真正懂得什么是行政垄断，他们只是抱着削弱政府应有的职能，反对国有经济控制国民经济命脉的目的反对所谓的行政垄断。

有人说：相对于行业性垄断，可能行政性垄断危害更大，行政性垄断作为计划经济体制的产物在向社会主义市场经济体制转变的过程中，有待尽快消除。行政性垄断既可挤压民营企业的生存与发展空间，更是为权钱交易与获取非法利益创造了条件。更重要的是大量行政性垄断的存在，严重阻碍了社会主义市场经济体制的完善过程，在存在行政性垄断的情况下市场经济体制的完善只能是空中楼阁，在我国，行业性垄断与行政性垄断相互交叉难以截然分开。这与计划经济体制下存在的大量行政性公司有关。在这种情况下，公众有充分的理由对于《反垄断法》有更多的期待。②

有人说：中国的国情的特殊性——大型国有企业占据了垄断地位。只要这些企业客观上占据了市场垄断地位，并滥用了其垄断权力，就存在垄断问题。国有垄断企业与行政主管部门之间形成了密切的联系，即使两者

---

① "经济学家网" 2007年12月14日。
② 《社会科学报》2006年7月27日。

之间的父子关系终结，主管部门仍然可能是一股维持国有企业现有垄断地位的力量。①

2007年9月《南方周末》举办了一场专门讨论《反垄断法》的座谈会。会上有支持的意见也有批评的意见。一位司法界的先生谈到具体实施《反垄断法》会遇到三条障碍。第一条就是政府行为。他说：我们改革的任务包括经济改革、政治改革，恐怕都是要控制政府不正当行为。不仅是垄断行为，垄断行为是政府行为的一种表现形式，但远不是全部。我们怎么能制止政府以各种形式干预企业行为、法律和法律在打架，在这种情况下对政府行为的规制是一个难点。第二条是行业协会。行业协会的地位肯定会加强。但是行业协会总是站在现有成员企业的角度考虑问题，千方百计地为它们提供各种各样的好处。第三条是在位利益集团，这些本来就是反垄断法规制的对象。从企业层面来讲，这些巨无霸式行业骨干企业，他们滥用经营优势、垄断优势的行为时时处处都会表现出来。但他们又有很大的游说权，特别在行政执法当中他们可能和执法者是天然的利益同盟。在这种情况下肯定会给反垄断执法造成难度。②

以上列举的有代表性的反对意见大体上集中在《反垄断法》从审议到通过这段时间。当然他们这些说法必定会受到政府有关部门的工作人员，有良知的学者，尤其是广大人民群众的反对和驳斥。

全国人大常委会法工委一位负责人在2007年8月30日的新闻发布会上说："一个国家的反垄断法律制度，不仅考虑一个方面，还要和产业政策相匹配，和一个国家的经济发展水平也要相匹配。现在我国的反垄断法律制度同世界各国通行的反垄断制度是一致的。至于说一些涉及我国实际情况的问题，我们还要从中国的实际情况出发，要从我国的基本经济制度出发以及社会主义市场经济的要求出发。""对于滥用行政权力排除限制竞争，这次反垄断法中有专章的规定。……滥用行政权力排除限制竞争的问题非常复杂，从我们了解的情况看，各国的反垄断法多数只是对经营者的经济垄断行为做规定。""反垄断法本身并不反对企业做大做强，只是禁止

---

① 《中国工商时报》2006年10月13日。
② 《南方周末》2007年9月6日。

优势企业滥用市场支配地位。"

国务院法制办的一位负责人针对企业界一些人对《反垄断法》第七条的误读，申明说："反垄断法不是要破除垄断企业，限制做大做强。事实上，反垄断法不是单纯反对垄断状态，而是反对垄断行为。"①

针对《反垄断法》第七条在社会上受到广泛关注和热烈争议，《人民日报》记者专门就这一条访问了法学家和经济学家。有的学者说：第七条规定界定了国有经济控制的重要行业的特征，重要行业是指关系国民经济命脉和国家安全的行业，如金融、石油、重工业制造等。国有经济对一些行业的控制，不是一个简单的市场竞争问题，而是一个有关国家经济安全进而有关国家政治安全和社会安全的根本问题。一些人将国有经济与市场经济对立起来，将国有经济的退出作为市场经济发展的一个指标，因而质疑国有经济在一些重要行业中的控制地位。将控制地位本身视为垄断是不符合反垄断法法理的。反垄断法从来不以一个企业是否具有市场支配地位作为是否垄断的判断标准，而是以一个企业是否滥用市场支配地位作为垄断的情况之一。②

还有学者指出：反垄断叫惯了，一直存在误解。我们好像一大就要反，一富就要反，其实不是。我们要大允许大，但不能以大欺小；富允许富，但不能为富不仁。反垄断法出台。对国有企业说应该是提供了一个更好的竞争环境和竞争条件。应该起到很大的促进作用。在国企现有的基础上如何培育全球竞争力是当务之急，反垄断法对国企没有障碍，甚至鼓励他们做强做大。③

当然，更应该引起我们关注的是人民群众对所谓反垄断所做的评论。

有一篇网文说：近几年来，一些人祭起了"反垄断"大旗。我们十分遗憾地看到，这些"反垄断"的声音有一个统一的基调，这些"反垄断"的力量有一个统一的指向，那就是所有的矛头指向了目前仍属于中国的公有制性质的行业和企业，而对于中国市场上明显存在的完全垄断某一领域

---

① 《经济观察报》2007年9月17日。
② 《人民日报》2007年11月28日。
③ "人民网"中国人大新闻2007年11月26日。

的外资和私有资本，则从未在"反垄断"者目标中出现。目前中国的石油、电力、电信等行业已经处于"反垄断"的风口浪尖，人们对于这些公有制企业的口诛笔伐已经到了前所未有的轰轰烈烈，那么这些企业是否处于真正的垄断呢？从市场占有率来看，这些企业达到了"垄断"的条件，但从垄断的实质来看，这些企业却没有或很少有垄断的特征。事实上，目前收入领域的问题根本不是所谓"垄断"部门职工收入较高，而是真正的垄断企业职工收入过低，是真正的垄断企业的资本所有者收入奇高！如果我们的石油、电力、电信等公有制企业真的如外资、私有资本及其代言人所愿，答案其实本已摆在我们面前，那就是又会出现几千万下岗职工，我们必定会失去对国家战略、经济命脉和人民生活的掌控，国家在国际上的地位必然一落千丈，社会的稳定和国家的安全必然会受到极大的威胁。①

　　另一篇网文说：中国的某些行业如石油和电力，具有垄断特征，但又与一般意义的垄断有所不同。表现在这些行业没有定价权。从目前看这些行业产品的定价由政府控制。那么政府是依据什么来为垄断产品定价呢？显然不是利润，倘若真是为了利润，只消把定价权交给垄断企业，由它们自行按市场供需决定并控制产量，就可以获得垄断利润。事实上政府的考虑远远超出了利润。它必须考虑社会的承受能力，必须考虑行业的长远发展等。笔者认为，反垄断首先要弄清为什么反，反些什么，怎么反。②

　　网络上反驳把关键领域国有企业工资较高说成是贫富分化主要原因的文章很多，在这里仅举其中的一篇。此文说：电力公司抄表的人年工资达到 10 万元以上，烟草公司普通工作人员工资在 15 万元以上。这就是某些人反垄断时举出来的事实理由。对此很不负责任的做法，笔者首先要指出，所谓电力公司抄表人的年工资达到 10 万元以上，已经被人斥为胡说，显示的只是自己的虚弱。如果仅仅就工资收入这一块来说，显然烟草公司和银行等行业的工资高于普通水平。但以此作为分配恶化的理由并主张反垄断，却着实令人哭笑不得。之所以抨击垄断部门工资高，显然是因为垄断利润，那么依此把垄断部门私有化算了。结果是，原来在垄断部门的人

---

① "人民网"强国论坛 2006 年 7 月 21—22 日。
② "人民网"强国论坛 2006 年 10 月 14 日。

的工资一概下降，利润全部归私人老板的腰包，收入分配更加恶化。众所周知，收入分配目前已经很大程度上是按要素进行的，工资不过是其中之一，还有土地和资本以及企业家才能。经济学家们为何矢口不谈？依笔者看来，垄断部门工资过高虽然是一个需要解决的问题，但最重要的却是劳动力之外的其他要素所得太高。结论是，经济学家们有意为资本等非劳动要素打掩护，不肯真正去解决收入分配。①

有一位网友对围绕《反垄断法》的争论的实质作了如下的概括：在今日中国各种关于反垄断的言论中，其中有一些人目的是很明确的，那就是借反垄断之口，彻底摧毁中国的所有制结构，完全改变中国的所有制。从这个意义上来说，这是一场异常严肃的社会斗争，或许也是最后一场关键的斗争了。②

《反垄断法》于2008年8月1日生效。国务院有关负责人表示："反垄断法基本制度清楚，程序健全，执法机构明确，进入实际操作没有问题。完全有理由对这部法律实施充满信心。"他还说："涉及反垄断法实施需要由国务院制定配套规则的事项，一是国务院设立反垄断委员会并规定反垄断委员会的工作规则。二是，制订经营者集中的申报标准。"③ 事实上，国务院已成立反垄断委员会，并且公布了《关于经营者集中申报标准的规定》。此外，发改委、商务部、国家工商总局三个执法机构，早在半年前就开始了准备工作，有关法规也正在起草。但是，我们看到在《反垄断法》开始实施后，争议仍然不断。有一篇文章，题目就叫《不能"只反贪官，不反皇帝"》。文中把控制国民经济命脉的大型国有企业比作"皇帝"，把具有垄断地位的私企和外企比作"贪官"，用意十分明显。④ 还有一张半官方报纸，在《反垄断法》生效前夕，连续发了两篇文章。一篇的题目叫《警惕垄断扑倒革命》。文中说，中国30年改革开放的过程，实质上是打破国营、国有垄断天下的过程。然而30年后的今天我们却发现一股逆市场化的潮流正在涌动，尤其在一些资源性行业正在演绎出一些"国

① "人民网"强国论坛2006年8月31日。
② "人民网"强国论坛2006年7月21日。
③ "法制网"2008年8月4日。
④ 《南方周末》2008年7月31日。

进民退"的新垄断故事。① 另一篇文章题目为《为何不见垄断国企应对反垄断法》。文中说：《反垄断法》实施在即，本应处于紧张应对状态的国内垄断企业，目前看来全无紧张之气氛，至少在媒体上没有看到哪一家垄断国企作出了任何应对措施。反垄断法注定不会撼动国企的垄断地位，因而不予理睬，这将是中国法制建设的尴尬。② 此外，还有一些更为露骨地贬低反垄断法的言论。比如说，7月31日有一篇网文，说反垄断法第七条对行政垄断行业开了绿灯，因此不要对这部法律的实施抱有过多的期待，"它不过是江湖郎中出售的又一剂华而不实的野药罢了"。8月1日又有一篇评论文章，认为反垄断法根本管制不了大型国企，犹如"无牙、无爪的老虎"。把经过全国人大常委会三次审议通过，由中华人民共和国主席令发布的《反垄断法》说成是江湖郎中的野药，无牙无爪的老虎，已经离开了一个中国公民应有的政治立场。

围绕《反垄断法》的对立意见反映出的是两种改革观的争论。

我国有两种改革观最早是由邓小平同志提出来的。他说："我们干四个现代化，人们都说好，但有些人脑子里的四化同我们脑子里的四化不同。我们脑子里的四化是社会主义的四化。他们只讲四化，不讲社会主义。这就忘记了事物的本质，也就离开了中国的发展道路。这样，关系就大了。在这个问题上我们不能让步。这个斗争将贯穿在实现四化的整个过程中，不仅本世纪内要进行，下个世纪还要继续进行。"③ 随着改革的深入和斗争的继续，江泽民同志提出有两种改革观。他说："要划清两种改革开放观，即坚持四项基本原则的改革开放，同资产阶级自由化主张的实质上是资本主义化的'改革开放'的根本界限。"④ 实践证明，两种改革观的对立，在经济、政治、文化、社会各领域的改革中都有表现。《反垄断法》就是两种改革观的一个碰撞点。

对国有经济问题，笔者认为有三个方面必须分辨清楚。一是，决不能把我国的国有经济与发达资本主义国家的国有经济混为一谈，这是一个大

① 《中国经济时报》2008年7月30日。
② 《中国经济时报》2008年7月31日。
③ 《邓小平文选》第3卷，人民出版社1993年版，第204页。
④ 《江泽民文选》第1卷，人民出版社2006年版，第163页。

是大非问题。恩格斯说过："现代国家，不管它的形式如何，本质上都是资本主义的机器，资本家的国家，理想的总资本家。"① 而我国宪法第一条就明确规定："中华人民共和国是工人阶级领导的，以工农联盟为基础的，人民民主专政的社会主义国家。"既然国家的性质根本不同，那么属于不同性质国家的国有经济也必然存在原则的区别。再进一步说，不同性质国家的国有经济不但性质不同，它们的历史地位和作用也有很大不同。我国宪法第六条规定："中华人民共和国的社会主义经济制度的基础是生产资料的社会主义公有制，即全民所有制和劳动群众集体所有制。"第七条规定："国有经济即社会主义全民所有制经济，是国民经济中的主导力量。国家保障国有经济的巩固与发展。"正是依据宪法，我们党自十四大以来的历次代表大会反复强调国有经济的重要性，认为国有企业的改革与发展不但是关系国民经济全局的重大经济问题，而且是巩固社会主义制度的重大政治问题。显然资本主义国家的国有经济不可能具有这样的地位和作用。我国的国有经济同资本主义国家的国有经济区别是如此明显，但有些人却极力淡化这种区别，甚至把两者混为一谈。例如，以资本主义国家的国有经济的比重一般在5%—15%之间为依据，提出我国的国有经济目前比重太高，还应该继续降低；以资本主义国家的国有企业大多存在于公共产品和服务领域为由，提出我国的国有企业应全面退出竞争性领域等。诸如此类的说法流传很广，是必须澄清的。当然资本主义国家的国有企业在经营管理等方面有好的经验我们应该借鉴，但借鉴不等于照搬，要高度警惕有些人以借鉴为名用资本主义生产关系改造我们的国有企业。

　　二是要认清我国的国有经济为什么必须控制国民经济命脉。邓小平同志曾多次强调，一个以公有制为主体，一个共同富裕，是社会主义的根本原则。1997年党的十五大第一次提出以公有制经济为主体，多种所有制经济共同发展是社会主义初级阶段的基本经济制度。并且明确规定，"公有制的主体地位主要体现在：公有资产在社会总资产中占优势；国有经济控制国民经济命脉，对经济发展起主导作用"。1999年第九届全国人大通过的宪法修正案又把基本经济制度列入宪法。所以，国有经济控制国民经济

---

① 《马克思恩格斯选集》第3卷，人民出版社1995年版，第753页。

命脉根本不是什么垄断问题，而是以公有制为主体的不可缺少的内容。有些人借口反对行业垄断，所要达到的真正目的也在于反对公有制的主体地位。

有人说：以非公有经济为主体，已经是我国经济生活中的客观事实。承认我国改革开放中出现的这一可喜变化，放弃"以国有经济为主"的过时口号，是顺理成章的。① 有一篇文章，题目就叫《不宜再提以某种经济成分为主体》。文中说："公有制为主，多种经济成分并存，是人民对我国目前所有制体制的一个较为经典的概括……这个提法在十余年前是符合我国所有制体制现实状况的，但现在似乎与现实情况完全脱节了。""公有制经济实际上已经不在我国社会经济生活中占主体地位，既然这样，为什么我们还要强调公有经济的主体地位呢？……因此，不要把公有经济等于社会主义，似乎只有公有制经济才是社会主义。其实，社会主义就是要让人们过上共同富有的好日子，目前的目标就是'小康'，因此我们应该继续解放思想，要突破只有公有制经济才是社会主义的传统理论束缚。"

"放弃公有制经济为主体的提法，并不表明我们要放弃社会主义，而恰恰说明我们要坚持有中国特色的社会主义。"② 以上这类说法是要从根本上否定社会主义初级阶段的基本经济制度。按照他们的逻辑，公有制为主体不存在了，那些所谓垄断行业、垄断企业的消失自然不在话下。

三是，我们要坚持以公有制为基础的科学社会主义，对各种各样的歪理邪说，不但要从经济上看问题，而且要从政治上看问题。2000 年 6 月江泽民同志在《巩固和加强社会主义的经济基础》这篇重要文章中指出："在我国，中国共产党是执政党，领导人民行使国家权力。我们社会主义国家政权要有效运行，也必须掌握一定的经济和物质力量。新中国成立以来不断发展壮大的国有经济，是我们国家政权的重要基础。我国国有经济的发展，不仅对保证国民经济稳定发展、增强综合国力、实现最广大人民的根本利益具有重大意义，而且对巩固和发展社会主义制度、加强全国各族人民的大团结、保证党和国家长治久安具有重大意义。没有国有经济为

---

① 《中国经济时报》1997 年 8 月 6 日。
② 《改革内参》2007 年第 30 期。

核心的公有制经济，就没有社会主义的经济基础，也就没有我们共产党执政以及整个社会主义上层建筑的经济基础和强大物质手段。""我们这么重视搞好国有企业，就是要保证国有经济控制国民经济命脉、对经济发展起主导作用，就是要不断巩固和加强我们党执政和我们社会主义国家政权的经济基础。我说过，搞好国有企业改革和发展，不仅是一个重大的经济问题，而且是一个重大的政治问题。"①

从以上三方面的分析可以看出，围绕反垄断法的争论直接显示的是国有经济要不要控制国民经济命脉的问题，但是从更深层次的基本理论上看却是要不要以公有制为主体以至要不要坚持社会主义制度的问题。由表及里，不难看出我们党所坚持的、以巩固、完善和发展社会主义制度为指导方向的改革观，同走资本主义道路的改革观始终存在着对立和斗争！

（原载《纵论改革 30 年刘国光等 26 位学者多视角解析》，河南人民出版社 2008 年版）

---

① 《江泽民文选》第 3 卷，人民出版社 2006 年版，第 71 页。

对国有资产法的经济理论思考

　　法经济学源自西方，现已成为国际上有影响力的一门学科。对法经济学的界定，学术界有不同的说法。笔者认为法经济学应该是运用经济学的理论和方法研究法学理论以及分析各领域的重要法律的一门交叉学科。在我国，法经济学从理论基础上说，可以借鉴西方经济学的观点、方法，但主要应该以中国特色社会主义理论体系为根本指导思想；从实践上说，可以借鉴西方的经验，但必须从我国处于社会主义初级阶段这个最大的实际出发来思考、研究、评价我国各领域已经制定和尚未制定的重要法律。我国的国有资产法酝酿已久。最近，全国人大常委会对此法做了两次审议，正在吸收各方面的意见修改、完善之中。笔者认为从法经济学的角度，以经济理论为依据审视这部重要法律，使之更加完备、更加符合中国的国情，是很有意义的。据此，笔者对正在审议中的国有资产法提出以下五点意见。

　　（一）关于国有资产法应该涵盖的范围。

　　长期以来，对国有资产法应包括的范围，有大中小三种意见，国有资产包括资源性资产、非经营性资产和经营性资产。主张大国有资产法者，认为应将三种国有资产都包括在内，主张中国有资产法者认为应将非经营性国有资产和经营性国有资产包括在内，主张小国有资产法者认为只应将经营性国有资产包括在内。经过长时间的讨论，现在较多的人认为国有资产法应以经营性国有资产为对象。提供全国人大常委会第二次审议的就已改称《企业国有资产法（草案）》。草案在总则中写道："本法所称国有资产是指国家对企业各种形式的出资所形成的权益。金融企业国有资产的管理与监督，法律、行政法规另有规定的，依照其规定。"这也就是说，企业国有资产法不包括国有金融企业，笔者认为这

是不妥当的。不久前发生的一件事引起了社会各界的高度关注。2008 年
3 月 27 日，银监会发布了《银行控股股东监管办法（征求意见稿）》，
其中第二章"取得银行控制权的条件和程序"中有五条涉及外国金融机
构控股中国金融机构的规定，但却未明确限定外资控股的比例。这就意
味着外国银行可以对中国银行施行绝对控股。这一征求意见稿一经发布
立即引起轩然大波。因为 2003 年关于外资入股国内金融机构的办法曾
规定单个外国金融机构入股中国金融机构最高不得超过 20%，联合入股
不得超过 25%，这是众所周知的。而银监会的上述征求意见稿却只字未
提外国金融机构入股中国金融机构的控股比例。有些全国人大常委和全
国人大代表对此提出了批评，各界人士也纷纷发表不同意见。2008 年 6
月 25 日，在征求意见截止日期届满后，银监会发言人向媒体宣布，征求
意见稿自公布以来共收到社会各界一百多条意见。议论最多的是外资银
行控股中资银行的比例问题。这位发言人宣布，银监会 2003 年《境外
金融机构投资入股中资金融机构管理办法》和 2006 年 12 月 28 日修订的
《中国银行业监委会中资商业银行行政许可事项实施办法》第十一条规
定的外资银行入股的比例没有任何变化。这件事虽已告一段落，但从国
家长远的经济安全考虑，笔者郑重建议，企业国有资产法应该把金融系
统的国有企业包括在立法范围之内。理由有四：

（1）基于金融系统企业在国民经济中的重要地位。胡锦涛同志曾说：
"金融是现代经济的核心。随着经济全球化深入发展，随着我国经济持续
快速发展和工业化、城镇化、市场化、国际化进程加快，金融日益广泛地
影响着我国经济社会生活的各个方面，金融也与人民群众的切身利益息息
相关。在金融对经济社会发展的作用越来越重要、国内外金融市场联系和
相互影响越来越密切的形势下，做好金融工作，保障金融安全，是推动经
济社会又好又快发展的基本条件，是维护经济安全，促进社会和谐的重要
保障，越来越成为关系全局的重大问题。"[①] 企业国有资产法既然讲的是
"国家对企业各种形式的出资所形成的权益"，却把关系全局的最重要的国
家出资的金融企业排除在外，这是自相矛盾，于理不通的。

---

① 《经济日报》2007 年 8 月 30 日。

（2）我国立法权的行使还需进一步规范。就关系金融系统的立法来看，有的是经全国人民代表大会审定的，如《中国人民银行法》。有的是由全国人大常委会审定的，如《商业银行法》、《银行业监督管理法》、《保险法》、《证券法》等。属于行政法规的，有的用国务院令发布，如《外资银行管理条例》。更大量的是由银监会等专设机构制定和发布。法律、行政法规由什么机构审定和发布实施取决于法律、行政法规的重要程度。像国外金融机构能否绝对控股国内金融机构这样关系国家经济安全的大事，全国人大和全国人大常委会审定的法律均未涉及，而是由国务院下属的一个专门机构用行政法规来控制。这说明至少在有关金融系统的立法工作和法律体系中出现了错位和漏洞。企业国有资产法应该补上这一漏洞。

（3）据统计，截至2008年6月，国有商业银行资产总额已达30.1万亿元，大大超过中央国企、地方国企12万亿元的总资产。《企业国有资产法（草案）》一味迁就现状，放着国有资产的大头不去管，将使企业国有资产法名不副实。

（4）把金融系统的国有企业包括在企业国有资产法之内，不仅考虑到全国人大应该拥有的立法权，更重要的是考虑全国人大及其常委会对金融机构的监督权。国务院及各级地方政府向全国人大及地方人大就国有资产监管做专题报告，应包括国有金融机构在内。

（二）关于立法宗旨。

《企业国有资产法（草案）》规定："为了维护国家基本经济制度，巩固和发展国有经济，保障国有资产权益，发挥国有经济在国民经济中的主导作用，促进社会主义市场经济的发展制定本法。"我认为这一表述比第一稿有所进步，但仍需加以充实。理由如下：

（1）我国宪法第六条规定："中华人民共和国社会主义经济制度的基础是生产资料的社会主义公有制。"而国有经济是公有制经济的核心。江泽民同志在2000年6月《巩固和加强社会主义的经济基础》一文中指出："新中国成立以来不断发展壮大的国有经济，是我们社会主义国家政权的重要基础。……没有国有经济为核心的公有制经济，就没有社会主义的经济基础，也就没有我们共产党执政以及整个社会主义上层建筑的经济基础和强大物质手段。"① 宪法和江泽民同志的讲话指明了我国国有企业的历史地位，尤其是社会主义的经济基础这一规定从根本上分清了我国国有企业同资本主义国家国有企业的本质区别。而有些人却把中外国有企业混为一谈，不是借鉴西方，而是照搬。例如，以资本主义国家国有经济在国民经济中所占比重为根据来谋划我国国有经济在国民经济中应占的比重，鼓吹我国国有经济的比重应继续降低。又如，比照资本主义国家的国有企业大多存在于公共产品和服务领域，据此提出我国的国有企业也应局限于公共产品和服务领域。在这个领域以外的国有企业均应强制性地退出，实行私有化。诸如此类照搬西方的说法，多年来流传甚广，由此带来的对国有企业改革方向的干扰值得注意。

（2）法律是用以引导和规范人们的行为的。但行为规范的前提是思想统一。全国人大审定的法律，对指引舆论导向，提高人民觉悟，发挥着重要作用。我国舆论导向的主流是党报党刊。但近些年来类似日本《产经新闻》这样的右翼报刊越来越多。它们服务于某些利益集团，抵制或歪曲党的方针政策。自 20 世纪 90 年代以来，它们一方面极力妖魔化国有企业，另一方面大力鼓吹私有化。党的十七大前后，又有人打着解放思想的幌子，进一步否定国有经济。有的文章说，所有制问题也要进一步解放思想。所有制问题上，许多人形成了一种思维定式，认为公有制是社会主义最根本、最重要的内容，这是离开生产力，主观随意地谈论所有制和社会主义的一种历史唯心主义观念。因此，人们不必过分关注公有制与非公有制经济的比重问题。② 还有文章认为现实中的公有制经济已经不占主体地位。既然非公有制经济在中国显示了巨大的活力，而且已经在社会经济生活中发挥主体作用，我们就应该放弃公有经济为主体的提法。③ 类似公开违反宪法，根本否定社会主义初级阶段基本经济制度的言论应引起党和人民的高度关注。国有资产法对国有经济性质、地位和作用的充分肯定，正是端正舆论导向，提高人民对国有经济认识的大好时机。

---

① 《江泽民文选》第 3 卷，人民出版社 2006 年版，第 71 页。
② 《南方周末》2008 年 2 月 28 日。
③ 《改革内参》2007 年第 30 期。

基于以上理由，笔者建议将立法宗旨修订为："为巩固社会主义的经济基础，维护国家基本经济制度，发展国有经济，保障国有资产权益，更好地发挥国有经济的主导作用，促进社会主义市场经济发展，制定本法。"

（三）关于加强全国人大对国有资产监管工作的监督。

《企业国有资产法（草案）》规定："国有资产属于国家所有即全民所有。国务院代表国家行使国有资产所有权。"另一条规定："各级人民代表大会常务委员会听取和审议本级人民政府代表国家履行出资人职责的情况和国有资产监督管理情况的专项工作报告，组织对本法实施情况的执法检查等，依法行使监督职权。"

以上两条，笔者认为对全国人大的法律地位和监督职责的肯定还不够，需大大加强，理由如下：

（1）由国务院代表国家行使国有资产所有权的表述不够准确。宪法规定，我国的一切权利属于人民。代表人民行使国家权力的最高机关是全国人民代表大会。国务院是最高国家权力机关的执行机关。国务院对全国人民代表大会负责并报告工作。依据宪法，国有资产既然属于全国人民所公有，那么代表人民行使所有权的应该是国家的最高权力机关，而不是最高执行机关。后者只有在前者授权的前提下才能代表国家行使所有权。明确这一授权关系并非表面文章。它表明全国人大对国有资产要负最终责任，因此，必须加强对国务院的监督。

（2）近几年社会各界对各级人大加强国有资产的监督已提出不少建议。有代表性的，一是中国人民大学校长纪宝成发表的《论全国人大参与国有资产监管的合理性和必然性》。[①]一是四川省十届人大张世昌等 15 位常委会委员提出的人大及其常委会介入国有资产监管保护工作的议案。[②]笔者大体同意他们的基本思路，但对人大监督的具体做法则有自己的考虑。笔者认为人大的监督应遵守 2005 年 5 月《中共全国人大常委会党组关于进一步发挥全国人大代表作用，加强全国人大常委会制度建设的若干意见》中的第 15 点："全国人大常委会对'一府两院'的工作既要监督，

① 《经济学动态》2006 年第 10 期。

② 《四川日报》2006 年 4 月 13 日。

又要支持，不代行'一府两院'的行政权、审判权和检察权。"

根据以上理由，笔者建议将草案有关条款修改为："国有资产属于全民所有即国家所有，由全国人民代表大会代表人民享有国有资产的所有权。全国人民代表大会授权国务院行使国有资产所有权。"关于全国人大如何行使监督权，规定为："全国人民代表大会每年召开全体会议时，应听取和审议国务院行使国有资产所有权的情况和对国有资产监督管理情况的专项工作报告。在两次全体会议中间，全国人民代表大会常务委员会可根据情况，要求国务院作专题报告。省、市、自治区人民代表大会召开全体会议时，应听取和审议同级政府对国有资产监督管理的专项报告。各级人民代表大会常务委员会应组织本法实施情况的执法检查，依法行使监督职责。"

（四）关于发挥国有经济整体性功能的问题。

国有资产属于全民所有，因此具有整体性。我们常说社会主义制度的优势是能够在短时间内集中全国的力量办大事。这一优势的重要物质基础就是国有经济的整体性。授权国务院代表国家行使国有资产所有权，体现了这一整体性功能。比如，国有企业布局的战略性调整必须从全国一盘棋来考虑；为了迎接新技术革命，加快自主创新，应该优先和重点发展哪些行业和企业，也必须从全局的利益来确定；此外，国有企业的业绩考核、经营预算、对外开放等也必须有全国统一的规定。但是，本草案对国有经济的这一特质却没有很好地体现。例如，草案规定："国务院国有资产监督管理机构和地方人民政府根据国务院规定设立的国有资产监督管理机构……按照本级人民政府的授权，代表本级人民政府对国家出资企业履行出资人职责。"履行出资人职责的企业也由各级政府确定。这一条及相关诸条都把国务院和地方政府设立的国有资产监督管理机构的职权仅限于政府规定的那些企业，而且在国务院与各地方政府之间，国务院设立的国有资产监管机构与地方政府设立的国有资产监管机构之间，本草案并未规定上下级之间依法发生的纵向联系。这样就把本应属于全民，以全民利益为重的国有资产分割为实际上归地方政府所有，以地方利益为重的若干板块，这对于发挥国有经济的整体功能是不利的。

为弥补本草案的不足，建议参考 2003 年 5 月国务院制定的《企业国有资产监督管理暂行条例》第十二条的规定："上级政府国有资产监督管理机构依法对下级政府的国有资产监督管理机构进行指导和监督。" 和2006 年 11 月《国务院国有资产监督管理委员会工作规定》中的主要职责：如推进国有企业的现代企业制度建设，完善公司治理结构；推动国有经济结构和布局的战略性调整；建立和完善国有资产保值增值指标体系，拟定考核指标，起草国有资产管理的法律、行政法规，依法对地方国有资产监督管理机构进行指导和监督等。有些同志十分强调政府授权的国有资产监督管理机构，其职权仅限于出资人的三项权力。笔者认为这至少对于国务院授权设立的国有资产监管机构是不恰当的。国务院要统管全国的国有经济，负责全部国有资产的保值增值。如果没有一个特设的专门机构来协助国务院领导掌握全国国有经济的状况，谋划全国国有企业改革发展的方略，起草全国性的法律、法规，实际上对工作是十分不利的。所以笔者认为《企业国有资产法（草案）》，把国务院授权设立的国有资产监管机构的职责仅限于充当一百多家中央企业的出资人，是不妥的，应予修正。

（五）关于国有中小企业的改革。

《企业国有资产法（草案）》规定："国家采取措施，推动国有资本向关系国民经济命脉和国家安全的重要行业和关键领域集中，优化国有经济布局和结构，推动国有企业的改革与发展，提高国有经济的整体素质，增强国有经济的控制力、影响力。" 这一条很重要，但显然讲的是国有大企业。其实整个草案都是以国有大企业为重点的，几乎没有涉及国有中小企业。但是统计数字表明，2004 年底，国有小企业还有 121828 家，占国有企业总数的 88.44%，其净资产占全部国有净资产的 47%。另据统计，2006 年由国务院国资委监管的中央企业为 159 家，由地方国资委监管的地方国企为 1031 家，两者合计为 1190 家。如果《企业国有资产法（草案）》仅适用于这一千多家国企，而未明确把中小国企包括在内，这不能不说是一大缺点。其实党中央对中小国有企业一直有明确的政策。十五大提出调整国有经济的布局，要抓大放小，加快放开搞活国有小型企业的步伐。十五届四中全会提出有进有退，对国有小企业要采取改组、联合、兼并、租赁、承包经营、股份合作制、出售等多种方式放开搞活，不搞一种模式。十六大规定进一步放开搞活国有中小企业。十六届三中全会在强调进一步推动国有资本更多地投向国家安全和国民经济命脉的重要行业和关键领域的同时，明确规定：其他行业和领域的国有企业通过资产重组和结构调整在市场公平竞争中优胜劣汰。但是，近些年来有些鼓吹新自由主义的人却把中央的政策歪曲为"国退民进"，"国有企业全面退出竞争领域"。有些地方官员也乘机将国有中小企业或靓女先嫁一卖了之，或以实行 MBO 之名，将企业化公为私，造成国有资产的大量流失。为避免再次出现用行政手段推行国有企业私有化浪潮，《企业国有资产法（草案）》应该对中小国有企业加以关注。笔者建议草案在强调国有资本向关键领域集中的同时，另设一专条，规定"对重要行业和关键领域以外的其他行业和领域，特别是其中的国有中小企业，应通过多种方式增强其活力，在市场公平竞争中优胜劣汰"。

（原载《经济学动态》2008 年第 10 期）

对"国进民退"争论的深入思考

自 2009 年年中至今，学术界、经济界、政界和舆论界围绕"国进民退"问题展开了热烈的讨论。笔者认为这场讨论背后的思潮碰撞，无论在理论上还是在改革的实践上都会带来重要影响。因此，有深入思考以澄清是非的必要。

（一）"国进民退"是个伪命题。

2009 年上半年发生了山西省煤矿企业兼并重组、山东钢铁集团收购日照钢铁公司、中国粮油食品进出口（集团）有限公司入股蒙牛乳业有限公司等几件事。尤其是山西省煤企重组牵涉面广，还触动了某些私人资本的利益，有些人又是上书，又是聘请律师团，引起社会的广泛关注。资产阶级自由化的鼓吹者借此制造"国进民退、改革倒退"的舆论。有论者说，"国进民退"已经不是个别现象，而是形成了一股汹涌的潮流，是一场新的国有化运动。还有论者说，"国进民退"带来的不仅仅是经济领域中所有权的转换，最关键的是，它将给中国经济的未来发展造成不可挽回的损失。有一所民办的研究所，还专门就"国进民退"问题召开了研讨会。会上有学者说，"国进民退"已不是个别企业、个别产业的独有现象，而是已经成为各级国有企业的共同行为，正在从自然垄断行业向竞争性行业扩张。这已不是单纯的企业行为和市场行为，而是在政府介入的大力支持下进行的。

针对这类观点也有不少反对的声音。有的学者指出，"国进民退"不过是危言耸听，与真实情况相去甚远。至于对"国进民退"带来的后果的种种揣测，更是主观臆断，无论在理论上还是实际上都是没有根据的。有的学者对国民经济的相关发展情况进行了分析，从 2005 年至 2008 年，国有及国有控股企业，在工业经济主要指标中的比重都有所下降，而民营经济在这些指标中的比重都有明显提升。例如，在工业中的资产总额比重，国有企业从48.1%下降为43.8%，民营企业从12.4%上升为17.6%；工业总产值的比重，国有企业从33.3%下降为28.3%，民营企业从19%上升为26.9%；利润总额的比重，国有企业从44%下降为29.7%，民营企业由14.3%上升为27.2%。因此，国家统计局局长马建堂表示，统计数据不支持从总体上存在"国进民退"现象。这一表示从一定意义上也可以看作官方对"国进民退"之说的回应。再者，著名企业家鲁冠球2010年3月12日在《环球时报》上发表《"国进民退"其实并不存在》一文。文章强调无论国有还是民营，其进退的关键在于企业的经济实力和市场竞争力。他说，民营企业这些年来发展很快，已从国民经济有益的补充转化为半壁江山。但民营企业自生自灭者多，做大做强者少，原因是大部分民营企业起点低、资本小、重眼前、轻长远，缺乏利益共生的价值观。人们不难发现，如果真的存在"国进民退"的话，那么退的一定是弱小的、唯利的、畏避责任的民营企业。相反，只要民营企业是苦练内功具有实力的、利他的、有责任感的，就不但不会退，反而会进。鲁冠球以本人主持经营的万向集团为例：这些年来，万向健康发展，快速做大做强，新能源城的建设还得到了国家开发银行300亿元的政策贷款。

　　笔者认为，判断我国当前是否存在"国进民退"需要从三方面考察。其一，要从国民经济整体看，是否出现了全局性的"国进民退"，而不能因为某些地区、某些行业国有企业增多一些，民营企业减少一些，就认为出现了"国进民退"的潮流。其二，要从几年来的发展状况看是否出现了"国进民退"的趋势。当前国内外形势复杂多变，由于某种原因而采取的应对措施，也不能作为"国进民退"已成为潮流的依据。例如，2009年国务院实施两年内新增四万亿元的投资计划。在重点振兴的九大产业中，除纺织行业和轻工行业外，其他七个行业中国有企业比重较高。但这是为了应对来势凶猛的金融危机而采取的措施，着眼点在于保证国民经济平稳地较快发展，与"国进民退"无关。其三，要看党中央国务院对我国所有制结构在战略部署上是否出现了"国进民退"的重大变化。事实上，从党的十五大提出以公有制为主体、多种所有制经济共同发展的基本经济制度以来，党中央始终坚持这一制度至今并未改变。从以上三方面来看，笔者认为,"国进民退"已成为潮流的说法是有些人为了坚持错误的改革方向而蓄意制造出来的伪命题。

(二)山西省煤炭企业兼并重组和若干产业淘汰落后产能并非"国进民退",而是"优进劣退。"

在"国进民退"的呼声中受批评最多、最引人注目的是山西省的煤企兼并重组。山西的做法究竟是不是"国进民退"的一个例子呢?

众所周知,山西是我国煤炭资源最丰富的省份。近几年我国一次能源消耗中煤炭约占70%,而山西的年产量约占全国的四分之一,国内70%以上的外运煤、近50%的全球煤炭交易额来自山西。但是长期以来山西煤炭生产积弊很深,"多、小、散、乱"的局面多年得不到解决。小煤矿最多时达到上万座,2008年全省还有煤矿3800座,其中年产30万吨规模以上的只占总数的8%。这种局面给国家的现代化建设造成严重损失。一是煤炭资源浪费严重,大量小煤矿资源回采率只有10%—20%,每采1吨煤要消耗5吨以上的矿藏,全省每年浪费煤炭资源14亿吨。二是矿难频发,矿工伤亡严重。据统计,2002年、2003年和2006年这三年共发生矿难492起,死亡人数1475人。从世界水平来看,我国的大型煤矿装备和技术还是比较落后的,这些年也发生过比较大的矿难,但相对而言,小煤矿每生产1吨煤的死亡人数为大煤矿的10倍,近几年山西矿难的70%发生在小煤矿。三是环境污染严重。煤矸石露天堆放,长期不处理。有些煤矿集中的小城镇,粉尘飞扬,空气污染严重。这些积弊屡经治理但至今未能解决,主要原因在于小煤矿为谋取暴利私采、乱采、超采,且投资少、设备陈旧甚至根本没有安全措施。

2009年山西省委、省政府下决心清除多年积弊,采取坚决有力的措施,实行煤矿企业的兼并重组,并报中央批准。在全省各级干部齐心协力和人民群众的大力支持下,仅用了半年多的时间就取得了显著的成效。整合重组后的矿井数由2600座减少到1053座,70%的矿井规模达到年产70万吨以上,年产30万吨以下的小煤矿全部淘汰。到2010年将形成四个年产超过亿吨的特大型煤炭集团和三个年产超过5000万吨的大型煤炭集团。2009年第四季度全省月均产量6000万吨以上,达到历史最高水平,全行业上缴税金同比增长6.42%。

那么，为什么说山西省的煤矿兼并重组不是"国进民退"而是"优进劣退"呢？首先，在实施兼并重组的 1053 个矿井中，国有企业占 19％，民营企业占 28％，混合所有制企业占 53％。私人资本办矿的企业占三分之一。其次，小煤矿退出了，有一定规模的民营煤矿不但未退出，反而还有所扩大。例如，民营的山西联盛能源投资有限公司，原有的总产能超过年产 550 万吨，矿井采煤全部实行机械化。在这次兼并重组中，又重组整合了 13 对矿井，年产能扩大到 750 万吨。又如产煤大县柳林八个整合主体中有七个是民营企业。再次，兼并重组为山西省煤炭企业更好地利用先进科学技术创造了条件。例如，2009 年 8 月成立的中煤集团山西金海洋能源有限公司，集煤炭生产、洗选加工、发运销售、矸石发电于一体，形成了现代循环经济的发展格局。又如，由香港华润电力公司与山西国新能源发展集团、阳煤集团三家投资兴建的宁武 2x30，千瓦煤矸石电厂，开创了山西省煤电联手的先河。

山西省煤企兼并重组的经验得到有关部门的肯定，有些省的煤炭行业也开始进行整顿。如河南省自 2010 年 3 月参照山西经验，从本省实际出发，也开始进行煤企的兼并重组。钢铁行业根据工业和信息化部颁发的《现有钢铁企业生产经营准入条件及管理办法》，提高了市场准入门槛。2010 年 4 月 6 日国务院公布了《关于进一步加强淘汰落后产能工作的通知》，涉及九大行业并规定了淘汰落后产能的具体时间。例如，至 2010 年底，电力行业将淘汰小火电机组 5000 万千瓦以上，煤炭行业将关闭小煤矿 8000 处，淘汰产能 2 亿吨；明年年底前，钢铁行业将淘汰 400 立方米及以下炼铁高炉和 30 吨及以下炼钢转炉、电炉。这些措施都可能涉及民营企业，但在指导思想上并非"国进民退"而是"优进劣退"。

（三）"国进民退，改革倒退"论是两种改革观的又一次交锋。

1987 年邓小平指出："我们干四个现代化，人们都说好，但有些人脑子里的四化同我们脑子里的四化不同。我们脑子里的四化是社会主义的四化。他们只讲四化，不讲社会主义。这就忘记了事物的本质，也就离开了中国的发展道路。这样，关系就大了。在这个问题上我们不能让步。这个斗争将贯穿在实现四化的整个过程中。不仅本世纪内要进行，下个世纪还要继续进行。"① 邓小平的这个警示很重要。事实上，从改革开放之初到现在，坚持社会主义发展方向的改革观同坚持资本主义方向的改革观之间的斗争时起时伏，从来没有停止过。2009 年年中以来，有些人炒作"国进民退，改革倒退"，把本来不存在的问题闹得沸沸扬扬，就是资本主义改革观的又一次进攻。有论者说，我国经济体制改革的总趋势是缩小国有企业控制的行业和领域，为民营经济发展开拓空间，实现产权多元化，完善市场经济体制，因而"国退民进"是改革的大趋势。而目前出现的"国进民退"是逆革命趋向而行，因而是一种倒退。还有论者说，"国进民退"的国有化运动将形成一个权钱结合的权力资本集团，操纵国家经济命脉，侵夺人民利益，造成普遍的社会腐败。坚持社会主义改革方向的学者对此进行了批驳，有的文章题目就叫《慎用改革倒退大棒问罪"国进民退"》。批驳者认为，动辄把问题升高到耸人听闻的"捍卫改革"、"反对回潮"的层面，徒乱人意，对解决实际问题有害无益。在网络上更有大量批评所谓"改革倒退"的议论。有人提出，"国进民退"不是倒退，是公有制的回归，是进步，发展社会主义经济就是要壮大公有制，巩固公有制的主体地位。

在这场两种改革观的交锋中，笔者特别注意到杜光在《炎黄春秋》2010 年第 3 期发表的《"国进民退"的危害和根源》一文（以下简称杜文），因为此文在坚持资本主义改革观上的自我表露非常直白，对四项基本原则的否定非常露骨，很有代表性。杜文列举了"国进民退"的五项危害。第一，它是由政府主导的政治权力介入的结果，破坏了公平竞争，损害了市场机制。第二，它削弱了民营经济，也就削弱了经济体制改革的成果。因为我国经济体制改革的得失成败，在很大的程度上是以民营经济的盛衰荣枯为标志的。第三，从理论层面来说，国有经济的垄断性同市场经济的自由竞争是不相容的。第四，"国进民退"给我国经济埋下隐患，潜伏着更深刻的社会危机。第五，"国进民退"符合于权贵资产阶级的利益。对以上五条我不准备一一辩驳。因为本文前两部分已经证明"国进民退"是个伪命题，事实既然并不存在，何谈危害。

---

① 《邓小平文选》第 3 卷，人民出版社 1993 年版，第 204 页。

　　再从杜文提出的"国进民退"现象的理论根源来看，他认为主要原因在于指导思想上存在着坚持以公有制为主体的错误方针，即把国有制和集体所有制等同于公有制，要求维护它们的主体地位。这个理论始于列宁和斯大林，而中国共产党完全承接了这个错误理论。改革开放本来是因为国民经济已到了崩溃的边缘而不得不改弦易辙。但指导思想上并未放弃斯大林主义，仍然把国有经济和集体经济当做公有制来坚持，他列举了从党的十二大到十七大一贯坚持以公有制为主体作为证明。那么什么才是杜文所说的公有制呢？他认为，这只能是马克思所说的"重新建立劳动者个人所有制"。他一方面歪曲了马克思的本意，说在这样的个人所有制条件下，每个人不仅占有消费资料而且都有权占有一定的生产资料；另一方面又说，私有制还有旺盛的生命力，人类要经过漫长的路程才能到达公有制。杜文由此得出结论：现阶段就提出以公有制为主体实在是历史的误会。

　　笔者认为，杜文的上述一系列错误观点，大都是过去在两种改革观的争论中早已有人宣扬过，也早已被批驳过的。但他在几个重大问题上比他的同道走得更远，因此仍有加以澄清的必要。

　　其一，我国的国有经济和集体经济并不具有公有制性质吗？凡是多少读过马克思主义经典著作的人都知道，马克思、恩格斯在《共产党宣言》中早就说过："无产阶级将利用自己的政治统治，一步一步地夺取资产阶级的全部资本，把一切生产工具集中在国家即组织成为统治阶级的无产阶级手里，并且尽可能快地增加生产力的总量。"① 后来，恩格斯在《反杜林论》中也说过："无产阶级将取得国家政权，并且首先把生产资料变为国家财产。"② 关于集体所有制，马克思早就注意到在资本主义制度下出现的工人合作工厂。他说："工人自己的合作工厂，是在旧形式内对旧形式打开的第一个缺口……资本和劳动之间的对立在这种工厂内已经被扬弃，虽然起初只是在下述形式上被扬弃，即工人作为联合体是他们自己的资本家，也就是说，他们利用生产资料来使他们自己的劳动增殖。"③ 恩格斯也

---

① 《马克思恩格斯选集》第1卷，人民出版社1995年版，第293页。
② 《马克思恩格斯选集》第3卷，人民出版社1995年版，第630页。
③ 《马克思恩格斯全集》第25卷，人民出版社1974年版，第498页。

说过："至于在向完全的共产主义经济过渡时，我们必须大规模地采用合作生产作为中间环节，这一点马克思和我从来没有怀疑过。"① 经典著作俱在，怎么能说我国的国有经济、集体经济来自斯大林主义因而不具有公有制性质呢？

其二，马克思所说的"重新建立劳动者的个人所有制"是把公有的生产资料分拆给个人吗？马克思在《资本论》第一卷，第三十二章写道："同资本主义生产方式相适应的资本主义占有，是这种仅仅作为独立的个体劳动的必然结果的私有制的第一个否定。但是，资本主义生产本身由于自然变化的必然性，造成了对自身的否定。这是否定的否定。这种否定不是重新建立劳动者的私有制，而是在资本主义时代的成就的基础上，在协作和共同占有包括土地在内的一切生产资料的基础上，重新建立劳动者的个人所有制。"② 20 世纪 80—90 年代，我国学术界曾围绕"重新建立劳动者个人所有制"论题展开热烈的讨论，有一些纯属学术上的不同见解，但也有一些反映出两种改革观的对立。对立的焦点在于"重建个人所有制"是指个人拥有消费品，还是把社会集中起来的生产资料也重新分拆为个人所有。坚持资本主义改革观的学者认为，既然是重建个人所有制，就应该重新把共同占有的生产资料全部或一部分分解到个人。至于如何分解又有多种多样的方式，有人甚至提出类似苏联瓦解前将全部国有资产量化分到每个人的方式。坚持社会主义改革观的学者则坚决反对把集中于社会、为全体劳动者共同占有的生产资料重新分解为个人所有，认为这是对"重建个人所有制"的曲解。杜文在这个交锋点上走得更远，不但认为个人所有应该包括生产资料，而且特别强调在未来的新社会中，"人人都是有产者，甚至包括原来的资产者也不例外"，"在公有制条件下的人人有产，包括原来的有产者，即资本家"。这就直白地告诉人们，人类还要经历漫长道路才能到达的这个公有制新社会，原来竟是资本家可以带着靠剥削积累起来的财富合理合法地进入的社会。这种社会同马克思说的经过否定之否定建立起来的公有制社会完全是两回事，而杜文却把他编造的这个所谓"公有

---

① 《马克思恩格斯选集》第 4 卷，人民出版社 1995 年版，第 675 页。
② 《资本论》第 1 卷，法文版译本，中国社会科学出版社 1983 年版，第 826 页。

制"说成是人类社会发展的远景。由于中国离这个目标还差得很远很远，因而"现阶段就提出'以公有制为主体'实在是历史的误会"。其实，对于如何理解"重新建立劳动者个人所有制"，恩格斯在《反杜林论》中已经解释得很清楚。他说："靠剥夺剥夺者而建立起来的状态，被称为以土地和靠劳动本身生产的生产资料的社会所有制为基础的个人所有制的恢复。对任何一个懂德语的人来说，这也就是说，社会所有制涉及土地和其他生产资料，个人所有制涉及产品，那就是涉及消费品。"①

其三，以公有制为主体与市场是互不相容的吗？杜文再三指责公有制妨碍了市场经济的发展。他说："以公有制为主体是市场经济完善和发展的主要妨碍"，"国有经济的垄断性同市场经济的自由竞争是不相容的。垄断排斥竞争，损害市场经济"，"坚持以公有制为主体和以国有经济为主导的指导方针，发展垄断经济是同完善市场经济的指导方针相抵触的"。杜文讲了这么多次市场经济却没有一个字提到我们在社会主义初级阶段要建立和完善的是社会主义市场经济。看来划分清楚社会主义市场经济同别的什么市场经济的原则区别，也是一个关系改革方向的大是大非问题。

我国社会主义初级阶段要建立健全社会主义市场经济体制是党的十四大正式决定的。此后不久就有一位名人公开宣称市场经济就是市场经济，根本不存在社会主义性质的市场经济与资本主义性质的市场经济，这个说法影响较广。一些新自由主义的信奉者追随其后，不再提社会主义市场经济了，只讲市场化改革，把改革目标说成是成熟的市场经济、发达的市场经济，实际上就是指发达资本主义国家的市场经济。既然改革的目标实际上已被篡改，那么以公有经济为主体、国有经济为主导当然与资本主义市场格格不入了。其实，市场经济就是市场经济的观点无论从理论上看还是从商品经济的发展历史来看，都是站不住脚的。

自从人类社会出现了商品生产和商品交换，商品经济的一般规律如供求规律、竞争规律、价值规律等就开始发生作用，这是所有存在商品经济的社会所共有的。但是在不同的社会形态中，由于占主导地位的生产资料所有制的性质不同，作为交换关系的商品经济也必然有各自的特点。我国

---

① 《马克思恩格斯选集》第3卷，人民出版社1995年版，第473页。

社会主义初级阶段，由于在以公有制为主体的条件下共同发展多种所有制经济，商品经济的一般规律、社会主义市场经济的特殊规律、资本主义市场经济的特殊规律都在发生作用。尽管这三类规律同时起作用，但公有制的主体地位决定了起主导作用的是社会主义市场经济的特殊规律。社会主义市场经济的主要特点，一是人民性，二是计划性。人民性是指，市场经济运作的最终目的是广大人民群众的共同富裕。计划性是指，用计划弥补市场经济的缺陷，避免经济动荡，同时保证人民性的实现。① 在社会主义建设的实践中，计划性通常是通过国家宏观调控实现的。有些人把计划与市场对立起来，认为市场是万能的，国家的作用仅限于为市场的平滑运行提供服务。这是市场原教旨主义的观点，与社会主义市场经济格格不入。社会主义市场经济的开创者邓小平，把计划和市场都视为手段，强调两种手段都要用，有时这一手重一些，有时另一手重一些，从来没有把两者对立起来。当我们在思考如何更好地发挥社会主义市场经济的特点和优点时，必须牢记，以公有制为主体、国有经济为主导是社会主义市场经济存在与发展的根基。邓小平在 1993 年曾用最简括的语言指明了社会主义市场经济的特质："社会主义市场经济优越性在哪里？就在四个坚持。"② 这就是说，社会主义市场经济是同社会主义的经济基础及其上层建筑紧紧结合在一起的，而社会主义经济基础的核心就是生产资料公有制。杜文再三把以公有制为主体说成是建立市场经济体制的最大障碍，再三把我国的国有经济称为与市场竞争不相容的"垄断经济"，这正说明他要用资本主义市场经济取代社会主义市场经济，篡改我国经济体制改革的方向，这是资产阶级自由化的典型表现。

　　行文至此，我们不能不想到一个问题，就是如何增强我国宪法的权威性，制止各种违宪言行的滋生蔓延。我国宪法是一部保卫社会主义制度的宪法。以公有制为主体，见于宪法第六条："国家在社会主义初级阶段，坚持公有制为主体、多种所有制经济共同发展的基本经济制度，坚持按劳分配为主体、多种分配方式并存的分配制度。"关于我国国有经济的性质

---

① 参见刘国光《有计划是社会主义市场经济的强板》、《光明日报》2009 年 3 月 17 日。
② 《邓小平年谱》（下），中央文献出版社 2004 年版，第 1363 页。

和作用，见于宪法第七条："国有经济，即社会主义全民所有制经济，是国民经济的主导力量。国家保障国有经济的巩固与发展。"而杜文既否定以公有制为主体，又否定国有经济的社会主义公有制性质。那么，社会主义初级阶段的经济基础是什么呢？按照杜文的主张就只剩下实质上属于生产资料私有制的非公经济了。试问这样的社会还是初级阶段的社会主义吗？这就从根本上违背了宪法。在"国进民退"的喧嚣中，我还看到这样一篇文章。作者说，"国进民退"是一件大事，他很重视，因此对宪法进行了反复研究。他发现根据宪法第一条、第六条、第七条、第九条、第十二条、第十三条的规定，"国进民退"完全可以从宪法中找到根据。他由此得出结论，现行宪法已成为改革的阻力，他因而号召人们齐心协力，推动宪法变革。宪法是国家的根本大法，每个公民都有遵守的义务。虽然每个公民也可以提出修改的意见，但是宪法的修改要经过严格的法定程序。宪法第六十四条规定："宪法的修改，由全国人民代表大会常务委员会或者五分之一以上的全国人民代表大会代表提议，并由全国人民代表大会以全体代表的三分之二以上的多数通过。"当然，在未作修改前，现行宪法仍必须遵守。

近年来，笔者发现越是在口头上高呼"宪政民主"、建立法治国家的一些人，在实际行动上越不遵守宪法和法律。对这些人的言行和他们造成的恶劣影响决不能听之任之。一方面，我们党要对全体党员、全国人民进行理解宪法、遵守宪法的正面教育，提高人们遵守宪法的自觉性。另一方面，对于蓄意曲解宪法、公开诋毁宪法的言行，必须采取有力措施加以制止，并且从理论上义正词严地给予批驳，肃清其消极影响。

胡锦涛同志曾多次倡导全体党员和党的各级干部要正确认识和自觉运用人类社会发展规律、社会主义建设规律和共产党执政的规律。2005 年 1 月他在《新时期保持共产党员先进性专题报告会上的讲话》中指出："共产党员必须努力学习和自觉运用辩证唯物主义和历史唯物主义的强大思想武器，把理想信念建立在科学分析的理性基础之上。既要正确认识目前资本主义经济、科技发展的现实，更要正确认识资本主义社会的基本矛盾及其发展的历史趋势；既要正确认识社会主义发展过程中出现的曲折和反复，更要正确认识人类社会向前发展的必然规律；既要正确认识社会主义事业的长期性、艰巨性、复杂性，更要正确认识社会主义制度的强大生命力和巨大优越性。就是说，要从人类社会发展规律的高度来认识当今世界的变化及其趋势，不断坚定自己的理想信念。"①

胡锦涛同志的讲话是就世界范围而言的。20 世纪 30 年代爆发的资本主义世界经济大危机过去还不到一百年，自 2008 年始，由美国金融危机引起的世界经济严重危机又一次爆发，至今尚未过去。无数事实证明，资本主义制度正处于加速衰落之中。社会主义终将取代资本主义，这是人类社会发展规律作用的必然结果。我国的社会主义初级阶段还将存在 50 年或者更长一些时间，但初级阶段终将前进到更加成熟、更加高级的阶段。唯物辩证法告诉我们，任何事物都处在从量变到质变的过程中，量变积累到一定程度将会引发局部质变，而经过若干次局部质变终将导致根本质变。我们所预期的社会主义更高阶段并不会有朝一日从天上掉下来。因此，在社会主义初级阶段就要因时度势，渐进式地为更高阶段的到来准备条件。随着世界范围的社会生产力的高速发展，社会主义生产关系的优越性将越来越明显，生产社会化与生产资料资本主义占有之间的矛盾将越来越尖锐，社会主义公有制终将取代资本主义私有制。这是人类社会发展的规律，是任何人也阻挡不了的。

（原载《中国社会科学内部文稿》2010 年第 4 期，
后公开发表于《当代经济研究》2011 年第 1 期）

---

① 《十六大以来重要文献选编》（中），中央文献出版社 2006 年版，第 621—622 页。

关于科学地判断公有经济主体地位的探讨

　　我国社会主义初级阶段的基本经济制度是 1997 年党的十五大正式提出的。原文是"公有制为主体，多种所有制经济共同发展是我国社会主义初级阶段的一项基本经济制度"。1999 年第九届全国人民代表大会通过的宪法修正案，将"国家在社会主义初级阶段坚持公有制为主体，多种所有制经济共同发展的基本经济制度，坚持按劳分配为主体，多种分配形式并存的分配制度"增加到总纲第六条的内容之中。可见确立初级阶段基本经济制度是关系全局而又意义深远的一件大事。

　　自 20 世纪 90 年代以来，我们按照初级阶段基本经济制度的要求开展工作，在各方面都取得了显著的成就。从所有制结构来看，众所周知，在 1956 年社会主义改造基本完成以后，除保留少量个体经济外，私营经济、外资经济已不复存在，公有制经济覆盖了整个国民经济。初级阶段基本经济制度要求公有经济与非公有经济共同发展，必然要为非公经济从无到有、从小到大创造必要的条件。由此而带来的公有经济在整个国民经济中的比重下降，非公经济比重上升，是必然的。不过这一升一降在客观上存在一个限度，就是不应危及公有经济的主体地位。但是从 20 世纪末至今，虽然公有经济和非公经济都取得了快速发展和长足进步，但却出现了公有经济的比重下降过快过大，非公有经济的比重上升过快过多的情况。有资料表明，目前公有经济在国民经济中的比重已下降到 1/3 左右。公有经济的主体地位是否还存在已引起社会各界、特别是坚持改革的社会主义方向的学者的高度关注。近几年，围绕这个问题我国学术界展开了热烈的讨论。早在 2005 年，我国著名马克思主义经济学家卫兴华就发表了《警惕"公有制为主体"流于空谈》的文章。文中说："实行公有制为主体，多种所有制共同发展的基本经济制度，要积极鼓励、支持和引导非公有制经济发展，但必须以坚持和发展作为主体的公有制经济为前提。如果单方面地积极发展私营、外资和个体等私有制经济，忽视甚至不断侵蚀、削弱、瓦解公有制经济，必然会导致'公有制为主体'成为一句空话，私有制将取代公有制，成为国民经济的主体和社会经济制度的基础，社会主义经济制度将不复存在，共产党执政的经济基础也就被釜底抽薪了。"① 2011 年，我国著名马克思主义经济学家刘国光著文指出："社会主义公有制是社会主义制度的基础。公有制为主体也是初级阶段基本经济制度的前提和基础，坚持基本经济制度，首先要巩固公有制为主体这个前提和基础。""公有制的主体地位主要体现在：公有资产在社会总资产中占优势。公有资产占优势，要有量的优势，更要注意质的提高。现在有不少人对公有制是否还是主体有疑虑，主要是对公有制所占的比重即量的方面有疑虑。目前，根据国家统计局的数据，我国国有经济在国民经济中的比重不断下降……我们党一贯强调，公有制比重的减少也是有限制有前提的，那就是不能影响公有制的主体地位。解除人们疑虑的办法之一，就是用统计数字来说明，坚定人们对社会主义初级阶段基本经济制度的信心。"② 中国人民大学马芳对近几年围绕公有制主体地位是否存在的讨论中各种不同观点作了比较全面的梳理，③ 归纳为四种观点。第一种观点认为，公有制的主体地位已经受到侵害。文中引用了李成瑞等九位学者的论著。他们从不同侧面论证公有制的主体地位已严重削弱，降到了临界点，甚至已丧失了主体地位。第二种观点认为，公有制的主体地位依然巩固。文中引用了顾钰民等十三位学者的论著，他们从不同侧面论证公有经济在国民经济中的比重虽有所下降，但主体地位并未动摇。第三种观点认为公有制的主体地位仍然存在但已开始动摇。文中引用了周新城等四位学者的论著，他们提出随着非公经济的高速发展和在国民经济中的比重不断提高，公有经济已面临失去主体地位的潜在危险。第四种观点认为，公有经济的主体地位还有待研究。文中概括地引用了刘国光、张宇两位学者的见解，他们指出，学术界

---

① 参见《经济学动态》2005 年第 11 期。

② 《关于社会主义初级阶段基本经济制度若干问题的思考》，《世界社会主义研究动态》2011 年第 25 期。

③ 《国内学术界关于公有制主体地位是否巩固的观点述评》，《政治经济学评论》2010 年第 3 期。

对公有经济主体地位的分析，大都基于非官方统计数字。由于国家统计部门没有提供关于所有制结构的全面、准确的数据，所以对公有经济是否仍居于主体地位，目前难于做出准确的判断。

马文不仅概括地介绍了以上不同观点，而且做了简要的评析。文章指出，他所引用的上述几十篇论著，只有少数学者以统计数据为根据，多数人是以经验来判断或借助于别人的学术成果。再者，对于判断主体地位的有限的统计数据，主要是资产、国内生产总值和就业人数三种。马文对这三项指标各自存在的不足也做了简要评析。

就笔者读过的论及公有经济主体地位的许多文章，诚如马文所言，很少有依据系统的统计数据来论证自己的观点的。这主要是因为政府有关部门和国家统计部门没有提供全面的系统的可供评析公有与非公有比重的统计资料。只有少数学者利用有限的公开发表的统计数字，经过加工、换算力求做出有根有据的论断。下面笔者从为数不多的这类文章中选出四篇做一简要介绍。

《求是》杂志社郑宗汉研究员（笔名宗寒）在近期发表的《我国生产资料所有制结构的现状》①一文，对公有经济主体地位是否巩固进行了剖析。他运用有限的公开发布的统计资料加以测算和归纳，揭示出公有经济和非公经济在国民经济中的比重发生重大变化的转折点和现状。改革开放初期（1979—1992年）公有经济与非公经济在国民经济中的比重大致为8∶2；改革开放深入后（1993—2006年）从公有经济与非公经济拥有的资本、产值和就业人数综合起来比较，两者在国民经济中的比重则由8∶2改变为3∶7。所以出现这一重大变化，重要原因之一在于非公经济的增长速度远远高于公有经济。2005年同1998年相比，私营经济的固定资产净值增长了16.7倍，"三资"企业增长了31.5倍，国有及国有控股企业仅增长54%。再从国有经济的控制力来看，公有经济与非公经济相比也呈现出明显的变化。在工业各行业中，1992年国有经济比重占50%—99%的行业共有23个，占全部行业的82%。到2005年，在38个工业行业中，国有企业产值比重占80%以上的行业仅为6个，占50%—69%的行业仅为2

---

① 参见《纵观改革开放30年刘国光等26位学者多视角解析》，河南人民出版社2008年版。

个，两者合计仅占全部工业行业的 28.5% 。这也就是说，由非公经济占主要地位的行业已达 3/4。除以上两方面的论述外，本文对国有企业改制过程中国有资产的大量流失和化公为私的种种弊端；对全国各省市公有经济与非公经济比重的明显变化；国际垄断资本对我国重要行业的控制，也都提供了有说服力的数据。

　　国家统计局赵华荃高级统计师在内部印发的近著《遵循客观经济规律，坚持宪法规定的社会主义初级阶段基本经济制度》一书中，对公开发布的有限的统计资料进行加工、测算和分析，探讨了我国当前公有经济的主体地位是否存在的问题。该书以党的十五大规定的公有制主体地位的内涵为依据，紧紧围绕公有资产在社会总资产中占优势和国有经济控制国民经济命脉，对经济发展起主导作用两个方面展开论述。书中写道：改革开放以来，经过对单一公有制的一系列改革，公有经济的比重大幅度下降，非公经济的比重迅速上升，2003 年公有经济资产（指属于生产资料的经营性资产），在社会总资产中的比重占 55.8%，非公经济资产所占比重为 44%，公有经济的主体地位并未改变。但 2003 年以后，非公经济的发展速度大大超过公有经济。上述格局逐渐改变。到 2008 年，公有资产占社会总资产的比重为 35.2%，非公经济所占比重为 64.2%，都大大远离了公有经济为主体的临界值。从国有经济控制国民经济命脉来看，2008 年对属于国民经济命脉领域的 16 个重要行业的资产中，分三个层次来量化分析：第一个层次，国有经济应起主导作用，但在这些行业中国有经济资产只占 44%；第二个层次，国有经济应具有绝对控制力的行业，国有资产只占这些行业总资产的 42%；第三个层次，国有经济应具有绝对控制力和相对控制力的行业，两者的国有资产合计占这些行业总资产的 74.80%，也还达不到 80% 的临界值。根据以上数据，该书作者认为生产资料所有制改革的形势十分严峻，公有经济的主体地位已岌岌可危。

　　南京财经大学何干强教授在近期发表的《维护社会主义公有制主体地位的若干观点》① 一文中，对公有经济是否居于主体地位提出了衡量的数据。

---

① 《海派经济学》第 32 辑，2010 年 12 月版。

他认为生产资料所有制的本质是人与人的生产关系。一个社会只有劳动者多数处在公有制中，才能说公有制生产关系占主体地位。这是公有制主体地位的本质含义。用这个观点来衡量公有资本占全社会总资本的 51% 还不能说公有经济已处于主体地位，因为同量资本的有机构成高，劳动者的人数就相对少，他设想只有公有资本在社会总资本中的比重能够保证 50% 以上的劳动者处于公有制的生产关系之中，才能说公有制占了主体。目前我国国有企业劳动者人均固定资产（有机构成的近似值）约为私营企业的 5 倍，由此推算，在第二、三产业中如果做到 51% 的劳动者在公有制企业中就业，那么公有资本在社会总资本中的比重就应占到 78.1%。以上数据虽然带有一定的假设性，但要做到在公有制生产关系中劳动者人数占一半以上，公有资产在全社会资产中的比重必然要求明显高于 50%，这一点是可以肯定的。那么我国的现状如何呢？2008 年末，工业、建筑业、批发零售业、住宿和餐饮业中，在国有企业和集体企业就业的人数均明显少于非公有企业，只分别占 12.16%、19.40%、12.9% 和 14.9%。同期，在社会总资本中，国有企业资本只占 33.4%，集体企业资本只占 3.00%。以上情况说明社会主义生产关系已经严重削弱了，这应当引起人们的高度关注。

浙江理工大学马克思主义学院谭劲松教授 2010 年先后发表了两篇文章：一是《省级行政区域坚持公有制主体地位研究》[①]，中心内容是强调省一级公有制主体地位，必须给予高度重视。二是《公有制主体地位的衡量标准和评价体系研究》[②]。此文对十五大规定的公有制主体地位的内涵进一步具体化、规范化并设计了检测主体地位是否存在的统计指标体系。关于主体地位的科学内涵，作者认为十五大规定的"公有资产在社会总资产中占优势"，所指的"公有资产"应包括属于全民所有和劳动群众集体所有的经营性资产、资源性资产和公益性资产的总和。公有资产占优势应从三方面来把握：第一，占优势是一个动态的概念，要依据生产力发展水平和国民经济发展的需要适时调整公有资产在社会总资产中量的比例，确保公有资产的优势；第二，占优势是一个结构概念，占优势并不要求公有资产在各种资产中都处于

---

① 王洪涛、谭劲松合著，见《高校理论战线》2010 年第 1 期。

② 谭劲松、王文焕合著，见《马克思主义研究》2010 年第 10 期。

同等优势地位；第三，占优势是一个质与量相统一的概念，既要有量的优势又要有质的优势，两者相互依存，缺一不可。对"国有经济控制国民经济命脉，对经济发展起主导作用"，作者认为，控制国民经济命脉体现在两个方面：一是国有经济要全面控制关系国民经济命脉的行业和部门，确保国有资产在这些行业和部门中在量上占优势；二是控制国民经济命脉主要体现在国有经济对整个国民经济强有力的控制力、影响力、引导力、竞争力和辐射力上，应保证国有经济在属于经济命脉的行业和部门中具有质的优势。关于公有制主体地位的衡量标准，该文认为公有资产在资源性资产中应居独占优势，在公益性资产中应占绝对优势，在经营性资产中应保持相对优势。关于公有制主体地位的评价体系该文提出六项重要指标：公有制吸收劳动就业要占全社会就业的 60% 以上（包括国有经济、集体经济和所有公有部门和单位的全部就业）；公有经济创造的 GDP 占全社会 GDP 的 50% 以上；公有经济上缴财政税收占全社会财政税收收入的 60% 以上；公有经济拥有固定资产占全社会固定资产的 60% 以上；公有经济出口创汇占全国总创汇 50% 以上；公有经济在高新技术产业中所占比例在 70% 以上。以上六项指标既体现公有资产量的优势，也是公有资产质的优势的重要体现。

　　自 20 世纪 90 年代至今，我国学术界围绕公有经济的主体地位问题各抒己见，进行了深入的研讨。为什么对同一个研究对象会得出不同的甚至相反的结论呢？笔者认为首要原因是国家统计部门没有向全国人民提供统一的、全面的、系统的关于公有经济和非公有经济对比的统计数据。而学者个人看问题的角度不同，关注的重点不同，见仁见智、有得有失是很自然的。就以本文在前面简要介绍的几篇论著而言，可以说各有独到之处，但并非尽善尽美，也还有值得推敲的地方。在我国学术界已取得的研究成果的基础上，笔者认为要科学地、比较准确地判断"公有经济为主体、国有经济为主导"目前的状况如何，还需要在可比性、准确性和全面性这三个方面做进一步的研究。

一　关于可比性

　　有一些重要的经济指标是人们在做公有经济与非公有经济对比时常常引

用的。但笔者认为用这些指标的对比简单化地得出公有经济是否居于主体地位的论断是不够严谨的。仅举两例。

例一，关于国有资产。

公有制的主体地位首先体现在公有资产在社会总资产中占优势，许多作者以此为根据作出主体地位是否存在的结论。但是作为公有资产核心的国有资产包括资源性资产、行政性资产（也有人称为公益性资产）和经营性资产三部分。当我们在研究国有经济的现状特别是预测其发展前景时，无疑应将这三类资产都包括在内。但是当我们把国有资产与私营资产进行对比时是否应把三类国有资产都包括在内呢？学术界有不同的认识。有些学者主张用全部国有资产与私营资产对比，从而得出公有经济的主体地位依然巩固的结论。有些学者主张把全部国有资产都包括在内进行对比，同时又强调经营性资产是否占优势具有决定性的作用。有些学者则主张在公有资产与私营资产对比时，只能是经营性资产的对比。笔者赞成第三种观点。

公有资产与非公有资产的对比，实质上是两种不同性质的生产资料所有制经济的对比。我国宪法第九条规定："矿藏、水流、森林、山岭、草原、荒地、滩涂等自然资源都属于国家所有，即全民所有。"第十条规定："城市的土地属于国家所有。"以上这些已经包括在国家主权范围，私营经济当然不可能拥有。而且所有这些资源都属于未来可能的生产资料而非现实的生产资料。如果把这些资源性资产包括在内与私营资产对比，那么，即使经营性国有资产只占10%以下，公有经济资产仍然会比私营资产占优势。以我国最主要的矿藏——石油和天然气为例。2011年国土资源部发布了我国石油、天然气最新的勘探储量报告，石油可采资源量为233亿吨，天然气可采资源量为32万亿立方米，都比过去已勘明的储量明显增加了。但该报告同时指明，2010年我国石油消费量为3.8亿吨，而当年国内产量仅为2.03亿吨，大量原油还需要进口。[①] 再以沿海油气储量为例。我国有300万平方公里的管辖海域，在这片"蓝色国土"中石油储量约250亿吨，天然气储量约8.4万亿立方米。[②] 但目前已开采的主要是中海油。2010年中海油的油气产

---

① 国土资源部：《全国油气资源动态评价2010》，《人民日报》2011年11月25日。

② 《中国社会科学报》2009年8月4日。

量达到 5000 万吨，被人们称赞为"海上大庆油田"。很明显，在这个领域公私资产的比较只能是中石油、中石化、中海油这些大型国有企业的经营性资产与进入这个领域私营企业的资产之比，是不能把国家的油、气储量，即资源性资产包括在内的。石油、石化行业如此，其他行业也是如此。所以，笔者认为在确定国有资产在社会总资产中是否占优势时，只应以经营性国有资产为依据。

例二，关于利润。

利润总量和利润率在分别考察国有企业和私营企业的经济效益时无疑具有重要意义。但在国有企业与私营企业对比时却不宜简单地采用。这是因为两类企业的生产资料所有制性质不同，从而各有不同的经营理念和经营目标。马克思有两句广为人知的名言：资本是带来剩余价值的价值，资本家是资本的人格化。私营企业以追求利润最大化为主要目标或唯一目标，在资本主义国家是这样，在处于社会主义初级阶段的中国也是这样。国有企业作为具有全民所有制性质的经济组织，不但在经济领域应该起主导作用，而且肩负着重要的社会责任和政治责任。作为政企分开、独立经营的经济实体，当然也重视盈利，但却不应把利润最大化当作最主要的经营目标。因此，不能把公私企业利润量的对比当作经营效果高低的根据。《2006 年国民经济和社会发展统计公报》显示，规模以上国有及国有控股工业企业实现利润 8072 亿元，比上年增长 27%；私营企业实现利润 2948 亿元，比上年增长 46%。《2008 年国民经济和社会发展统计公报》显示，国有及国有控股工业企业实现利润 7985 亿元，比上年同期下降 14.5%；私营企业实现利润 5496 亿元，比上年同期增长 36.6%。又据《2010 年中国统计年鉴》，全国规模以上工业企业 2009 年实现利润 34542 亿元，其中国有及国有控股工业企业实现利润 9287.03 亿元，占 26.88%；私营工业企业实现利润 9678 亿元占 28.01%。根据以上统计数字，私营企业的利润绝对数在短短几年内就超过了国有企业；利润增长速度也远高于国有企业，2008 年还出现了国有企业利润比上年同期下降的情况。如果对公私利润做简单化的对比就会得出私营经济的经济效益远高于国有经济的论断，从而为国有经济由于产权不够明晰，必然导致效益低下的错误观点添砖加瓦。但深入一步分析，为什么国有企业利润的增长低于私营企业，2008 年还出现了国企利润下降的情况呢？这要从国有企业的性质、历史地位和社会责任等多方面来认识。2008 年，我国遇到了三件大事：一是这年年初南方遭遇了 50 年一遇的冰雪灾害，波及长江以南21 个省，受灾人口 7000 万。国务院成立了煤电油运和抢险救灾应急指挥中心。国有的电网企业、发电企业、煤炭企业、运输企业、电信企业都进行了紧急动员，全力保障供给，减轻灾害给人民造成的损失。在最短时间内各省断电区域都恢复了通电，因回乡过春节滞留在铁路沿线的几十万农民工和学生也赶在节前回到了目的地。二是 2008 年 5 月，四川省汶川县发生了 8 级强烈地震。这是新中国成立以来损失最严重、救灾难度最大的一次自然灾害。除地处灾区的国有企业受到严重破坏亟待修复外，根据国务院部署，许多中央国企紧急抢修电网、通讯设备、铁路、公路，保证灾区急需物品的及时运送。这场罕见的大地震给中央国企造成的直接损失 414 亿元，间接损失401 亿元。这还没有包括央企在全力参加灾后重建中付出的大量人力、物力、财力。三是为办好北京奥运会中央国企在场馆建设、交通配套、电力保障、通讯畅通等方面全力以赴，起到了重要的保证作用。以上这些就是2008 年国有企业的利润比上一年不升反降的主要原因。

国有企业不仅在应对突发事件中起了中流砥柱的作用，而且肩负着多方面的社会责任。例如，20 世纪 90 年代国家提出村村通电的计划，所需费用明确由政府、企业、农村集体经济各承担 1/3。但在实施过程中许多村拿不出这笔钱，最终还是落在国有电力企业身上。2011 年国内煤电倒挂凸显，为保证电力供应，有关央企亏损几百亿，保证了全国电力消费全年增长11.7% 的增幅。目前还有 93 家中央国企参与 189 个国家重点扶贫县的扶贫工作，涉及 21 个省 8300 万人。国有企业，尤其是中央企业为国家、为人民做出的诸如此类的奉献举不胜举。而所有这些责任在私营企业身上都不存在。所以用利润指标的简单对比来证明私营企业的经济效益高于国有企业不能成立。

二   关于准确性

以全面的、真实的统计数据为依据做出公有经济主体地位是否巩固的判断本来应该是准确的、无需争辩的。但是由于掌握全面信息的政府各有关部门并未向社会公布全面的数据，比如在第一、二、三次产业中公有经济与非公有经济的资产、投资、总产值、主营业投入、所有者权益等方面的对比资料；学者个人又不可能掌握全面的信息，而只能对已公布的部分数据进行分析研究，做出自己的判断。对这些研究成果一方面我们应当肯定是很有价值的，它可以帮助人们对公有经济主体地位的现状、发展趋势和存在的问题有一个概略的了解；另一方面也不能不看到，由于信息来源不全面，使这些研究成果的准确性受到影响。下面笔者举一些在判断公有经济主体地位时常常遇到的情况为例。

例一，大多数论述公有经济主体地位的文章都是以规模以上工业企业的各项指标为分析的依据的。主要原因是因为国家统计局公布的数据中只有工业是按不同所有制分类列出并提供较详细的资料的。工业是整个国民经济的枢纽，其增加值占 GDP 的 40% 以上。对工业领域各项指标的分析可以对公有经济与非公有经济的对比有一个概略的了解。以《2010 年中国统计年鉴》提供的数据为例。在 2009 年，规模以上工业企业中，公有工业企业总产值占全国工业企业总产值的 14.20%，非公有工业企业占 57.4%；在主营业务收入中，公有工业企业占 14.91%，非公有工业企业占 56.6%。[①] 仅从以上两项重要统计指标的公与非公的对比中不难看出，在工业领域公有经济的主体地位处于何种状况。但是全国第二次经济普查的结果告诉我们，包括工业和建筑业在内的第二产业的增加值只占全国 GDP 的 47.5%，此外，第三产业占 41.8%，第一产业占 10.7%。我们都知道，在第三产业中，交通运输业、仓储和邮政业、科学研究、技术服务和地质勘察业、水利、环境和公共设施管理业、金融业，都是国有经济占有重要比重的行业。所以，仅仅以第二产业中的工业为依据作出公有经济的主体地位是否存在的结论是不够全面的。

例二，即使在工业领域、国家统计局提供的数据中也有一些需要进一步明晰的地方。比如，国有控股工业企业中私营资本参与的比重是多少，在私营控股工业企业中公有资本参与的比重是多少，尤其是在混合所有制企业中公有资本与私营资本各占多大比重都需要进一步明确。我们看到，在《2009

---

① 刘日新：《坚定思想，重振雄风》，《国企》2011 年第 7 期。

年国民经济和社会发展统计公报》中关于规模以上工业企业增加值除国有及国有控股企业、集体企业、私营企业、外商及港澳台企业之外，还有一项是股份制企业，而且其增加值比上年增加 13.3%，高于国有及国有控股企业 6.9%的增速。在《2010 年中国统计年鉴》中，在规模以上工业企业主要经济指标中，除国有、集体、私营、港澳台、外资外，还有有限责任公司和股份有限公司两项。而且它们在工业总产值、资产总计、主营业收入等重要指标中所占比重都不小。显然在混合所有制企业中，公有资本与非公资本各占多大比重，对公有经济主体地位的判断是不应忽视的。而这类指标却不是任何一位学者个人可以推算出来的。建议国家统计局在全国范围进行抽样调查求得其平均值向社会公布。

例三，人们很重视公有经济的资产在社会总资产中是否占优势，这当然是对的。但与资产有关的统计指标有好几类。最常见的是资产总计。此外还有注册资本与实收资本，固定资产原价与固定资产净值和所有者权益。在笔者看到的探讨公有经济主体地位的著作中最常用的是资产总计。但这个指标既未扣除固定资产中的折旧，也未扣除企业的负债，所以还需要与其他有关统计数据相互参照。例如，《2010 年中国统计年鉴》表 14 1 列出，2009 年全国规模以上工业企业中，资产总计一栏，国有及国有控股工业企业为 215742 亿元，私营工业企业为 91176 亿元，私营为国有的 42%。这是各项统计指标中唯一一项国有高于私营的。该年鉴表 14—6 列出，国有及国有控股工业企业的资产净值为 90853 亿元，私营工业企业 30047 亿元，私营为国有的 33%。表 14—10 列出，国有及国有控股工业企业所有者权益为 85186 亿元，私营工业企业为 40383 亿元，私营为国有的 47%。可见仅仅用资产总计这一项来判断国有与私有的比重是不够全面的。

本文之所以提出准确性问题有两个目的。其一，提醒关心社会主义初级阶段基本经济制度执行情况的学者和广大人民群众，尽管目前取得的研究成果已可以大致判断公有经济的主体地位处于什么状况，但论据还不够完全，还需要继续搜集资料，分析研究，力求作出更有说服力的结论。其二，提醒政府有关部门要尽到自己的责任。以公有经济为主体，多种所有制共同发展的初级阶段基本经济制度是载入宪法的。对于宪法，所有公民都有遵守的义务，但也都有知情权和监督权。政府各有关部门有责任向全国人民提供更全面的信息，接受人民的监督。

三　关于全面性

唯物辩证法告诉我们，质与量是辩证统一的关系。任何质都是具有一定量的质，任何量也总是具有一定质的量。对客观事物的观察，既不应只关注其量而忽视质，也不应只关注其质而忽视量。唯物辩证法还告诉我们，任何事物都处在从量变到质变的过程中。复杂的事物在量变积累到一定程度会引起局部变质，经过若干次局部变质最终达到根本质变。在从量变到局部质变的过程中，客观上存在一个"度"。人们必须准确地把握这个"度"而不能偏离这个"度"，才可以保证事物沿着正确的方向向前发展。江泽民同志在论及社会主义初级阶段的基本经济制度时说过这样一段话："党的十五大提出，公有制为主体，多种所有制经济共同发展，是我国社会主义初级阶段的基本经济制度。我们必须坚持社会主义公有制作为社会主义经济制度的基础，同时在公有制为主体的条件下发展多种所有制经济，这有利于促进我国经济的发展。社会主义公有制的主体地位绝不能动摇，否则我们党的执政地位和我们社会主义的国家政权就很难巩固和加强。只有坚持公有制为主体，国家控制国民经济命脉，国有经济的控制力和竞争力得到增强，在这个前提下，国有经济比重减少一些，不会影响我国的社会主义性质。这是正确的，也是符合实践发展要求的。当然，所谓比重减少一些，也应该有个限度、有个前提，就是不能影响公有制的主体地位和国有经济的主导作用。"① 笔者体会这段话不仅阐明了质和量的辩证统一关系，而且指出了在量变过程中必须自觉遵循的"度"。下面就让我们用质、量、度辩证统一的思想为指导来看一看目前以公有经济为主体、国有经济为主导有待进一步思考的问题。

其一，关于公有经济主体地位是否存在"临界值"的问题。

许多论及公有经济主体地位的文章，都把公有经济在经济总量中占50%以上作为"临界值"。有些作者突出强调公有资产在社会总资产中占50%以上，有些作者认为除资产一项外，在增加值、主营业收入、所有者权

---

① 《江泽民文选》第3卷，人民出版社2006年版，第71—72页。

益、税费贡献诸方面都应该占 50% 以上。也有学者把"临界值"设定在
60%、70% 或更高。笔者认为既然要求公有经济占"主体",在量上至少应
该占 60% 左右这似乎是不言而喻的。问题在于我们不应只关注"量",还必
须把质与量统一起来进行考察。下面我举湖北、江苏、浙江三省的概况为例
做一些分析比较。

湖北省。该省国资委撰文称:截至 2011 年 8 月末,全省规模以上国有
及国有控股工业企业,资产总额达 12403.75 亿元,占全省工业企业的
59.9%;累计完成增加值 1989.84 亿元,占全省工业企业的 37.6%;实现销
售收入 6677.37 亿元,占全省工业企业的 41.1%。省国资委深化国企改革,
对关系国计民生的资源性、基础性、战略性企业,在引入战略性投资者、实
现产权多元化的前提下,保持国有资本绝对控股。对管理团队经营能力较
强、有一定发展潜力的完全市场竞争性企业,在实现产权多元化的前提下,
保持国有资本相对控股。对重要新兴产业领域的企业,国有资本主动进入,
实现战略控股。①

江苏省。根据江苏省国资委撰写的文章,该省 2010 年实现地区生产总
值 4.03 万亿元,全省公有经济的贡献率为 34.8%,其中国有及国有控股企
业的贡献率为全省的 22.2%。全省规模以上工业企业实现工业增加值 2.12
万亿元,其中国有及国有控股工业企业占全省的 19.1%。全省完成固定资
产投资 2.31 万亿元,其中国有及国有控股企业占全省的 22.80%。全省地方
国企的分布主要集中在基础设施建设、公用事业、能源、地方金融、资源开
发等领域。②

浙江省。从《浙江经验与中国发展》一书中得知,2004 年该省国有企
业占全省企业的比重,资产总额占 25.93%,营业收入占 8.42%。国有及国
有控股工业企业占全省工业总资产的 20.48%,占全省营业收入的 15.48%,
占全省工业增加值的 18.72%。目前国有资本在石油、钢铁、电力、自来水

---

① 杨泽柱:《建设大国资、促进大发展》,《国有资产管理》2011 年第 12 期。
② 王正宇:《围绕做大做强做优做久加快核心竞争力提升——关于加快地方国企发展的调查与思
考》,《国有资产管理》2011 年第 12 期。

等行业仍居于支配地位。①

从三省的比较中可以得出以下认识：公有经济的主体地位是一个侧重于量的概念，60%上下的"临界值"客观上的确存在。但质与量又是紧紧相连、内在统一的。公有经济接近"临界值"如湖北省，国有经济的主导作用也较强劲；公有经济明显低于"临界值"的如浙江省、江苏省，国有经济的影响力仅及于某些公益部门和自然垄断部门，已不存在对该省整个国民经济的主导作用。

其二，关于国有经济的主导作用，应如何科学地判断的问题。

国有经济的主导作用主要体现在国有企业对关系国民经济命脉和国家安全的重要行业和关键领域具有控制力、带动力、影响力和竞争力。国务院国资委2006年12月发布的《关于推进国有资本调整和国有企业重组的指导意见》中明确规定，对哪些行业国有企业必须具有绝对控制力；对哪些行业国有企业必须具有较强控制力。有些学者考虑到近些年来国际国内形势的变化，重新确定必须由国有企业控制的行业，这也有参考价值。不过有些文章对国有经济的主导作用也像公有经济的主体地位一样，设定了"临界值"。比如，在绝对控制的行业设定"临界值"为80%，在相对控制的行业设定"临界值"为60%，等等。这就值得考虑了。国有经济的主导作用，是一个侧重于质的指标，当然，也要考虑量的方面。例如，在前文举的三省中，明显低于公有经济主体地位"临界值"的浙江省和江苏省，国有经济的主导作用也大大削弱了。但是统一设定在具有绝对控制力的行业中国有资产总量在这些行业总资产中必须占有多大比例，总产值、营业收入、市场占有率等必须占有多大比例，却未必是科学的。首先，各行各业千差万别，而且，企业内外的情况在不断变化之中，很难设定一个统一的、固定的"临界值"。更重要的是，从国际、国内经济发展的大趋势来看，企业的科技发展水平和创新能力等质的方面的指标越来越重要了。下面笔者也举一个例子。《经济日报》2012年2月20日刊登了暴媛媛写的《民营石化企业占据

---

① 《浙江经验与中国发展》（经济卷）裴长洪、黄速建主编，社会科学文献出版社2007年版，第85、87页。

半壁江山说明什么》，文中举 2011 年 1—11 月石化类民营企业的总产值
达到 5.12 万亿元，同比增长 35.8%，占比达 51%，历史上首次过半。
与 2006 年相比，非公经济在石化业经济总量中的比重上升了 15.8 个百
分点，公有经济则下降了 16.4 个百分点。业内专家认为，数据表明的
不是简单的总值增长，而是行业发展的一大突破。2011 年全国民营企业
500 强中石油和化工企业占了 32 家。这些企业在经营规模、生产工艺、
管理水平和市场占有率等方面，几乎都能与国有企业并驾齐驱。"十二
五"期间，民营企业的工业总产值和利润都要力争占到全行业的 50%。
这篇文章显示私营石化企业有了长足的进步，这是应该肯定的。但石油
石化行业是国资委确定的应该具有绝对控制力的七大行业之一。那么，
在私营企业已占总产值 51% 的情况下，国有企业是否还具有控制力呢？
长期以来在石油石化行业中处于龙头地位的国有企业是中石油、中石
化、中海油。在三家企业中，生产石油化工产品的主要是中石化。2010
年中石化的营业收入为 19130 亿元，其中化工产品为 2856 亿元，同比增
长 48.2%。中石化下属的研究开发机构有石油化工科学院等八家。在
2005—2008 年，中石化共获得国家科技进步奖特等奖一项，一等奖一
项，二等奖 29 项；国家技术发明奖一等奖一项，二等奖 6 项。中石化自
主研发的甲醇制烯烃成套技术已步入产业化阶段。全年提出专利申请
3732 件，境外专利申请 202 件，境外专利授权 62 件。中石化的化工产
品已进入国际市场，对外销售收入人民币 3687 亿元。中石化 2011 年的
总资产为 11445 亿元。在《财富》所列的世界 500 强企业中，中石化排
在第五位。

　　笔者所以列举中石化的一部分资料，意在说明两点：其一，中石化、
中石油、中海油这三家国有企业目前在石油化工行业中仍具有明显的优
势。其二，衡量国有企业控制力的标准，总产值、总资产、总营业收入等
量的指标固然重要，我们绝不应忽视，但更重要的是技术创新能力、科技
研发能力、国内外市场的影响力和竞争力这类对今后长远发展具有决定意
义的质的指标。除石油化工行业，其他重要行业和关键领域中的国有企业
也处于大体相近的状况。这就表明，坚持国有经济的主导作用，既要保持
量的优势，更要保持质的优势。

　　以上笔者从可比性、准确性和全面性三个方面提出了对公有经济主体地位的研究还需要改进和深化的一些设想。但这决不是要否定十几年来坚持改革的社会主义方向的广大学者对公有经济主体地位的研究成果。笔者也同许多学者一样，认为我国的公有经济目前已处在失去主体地位的边缘。而公有经济的主体地位一旦失守，国有经济的主导作用也必将进一步被削弱，社会主义制度的经济基础将被动摇，我国当前的社会性质也有可能发生根本性的质变，后果极其严重。为什么会出现这样的局面？我国宪法关于社会主义初级阶段基本经济制度的规定并未修改，从十五大到十七大，在党中央的重要文献中也一贯强调公有经济为主体，多种所有制经济共同发展，问题在于执行过程。从 20 世纪 90 年代中期到现在的十几年，对私营经济、外资经济的鼓励、扶持、引导的措施屡见不鲜，与国有经济在"反垄断"和加强市场竞争名义下带来的困难和受到的影响形成鲜明的对比。在舆论界，一些资产阶级自由化的鼓吹者对国有经济的攻击、污蔑花样翻新却畅行无阻，而维护公有经济的主体地位和国有经济的主导作用，批评某些不恰当的措施的声音却没有得到应有的重视。在这种形势下，国有经济虽也排除不利影响，锐意进取，获得高速发展和长足进步，但私营经济的发展速度远高于国有经济。2010 年 3 月 2 日，全国政协十一届三次会议新闻发言人赵启正公布，2009 年私营企业的工业总资产增加 20.10%，工业增加值增加 18.7%，主营业收入增加 18.7%，利润增加 17.4%；而国有及国有控股工业企业与上述各项指标相对应，则分别为 14%、6.9%、－0.20% 和 4.5%。其实，不仅 2009 年是如此，从 20 世纪 90 年代中期到现在的十几年年年如此。国有经济在整个国民经济中的比重持续、迅速和大幅度的下滑是必然的。要扭转这种趋势，当然不是要限制私营经济的发展，而是要给予国有经济坚强有力的支持，采取切实有效的政策措施鼓励公有经济、特别是国有经济高速而健康的发展。笔者认为这是坚持和完善社会主义初级阶段基本经济制度的必由之路。

（原载《当代经济研究》2012 年第 8 期）

第五篇

争鸣与商榷

马克思主义经济学与当代现实

——与晏智杰教授商榷

前些时我读了卫兴华、晏智杰二位教授围绕劳动价值论展开争论的三篇文章，引起了笔者的重视。后来笔者又认真阅读了晏著《劳动价值学说新探》、《灯火集》和一些有关的文章，也仔细看了胡代光、吴易风、吴宣恭、程恩富等十几位学者指名或不指名地同晏书和晏文中某些观点进行商榷的文章，越来越认识到这一争论的重大意义。考虑到卫兴华等十几位学者的文章，已涵盖了劳动价值论及其现实意义的基本问题，而且有相当的理论深度，他们的主要观点笔者也是同意的，因此本文将重点就马克思主义经济学在当代的现实意义同晏智杰教授商榷。

（一）劳动价值论是马克思主义经济学的基石。

马克思主义经济学是一个严密的科学体系。它的基础是劳动价值论（下文凡提到劳动价值论都是指马克思的劳动价值论，不再注明）。所以，本文还是要从劳动价值论谈起。

对于劳动价值论。晏智杰教授是从根本上加以否定的。劳动价值论中的价值是指物与物掩盖的人与人之间的经济关系，而晏书和晏文认为价值应从一般意义上去理解，指的是人与物的关系；劳动价值论认为商品具有使用价值和价值二重性，而晏书和晏文认为商品只有使用价值一重性，价值是使用价值的延伸；劳动价值论认为生产商品的劳动具有具体劳动和抽象劳动二重性，马克思还曾把劳动二重性视为理解政治经济学的枢纽，而晏智杰教授却把商品二重性和劳动二重性说成是"直接违背客观事实与不合情理"是"劳动价值论中影响最为深远的一个悖论"。① 劳动价值论认为活劳动是形成价值的唯一源泉，而晏书和晏文则认为是劳动和非劳动的多要素共同创造价值；劳动价值论认为价值是价格的基础，而晏书和晏文却认为价格才是本质，价值只是价格的一个特例；劳动价值论认为平均利润形成以后，价值已转化为生产价格，晏书、晏文则认为价值转型问题国内外学术界争论了一百多年。至今还不能确认这一理论能够成立，如此等等。

劳动价值论应予否定，这是晏智杰教授的公开主张。他再三说，劳动价值论存在着先天性的缺陷和根本性的局限：这一理论已成为解放思想和深化改革的"理论瓶颈"：这一理论是形形色色的极"左"思想的理论根源：唯一的出路就是用要素价值论取代劳动价值论。

写到这里不禁想起晏智杰教授说过的一段话："在整个研究工作中，考虑过许多问题，我自以为最有意义的突破是，发现了或者说我自己第一次领悟到，马克思的劳动价值论是有特定的前提的。这个发现使我得以确认劳动价值论应有的适用范围，从此打开了重新评价其历史贡献和历史局限性的大门。"② 这里所说的劳动价值论的特定前提就是所谓"暗含"在劳动价值论中的三个前提条件：一是原始未开化的实物交换；二是劳动以外的其他要素都是无偿的；三是生产商品的劳动是简单劳动。晏教授自以为这是他"最有意义的突破"，而笔者却认为这是他最大的败笔。因为这里讲的是马克思的原著，三个前提是不是马克思的本意不难辨别。马克思说："我们现在从作为资本主义生产的基础和前提的商品——产品的这个特殊的社会形式——出发。我们考察个别的产品，分析它作为商品所具有的，也就是给它们打上商品烙印的形式规定性。……产品发展为商品。一定范围的商品流通，因而一定范围的货币流通，也就是说相当发达的贸易，是资本形成和资本主义生产的前提和起点。我们就是把商品看成这样的前提，因为我们是从商品出发，并把它作为资本主义生产的最简单的元

---

① 《北京大学学报》2003 年第 2 期。
② 晏智杰：《灯火集》，北京大学出版社 2002 年版，代序。

素的。"① 类似的意思在马克思的著作中多次讲过。笔者体会，马克思研究资本主义生产方式从商品开始，不仅是逻辑的和历史的统一，也不仅是从抽象到具体的辩证方法的运用，更重要的是，他一开始就是把商品作为资本主义生产的起点和元素来加以分析的。因此。晏教授所说的劳动价值论的三个前提条件，决不可能"暗含"在马克思的思想中，而只能是"暗含"在晏教授的头脑中。

（二）我们要坚持的是马克思主义经济学的基本原理，而不是某个具体结论。

晏智杰教授说："马克思主义经济学对资本主义世界发展趋势的预言同现实存在着较大的偏差。150 多年前。马克思主义创始人根据他们对人类社会特别是对当时资本主义制度发展规律的认识，曾经断言资本主义作为一种社会制度即将寿终正寝，这个'即将'不是遥不可及的未来，不是他们身后 20 世纪的某个年代，更不是 21 世纪，而是近在他们眼前的就要到来的现实，具体说来是指他们身处其中的 19 世纪的最后四分之一世纪。……历史和现实已经证明这种论断是过于激进了。资本主义制度在他们身后一个半世纪的今天，不仅还继续存在着，而且在可以预见的未来还会有进一步的发展，……能说这不是从又一个侧面表明了马克思主义经济学的局限吗？"② 这段话向人们提出了一个值得思考的问题：什么是马克思主义经济学的基本原理？什么是马克思主义创始人曾经提到的某个具体结论？我们要坚持的是前者还是后者？

什么是马克思主义经济学的基本原理，武汉大学陈恕祥教授有一段话说得很透彻："有这样一种想法，认为只要继承'一切从实际出发'就行了，其他的东西，包括马克思主义基本原理都可以不要，认为这就是坚持了马克思主义。什么是马克思主义基本原理？那应该是如果去掉了就不再是马克思主义的理论。比方说，去掉了科学的劳动价值论，经济学还是马克思主义经济学吗？同样，去掉马克思的剩余价值论、资本积累论、再生产理论、关于资本主义私有制和分配的理论、资本主义历史趋势的理论，

---

① 《马克思恩格斯全集》第 26 卷（Ⅲ），人民出版社 1974 年版，第 119 页。
② 晏智杰：《劳动价值学说新探》，北京大学出版社 2001 年版，绪论，第 3 页。

关于未来社会主义和共产主义的基本原理，这就取消了马克思主义经济学。"① 笔者在这里要补充的是，马克思主义基本原理还包括对一系列经济规律的揭示。《资本论》开宗明义就说："本书的最终目的就是揭示现实社会的经济运动规律。"规律和本质是同一序列或同等程度的概念。"人的思想由现象到本质。由所谓初级的本质到二级的本质，这样不断地加深下去，以至于无穷。"② 所以，不同层次的本质可以概括为不同层次的规律。越是反映深层本质的规律，其作用范围越广，作用时间越长。马克思把历史唯物主义运用于资本主义社会。揭示了资本主义生产关系的一系列规律。其中剩余价值规律是资本主义生产关系的基本规律，它制约着资本主义从发生、发展、衰落以至为更先进的社会形态所取代的整个运动过程。反映比剩余价值较低层次的本质的，是资本主义生产关系各个方面的规律，如社会生产无政府状态规律，资本主义积累的一般规律，资本主义人口相对过剩规律，资本主义周期性经济危机规律等。从资本主义市场经济来看，价值规律是基本规律。较低层次的还有供求规律，竞争规律，价格变动规律等。《资本论》所揭示的一系列规律，尤其是反映资本主义生产关系深层本质的主要规律，应属于马克思主义经济学的基本原埋，是必须坚持的。

　　什么是马克思主义创始人曾经提出的某个具体结论？那是指马克思、恩格斯在他们那个时代，针对某些国家、某些民族、某些政治事件中的实际问题，以当时当地的经济、政治形势为依据而作出的论断。其中有些结论可能随着时间的推移和环境的变动而失去其有效性。我们要坚持的是马克思主义的世界观和方法论。是马克思主义经济学的基本原理和科学体系，而不是某些个别结论。从一定意义上说，把基本原理与个别论点区分开来，正是从当代实际出发发展马克思主义的必要前提。晏教授列举的马克思主义创始人对资本主义何时灭亡的具体预测，即使真有这样的预测，也不应包括在马克思主义经济学的科学体系之中，不应以此作为从总体上评价马克思主义经济学的依据。

---

① 《经济评论》2000 年第 3 期。
② 列宁：《哲学笔记》人民出版社 1956 年版，第 256 页。

再进一步分析，马克思、恩格斯在什么地方讲过资本主义将在19世纪最后25年灭亡这样的具体预测，晏教授并未指明出处。就笔者所读过的马克思、恩格斯的著作中，对资本主义的未来讲得最多的是由于资本主义基本矛盾的深化必然导致资本主义最终为社会主义所取代。在有些著作中也讲过资本主义的外壳就要炸毁了，资本主义私有制的丧钟就要敲响了，剥夺者就要被剥夺了这一类带有预期性的话，而并未讲过资本主义何时灭亡的具体时间。当然，马克思恩格斯的传世之作浩如烟海。笔者所读过的毕竟有限。值得注意的是，恩格斯在晚年曾对预测资本主义未来这件事作过说明。他于1891年10月24—26日给奥·倍倍尔的信中写道："据报道，你说我似乎曾经预言资产阶级社会将于1898年崩溃，这是一个误会。笔者只是说，到1898年，我们可能取得政权。如果这种情况没有发生，旧的资产阶级社会还可以继续存在一段时间，直到外来的冲击使这座腐朽的大厦倒塌为止。这样一个腐朽陈旧的建筑物，当它实际上已经过期之后，如果风平气稳，也还可以支持数十年。因此，我当然要避免事先作这类预言。恰恰相反，我们可以取得政权，这只是根据数学定律，按照或然率理论作出的计算。"[1] 笔者看，这是对晏教授的最好回答。

（三）马克思主义经济学并未过时。

晏智杰教授说："马克思经济学的科学价值在于对第一次产业革命时期资本主义的现实和发展趋势做出了科学的分析，符合当时的情况，反映了当时工人阶级的要求和愿望，代表了当时社会前进的方向和社会生产力发展的要求。我觉得对于一种真正的科学学说来说，这就已经十分了不起了，其历史意义是永远不会磨灭的。……世界在发展，不会停留在一个水平上。实际上已经远远超出了马克思主义创始人当初的设想。而马克思主义经济学分析的对象却是资本主义发展的初级阶段，分析方法也带有那个时代的特点，或许还有别的历史局限性。在这种情况下，要求马克思主义经济学完全适用于他们身后几十年、上百年的情况是不可能的，也是不合理的，甚至是反科学的。"[2]

---

① 《马克思恩格斯全集》第38卷，人民出版社1972年版，第186页。
② 晏智杰：《灯火集》，北京大学出版社2002年版，第9页。

从文字上看，晏教授似乎对马克思主义经济学的历史地位作了比较充分的肯定，但是我们不应忘记，对劳动价值论，他认为在原始物物交换条件下是对的，而超出这个范围就失效了。现在他又说马克思主义经济学在自由资本主义时期是对的，超出这个范围就失效了。后者与前者是同一个思路。不过在这里还需要指出，晏教授对马克思主义经济学历史地位的肯定也是假的。只要仔细读一读《灯火集》和《新探》，我们就会明白，晏教授是从根本上否定马克思主义经济学的。晏书和晏文中，曾多次使用"局限"、"局限性"、"历史局限性"来批评马克思主义经济学。我们应该注意到，"局限性"这个词如果不作认真的分析是很容易混淆是非的。任何一种学说，无论是属于自然科学还是社会科学，都是以一定的历史条件为背景产生的。因此，随着时间的推移，或由于客观事物发生了较大的变化，或由于后人有新的发明或新的发展，原有的学说往往会显露出某些不足。但只要正确地揭示了它所研究的对象的基本规律，它就不会失去其应有的意义。以牛顿的物体运动三定律为例。它在17—19世纪被称为经典力学，但在20世纪初，爱因斯坦的广义相对论使物理学发生了变革。新的理论指出，当物体运动达到或接近光速时，牛顿三定律将不再适用。不过经典力学并未因此而被否定。在物体运动低于光速的条件下，牛顿三定律仍然有效。可见，有局限性与"过时"是不能简单等同的，中间还有若干环节。而晏教授正是用"局限性"这样的词句，来掩盖他宣扬的马克思主义经济学过时论的本意。

晏教授把马克思主义经济学定位于第一次产业革命时期。而这个时期在他看来还是资本主义发展的初级阶段。这个论断笔者认为是不能成立的。现在有些学者为了宣传马克思主义已经过时，有意把马克思推向遥远的过去，给人一种错觉。其实，马克思恩格斯离我们并没有那么远。资本主义生产方式萌芽于14—15世纪。原始积累大约从15世纪末到19世纪初。从19世纪初进入自由资本主义时期。资本主义的发展变化是与科技进步紧密相连的。在人类社会的近代史上曾发生过三次科技革命。第一次科技革命（亦称产业革命）发生在18世纪中叶到19世纪中叶，以蒸汽机的发明和应用为主要标志。第二次科技革命发生在19世纪70年代至20世纪初。以电力的应用为主要标志。第三次科技革命发生在第二次世界大战以后。以电子计算机为主的一系列新兴产业的崛起为主要标志。当马克思、恩格斯在世时，第一次科技革命已经完成（英国的产业革命完成于19世纪30年代末40年代初），第二次科技革命已有明显的进展，在两次科技革命的带动下，资本主义生产方式取得了长足的进展。当时已出现了资本的大规模集中，股份公司，有价证券，虚拟资本，世界市场等。与此同时，生产社会化与资本主义占有之间的矛盾也日益明显。仅在19世纪就发生过多次经济危机。最早一次经济危机1825年发生在英国，最早一次资本主义世界性的经济危机发生在1857年，当时英、法、德、美等主要资本主义国家都受到严重影响。从这以后到19世纪末。又先后发生过五次经济危机。资本主义的上述这些发展和在发展中暴露的矛盾，在马克思、恩格斯著作中不但已有所反映，而且对许多问题作了深刻的分析。马克思主义创始人还预见到垄断资本、国家干预、科技进步的前景及其对生产过程和劳动状况带来的新变化等。以上历史事实足以说明，马克思、恩格斯在世时资本主义已结束了它的童年期而进入成年期了，资本主义生产关系经过三百多年的发展已经臻于成熟了，不能说它还处在初级阶段。

为什么晏教授要把马克思主义经济学的研究对象说成是资本主义的初级阶段？这值得我们进一步思考。我们都知道，在社会科学中，任何一种学说都是一定时间和空间下，生产力与生产关系的矛盾在意识形态领域的反映，都会直接或间接地服务于某一个阶级的阶级利益。对于马克思主义经济学的时代背景，陈岱孙先生曾作过很好的概括，他说：“马克思主义政治经济学的创立，是欧洲十九世纪上半叶历史进展的表现。一方面，随着大工业的发展，资本主义生产方式在英法等国已达到完全成熟的阶段。另一方面，随着英法两国在政治上完全统治的建立，无产阶级和资产阶级的阶级斗争上升到首要地位。”① 陈岱孙先生在这里说的也是“成熟阶段”而非初级阶段。正是在这样的历史条件下，马克思这位伟大的思想家、革命家写出了《资本论》这部划时代的巨著，建立了马克思主义经济学的科学体系，指明了无产阶级的历史地位和前进方向。马克思主义经济学之所以能够在它诞生一百多年后的今天仍有其现实的指导意义，一个重要原因

---

① 陈岱孙：《从古典经济学派到马克思》，上海人民出版社1981年版，第30—31页。

在于马克思所面对的是以英、法两国为代表的、已经处于成熟状态的资本主义。在这个时候资本主义生产关系与生产力的矛盾已经暴露得比较明显。马克思全面地、极为深刻地剖析了资本主义的基本矛盾和各个层面的矛盾，揭示了资本主义从发生、发展直至灭亡的一系列客观规律。只要资本主义生产方式继续存在。马克思揭示的一系列经济规律，尤其是其中的主要规律必将继续发生作用，马克思主义经济学不可能过时。晏教授把马克思主义经济学的研究对象限定于资本主义初级阶段，也就是说，资本主义还处在不发达、不成熟的状态，当然，资本主义的各种矛盾也就不可能较为充分的展开和较为明显的暴露，在这样的历史条件下，真正科学的政治经济学能够产生吗？写到这里不禁想起恩格斯评论空想社会主义的一段话："空想社会主义者之所以是空想主义者，正是因为在资本主义生产还很不发达的时代，他们只能是这样。"① 这就提醒我们。晏教授所以要不顾历史事实把马克思主义经济学的研究对象限定为资本主义的初级阶段，是为否定马克思主义经济学的科学性。

（四）否定剩余价值论就是从根本上否定马克思主义经济学科学体系。

我在前文曾经说过。晏智杰教授对马克思主义经济学是从根本上加以否定，他说的马克思主义经济学有历史贡献的那些话也都是表面文章。我这个看法根据何在？是因为晏智杰教授全面否定了马克思的剩余价值论。请看下文："马克思的劳动价值论不是财富论，他也不能证明社会财富现象和规律，这是马克思劳动价值论的一个局限性。""经济学家们通常不会认为这是什么局限性，相反，他们认为劳动价值论，以及以其为基础的经济学是对资本主义生产方式本质的最深刻的揭示。为什么呢？因为据此，可以认为资本主义生产方式是劳动过程和价值增殖过程的统一，其本质是剩余价值的生产和增值，劳动过程不过是价值增值的条件。""于是就出现了这样一种情况：劳动者以'价值'的唯一创造者的身份和姿态出现在资本主义生产中，但作为财富的生产过程本来多种要素都在做贡献，可是，依据传统的看法，生产财富不过是一种形式，一种不可避免的形式，本质是借助于财富的生产而进行的价值和剩余价值生产，所以财富创造者不起

---

① 《马克思恩格斯全集》第 20 卷，人民出版社 1971 年版，第 290 页。

本质和决定作用，根据劳动价值论，起本质和决定作用的价值和剩余价值的唯一创造者：劳动。与其对立的是在价值创造中没有起一点作用，却要占有全部剩余价值的资产阶级。分析的结果必然是两者的极端对立，是这种生产方式立即灭亡。""历史和现实生活表明这是一个存在重大偏差的论断。"① 这段话，作者自己已经把他认为的剩余价值学说不科学、不合理、不公平、因而不能成立的观点表达得很清楚了，似乎不需要别人再做什么解析。在这里需要指出的是，马克思主义创始人并未说过由于资本与雇佣劳动的根本对立，资本主义将"立即灭亡"。历史唯物主义告诉我们，剥削在一定历史条件下有利于生产力的发展。奴隶主对奴隶，封建主对农奴，其剥削程度超过资本主义，奴隶制和封建制并没有"立即灭亡"，而是延续了几百年、上千年。

晏教授否定剩余价值论还可以从他对剥削的解析上得到证明。晏教授曾多次申明。他并没有否定剥削，只不过是对剥削给了一个新的界说。但是，只要我们具体分析一下这个新界说的内容。就可以清楚地看出，它同剩余价值论是完全对立的，是从根本上否认资本主义经济中资本对雇佣劳动的剥削的。

第一，剩余价值论以生产资料资本主义私有制为前提，而晏教授对剥削的新界说，却强调生产资料的私有不一定是剥削的根据，只有对它的垄断或滥用才会带来剥削。小生产者是小私有者，但不存在剥削，相反，生产资料公有也不一定能保证同剥削无缘，如果它被某些人转化为谋取私利的手段，就能成为占有社会或别人生产成果的条件。这种说法是王顾左右而言他，以冲淡资本主义私有制的剥削本质。无论是马克思主义经济学还是社会主义的实践从来没有把小私有者看成是剥削者。而一直把他们看成是自食其力的劳动者。这种私有制同资产阶级对生产资料的占有根本不能相提并论。另外，马克思主义经济学所说的剥削，从奴隶社会到资本主义社会，本质上都是指凭借对劳动者的人身占有、半占有，或凭借对生产资料的占有（也就是垄断）用超经济的或经济的手段，剥夺劳动者创造的剩余产品。这些剥削形式在当时的社会制度下是合法的，而贪污、盗窃、诈

---

① 晏智杰：《灯火集》，北京大学出版社 2002 年版，第 48—49 页。

骗、抢劫等无论在哪种社会制度下都是触犯刑律的行为。从来不包括在经济学的剥削范畴之内。

第二，剩余价值论坚持价值源泉一元论，全部生产成果的价值都来自劳动。资本主义剥削的本质，是资产阶级以生产资料资本主义私有制为前提条件，通过劳动力的买和卖，使劳动隶属于资本，从而无偿占有雇佣劳动者创造的剩余价值。而晏教授对剥削的新界说则宣称："只要我们承认社会财富的创造者是多元的，那就得承认只要各种要素得到的份额与其贡献相适应，既没有占有别人的成果，也没有被别人所占有，也就不能说存在剥削和被剥削。"[1] 那么资本对雇佣劳动究竟有没有剥削呢？晏教授认为"资本家凭借占有生产资料而雇佣工人进行劳动，如果对工人支付了同工人的劳动贡献相应的报酬，他们手中的私有资本也不是剥削的条件。"[2] 大家都知道，马克思的剩余价值论是以工人获得了与其劳动力价值相当的报酬为出发点的，着重阐明的是，即使工人得到了与其劳动力价值相当的工资，仍然要被资产阶级无偿占有他们创造的剩余价值。在这里并没有把剥削局限于工资低于劳动力价值这种状况。晏教授讲的"劳动贡献"当然不是劳动力价值，但他要表达的主旨还是清楚的，即雇佣劳动者如果从资本家那里得到与其贡献相符的报酬，就不存在剥削了。这同剩余价值论正好相反。

第三，剩余价值论是从资本主义社会剥削与被剥削的现实中概括出来的，揭穿了资本主义剥削的秘密，不但很容易为工人阶级所掌握，而且对于剥削的程度也从数量上表示得很清楚。劳动力价格受市场供求的影响，但它的基础是劳动力价值；在劳动力被资本使用的过程中，不变资本与可变资本，必要劳动时间与剩余劳动时间有明确的划分：剩余价值率和剩余价值量都表现得很清楚。而晏教授所主张的要素价值论和以此为基础的要素分配论则是模糊不清的。在价值创造中资本的贡献是多少，劳动的贡献是多少，其他要素的贡献是多少，晏书和晏文主张应计算生产要素的生产率。但究竟如何计算他也承认还有待研究。他相信"只要方法对头，资料

---

① 晏智杰：《灯火集》，北京大学出版社 2002 年版，第 177 页。
② 同上书，第 167 页。

齐备，理论可靠，假以时日终能达成"①。这就是说到目前为止，连最简单的关系，如在剥削的新界说中提出的，资本家只要给雇佣劳动者符合其劳动贡献的报酬就不存在剥削，也无法说清。马克思早就指出，在"三位一体"公式中，资本得到利润或利息，土地得到地租，并不是因为它们在价值创造中起了什么作用，而是来自资本家、土地所有者的产权。马克思在批评"三位一体"公式时着重揭露了利润来源于资本，地租来源于土地是一种掩盖资本主义剥削本质的假象。晏教授对剥削的新界说，从本质上看，并未超出"三位一体"公式。

剩余价值论在马克思主义经济学中以至在科学社会主义的建立中其重要地位是人所共知的。恩格斯曾把剩余价值论视为马克思一生中两大发现之一。他在《资本论》第一卷的述评中说："自地球上有资本家和工人以来，没有一本书像我们面前这本书那样，对于工人具有如此重要的意义。资本和劳动的关系，是我们现代全部社会体系所依以旋转的轴心，这种关系在这里第一次做了科学的说明，而这种说明之透彻和精辟，只有一个德国人才能做得到。"② 恩格斯在谈到剩余价值论时还说："这个问题的解决是马克思著作的划时代的功绩。它使明亮的阳光照进了经济学领域，而在这个领域中，从前社会主义者像资产阶级经济学家一样曾在深沉的黑暗中摸索。科学社会主义就是以此为起点，以此为中心发展起来的。"③ 所以，否定剩余价值论也就是从根本上否定马克思主义经济学，这一认识是有充分根据的。

行文至此，对这个问题的讨论似乎可以告一段落了。但笔者仍觉得意犹未尽。因为晏智杰教授是自我标榜一切从实际出发的。对于上文的论证，他可能认为还是从理论到理论，而他根据的是当代资本主义的现实。那么就让我们用尽可能简要的方法来验证一下资本对雇佣劳动的剥削在当代资本主义社会是否仍然存在。

第二次世界大战以后特别是 20 世纪最后 20 年。资本主义社会的确发

① 晏智杰：《灯火集》，北京大学出版社 2002 年版，第 180 页。
② 《马克思恩格斯全集》第 16 卷，人民出版社 1964 年版，第 263 页。
③ 《马克思恩格斯选集》第 3 卷，人民出版社 1995 年版，第 548 页。

生了不少重要的新变化。概括起来说，主要表现在以下几个方面。

第一，第三次科技革命成了主要资本主义国家生产力迅速发展的推动力。第三次科技革命与前两次科技革命相比有显著的特点。首先，以往的科技革命往往是从几项科学发明和少数产业部门开始，逐渐扩展，带动整个国民经济。而新科技革命一开始就是多学科跨领域的革命。它以电子技术为主，同时出现生物工程、航天技术、新材料、新能源等，它们相互促进，相互渗透，对国民经济发生更快的和更大的带动作用。其次，以往的科技革命主要是解放人的体力。而新科技革命主要是解放人的脑力。电子计算机的广泛应用，信息高速公路和多媒体技术的发展等，都是人的智力的扩大与延伸。上述这些新特点在当代资本主义的新变化中起着至关重要的作用。

第二，科技革命大大促进了生产社会化。在资本主义条件下，资本的集中发展到很高的程度。不但出现了掌握一国经济命脉的庞大的垄断资本集团，而且出现了能够左右世界经济活动的巨型跨国公司。

第三，垄断资本与资本主义的国家机器更为紧密的结合大大加强了国家对整个国民经济的干预。例如，国家采用种种手段力图缓和经济危机的烈度和带来的损失；国家通过税收、工资等经济杠杆，通过工人参与企业管理的立法，以及建立比较完备的社会福利制度等力图缓和阶级矛盾。

第四，随着科技的进步和经济的发展，主要资本主义国家的产业结构和就业结构发生了明显的变化。第二产业、尤其是第三产业中脑力劳动者大量增加，改变了工人阶级的状况。

第五，经济全球化较之20世纪上半叶有了很大拓展。生产社会化已大大超出了国界，在信息技术得到广泛应用的条件下，各种资源在国际间的流动，尤其是国际金融资本的大幅度增加，使世界各国的经济联系日益紧密。

如何全面审视资本主义的发展，马克思曾经作过精辟的分析："在我们这个时代，每一种事物好像都包含有自己的反面。我们看到，机器具有减少人类劳动和使劳动更有成效的神奇力量，然而却引起了饥饿和过渡的疲劳。新发现的财富的源泉，由于某种奇怪的、不可思议的魔力而变成贫困的根源。技术的胜利，似乎是以道德的败坏为代价换来的。随着人类愈益控制自然，个人却似乎愈益成为别人的奴隶或自身的卑劣行为的奴隶。甚至科学的纯洁光辉仿佛也只能在愚昧无知的黑暗背景上闪耀。我们的一切发现和进步，似乎结果是使物质力量具有理智生命，而人的生命则化为愚钝的物质力量。现代工业、科学与现代贫困、衰颓之间的这种对抗，我们时代的生产力与社会关系之间的这种对抗。是显而易见的、不可避免的和无庸争辩的事实。"① 马克思这段话说得何等深刻！一百多年过去了，放眼当代的资本主义世界，正面效应还是伴随着负面效应，如影随形。当代资本主义世界包罗万象，变化多端。对它进行比较全面的研究不是本文的任务。下面仅就资本对雇佣劳动的剥削是不是还存在，从资本主义社会的实际出发，做一简要分析。

第一，新科技革命促进资本的高度集中和垄断资本的利润大幅度增加，发达国家工人阶级的物质生活有所改善，但受剥削的程度加深了，社会上贫富悬殊和两极分化更为明显。

有资料表明，美国拥有 10 亿美元以上资本的大工业公司，由 1955 年的 22 家发展到 1992 年的 316 家。拥有 100 亿美元资本的特大公司由 1970 年的 2 家发展到 1992 年的 49 家。10 亿美元以上的大公司所获纯利润在所有公司的总利润中所占的比重 1960 年为 38%，1990 年为 73.2%。

主要资本主义国家工人的收入，第二次世界大战后较之战前有较大幅度的增加。但好景不长，从 70 年代中期以后发达资本主义国家工人的实际工资增长缓慢以至呈下降趋势。根据美国《总统经济报告（1995）》的材料计算，从 1973 年到 1994 年，美国第一线职工（不参与管理和监督的男女职工）的实际小时工资下降 14%，实际周工资下降 19%，大体回到了 50 年代末的水平。

把大公司的利润增加与工人工资的变动趋势加以对比，不难看出剩余价值率在不断提高。有资料表明，美国制造业 1950 年，1960 年，1970 年，1980 年，1989 年的剩余价值率分别为 111%、122%、141%、161% 和 209%。工人收入占国民收入的比重也在逐渐下降。以德国和法国为例，1971 年到 1981 年工人收入占国民收入的比重。德国为 73.9%，法国为

① 《马克思恩格斯全集》第 12 卷，人民出版社 1962 年版，第 4 页。

73.8％，而 1981 年到 1997 年，德国降低了 2.3％，法国降低了 5.1％。

在上述一系列情况下，资本主义社会贫富两极分化的加剧是必然的。据统计，1999 年占美国人口 1％ 的巨富家庭的总收入相当于一亿低收入人口的收入总和。1994 年，美国人口中最富的 10％ 的家庭所拥有的财富占全国财富的 66.8％，而最穷的 10％ 的家庭平均负债超出财产 7075 美元。贫困线以下的人口，美国 1994 年为总人口的 14.5％，欧盟各国 1992 年为总人口的 17％。事实证明，马克思提出的无产阶级贫困化理论并未过时。

第二，新科技革命的发展使工人阶级的状况发生了重大变化，脑力劳动者大幅度增加，但雇佣劳动隶属于资本的阶级关系并没有改变。

有资料表明，20 世纪中叶以后，工人阶级中脑力劳动者的比重显著提高。在美国全部就业人员中主要从事脑力劳动的 1959 年为 36.7％，1996 年上升到 58％。美国"白领工人"总数从 20 世纪 40 年代的 1608 万人，到 70 年代已增加到 5105 万人。[①]

对于上述统计数字需要做一些具体分析。按照发达国家的统计分类，一般把脑力劳动者分成四类，一是专业技术人员，二是政府及经理人员，三是职员和办公室人员，四是营销人员。这种分类方法掩盖了各类人员中的重大差别。我们应该看到，受雇于政府或资本家的高级官员、高级管理人员和中层公务员、中层管理人员、中层专业技术人员，不属于工人阶级。但他们人数很少，占"白领工人"绝大多数的一般职员、一般公务员、下层管理人员、一般专业技术人员等，他们同体力劳动工人一样，都属于真正的雇佣劳动者。所以上面所列的数字基本上还是可以反映实际情况的。

对于工人阶级的这种变化马克思、恩格斯早有预见。恩格斯在 1893 年致国际社会主义者大学生代表大会的信中说："希望你们的努力将使大学生们愈益意识到，正是应该从他们的行列中产生出这样一种脑力劳动无产阶级，他们负有使命同自己从事体力劳动的工人兄弟在一个队伍里肩并肩地在即将来临的革命中发挥巨大作用。"[②]

---

① 参见丁冰《新经济对经济理论和经济制度的影响》，《当代思潮》2001 年第 6 期。
② 《马克思恩格斯全集》第 22 卷，人民出版社 1965 年版，第 487 页。

现在有人强调工人阶级内部白领工人与蓝领工人之间的差别，似乎脑力劳动工人在资本主义经济危机和社会的两极分化中，所受的影响比较小，事实上并不尽然。有材料表明，在 1988—1995 年期间美国 100 家大公司职工总数减少了 22%，约 300 万人，其中 77% 是"白领工人"。2001 年以来，美国裁员最多的五个行业中，有四个属于高新科技产业。可见，脑力劳动工人的处境并不美妙。

还有一种说法，似乎在高新科技产业中，企业所有者自己就是科技高手和高级管理人才，在这些企业中工作的脑力劳动工人收入较高，发明创造的条件较好，可能不存在剥削与被剥削的关系。笔者认为实际情况并非如此。以比尔·盖茨拥有的微软公司为例。1981 年开发磁盘操作系统，利润 5000 多万美元；1995 年"Windows 95"投产，当年利润 60 亿美元；2000 年"Windows 2000"上市，利润 230 亿美元。与利润的攀升相适应，公司雇员人数 1981 年为 128 人，1995 年为 1.7 万人，1999 年为 3.1 万人。说到"Windows 2000"，它是 5000 名编程人员历时 3 年设计出来的。上市之前又经过上千人耗时一年的修改。他们中只有极少数高级管理人员工资高，且持有该公司的大量股票，除此以外的绝大多数脑力劳动工人所得工资的总和还不及上司所得利润的零头。截至 1999 年 2 月底，比尔·盖茨的个人资产已达 848 亿美元。显然，这种情况如果用要素价值论和要素分配论，即几万脑力劳动工人付出的劳动与比尔·盖茨投入的资本，以及比尔·盖茨本人的科技能力、管理能力共同创造价值，并且已按照各自的贡献取得了相应的报酬，这里并不存在剥削，是根本说不通的。而用劳动价值论和剩余价值论来解析，微软公司的高额利润主要来自无偿占有微软职工创造的剩余价值和对全社会剩余价值总和的分割。比尔·盖茨本人付出的科技劳动和管理劳动是作为劳动参与价值创造的，也应该得到相应的报酬，但绝不可能与劳动者的收入相差如此悬殊。马克思曾经说过："文明的一切进步，或者换句话说，社会生产力（也可以说劳动本身的生产力）的任何增长——例如科学、发明、劳动的分工和结合、交通工具的改善、世界市场的开辟、机器等等，——都不会使工人致富，而只会使资本致富，也就是只会使支配劳动的权利更加增大，只会使资本的生产力增长。

因为资本是工人的对立面，所以，文明的进步只会增大支配劳动的客观权利。"① 当代资本主义的现实证明，马克思这一论断仍然有效。

第三，资本与雇佣劳动的对立，不能仅仅着眼于几个发达资本主义国家，还应从世界范围进行考察。当代的经济全球化是在发达资本主义国家、尤其是美国主导下的全球化。因此必然会把资本主义剥削、贪婪的本性施加于全世界。其最明显的后果就是富国与穷国的差距扩大，南北矛盾激化。发达资本主义国家的发展，离不开广大发展中国家的自然资源、人力资源和廉价商品。富国与穷国在国际贸易中的不等价交换使前者大获其利。据统计。1950—1979 年，发展中国家出口的初级产品价格下降了4%。而进口的工业制成品的价格却上升了44%。1981—1985 年，这种剪刀差继续扩大，初级产品的价格平均被压低了30%。近年来发达国家对发展中国家的经济掠夺更多地依靠他们对高科技的垄断。以我国的程控交换机市场为例，当我们完全依靠进口时，外商提供的产品价格每线为380 美元，而当我国国产产品达到可以与外商竞争时，他们的产品价格降至每线70 美元，可见在外贸交易中高科技产品价格是何等的不合理。除了不等价交换，发达资本主义国家还在发展中国家制造危机。1997 年在东南亚爆发的金融危机就是在国际金融资本发动，美国推波助澜下爆发的，它使亚洲许多国家蒙受了惨重损失，而使国际垄断金融资本大获其利。许多事实表明，从一定意义上说，发达资本主义国家的经济增长和人民生活的改善是靠对发展中国家的巧取豪夺而得来的。在这种不平等的国际经济新秩序下，全球化实际上是剩余价值生产和分割的国际化，这必然会把资本主义所固有的贫富两极分化推向全世界。目前生活在发达资本主义国家的占世界人口20% 的人群，消费着全世界86% 的产品，而余下的80% 的人口，却只消费14% 的产品。又据统计，现在人均 GDP 超过一万美元的28 个国家和地区，人口占世界的17%，GDP 却占世界的79%；而人均 GDP 低于一千美元的国家和地区有33 个，人口占世界的57%，GDP 仅占世界的6%。② 在落后国家，食不果腹，缺医少药，无家可归的处于绝对贫困状态

---

① 《马克思恩格斯全集》第46 卷（上），人民出版社1980 年版，第268 页。
② 参见王振中《经济全球化的理论思考》，《经济学动态》2001 年第5 期。

的人群到处可见。除了南北矛盾，主要资本主义国家为了各自的经济利益勾心斗角，第二次世界大战后发生的多次局部战争，背后都存在着资本主义大国之间经济和政治利益的争夺，而局部战争的受害者主要还在穷国。大量事实表明，马克思揭示的资本主义积累的一般规律正在世界范围发生作用。

通过以上的分析，可以得出这样的认识，无论从理论上看还是从当代现实来看，资本对雇佣劳动的剥削在全世界范围仍大量存在，马克思主义创始人提出的剩余价值学说和以此为核心的马克思主义经济学的科学体系是经得起实践检验的，是任何人也动摇不了的。

（五）对学风问题的两点商榷。

在行将结束本文时，还想对晏书和晏文中涉及的学风问题发表一点看法。

晏智杰教授多次强调实践是检验真理的唯一标准。强调一切从实际出发是马克思主义的基本精神。但对于马克思主义经济学本身他却认为是没有经过实践检验的，不能当作真理来判断是非。他在同卫兴华教授商榷的文章中说："要知道，马克思经济学本身并不能作为检验真理的标准，相反，它的真理性还要受到实践的检验……如果将这种本应受到实践检验的学说本身视为真理标准，拒绝依照实践对它进行检验，难免要将它变成无本之木和无源之水，导致本本主义了。"① 另外，他在一次讨论会的发言中说的更明确："目前，在对待马克思主义经济学问题上。存在三种不良倾向：以马克思的论述作为真理的标准，而不是把实践标准放在第一位。根据'实践是检验真理的唯一标准'这一认识论原理，马克思主义是不能作为判断真理的标准的，因为它并未接受实践的检验。"② 首先应该指出，上述观点的要害是把马克思主义与实践完全割裂开来，进而否定其真理性，这是完全违背事实的。以剩余价值论为例。凡是研究过《资本论》的人都知道，马克思是在搜集了资本如何剥削雇佣劳动和两大阶级矛盾的极其大量实际资料，进行了长达 25 年的研究才概括出来的。追求剩余价值是资

---

① 晏智杰：《灯火集》，北京大学出版社 2002 年版，第 435 页。
② 引自《中国经济大论战》第 2 辑，经济管理出版社 1997 年版，第 328—329 页。

本主义的绝对规律，不但在马克思那个时代是真理，直到当代资本主义仍然是真理。怎么能说没有经过实践的检验？至于说马克思主义经济学都没有接受过实践的检验，因而不能作为真理的标准，就离事实更远了。20世纪以来。相继发生了俄国十月革命，中国 1949 年的新民主主义革命，世界上许多社会主义国家先后登上历史舞台，声势浩大的工人阶级反对资产阶级的群众运动从来也没有间断过。这些不都是从实践上证明马克思主义创始人反复论证的、资本主义由于其内在矛盾的深化和激化，终将为社会主义所取代这个真理吗？毛泽东曾多次说过，马列主义是放之四海而皆准的真理。人们在如何理解马克思主义经济学基本原理的问题上，引用马克思、恩格斯的著作作为依据怎么就成了脱离实际的本本主义呢？

关于坚持马克思主义和发展马克思主义的关系，晏智杰教授也有他自己的见解。他说："我追求的是马克思主义的科学精神，而不是一味地坚持它的某些词句，甚至也不是不加分析地坚持劳动价值论这样的基础理论，如果时代发展到今天，我们这些马克思主义的信徒有本事提出一种反映时代发展新趋势和内在规律的新学说，那绝不是马克思主义的失败，而是马克思主义的新胜利，因为马克思主义某些学说虽然被修改和发展了，但是它的科学精神却得到了发扬。"① 坚持和发展是辩证统一的关系，不坚持谈不到发展。不发展也不可能坚持，这是人所共知的道理。关键在于坚持什么，向什么方向发展。我认为对马克思主义经济学来说，首先应该坚持辩证唯物主义和历史唯物主义，因为这是马克思主义的世界观和方法论。但是其内容是十分丰富的。其次，应该坚持马克思主义经济学的基本原理，即反映资本主义生产方式深层本质和资本主义必然转变为社会主义的历史趋势的那些重要的经济规律。当然，坚持基本原理并不是不要发展。时代在前进，生产力迅速增长，生产关系急剧变动。从基础理论这个层面上看，不但马克思主义经济学中的重要规律将在作用形式上随经济条件的变化而变化，而且还有可能出现新的重要规律。如果我们脱离实际。墨守成规，不在理论与实践的结合上努力创新，就不可能在新形势下正确认识和自觉遵循经济规律，就不可能真正发挥马克思主义经济学对当代实

---

① 晏智杰：《灯火集》代序，北京大学出版社 2002 年版，第 9 页。

践的指导作用。不过，我们所说的发展，必须是以马克思主义经济学的科学体系为基础的，是以新的理论进展来充实和发展这一科学体系为目标的。这同晏书和晏文中所说的发展是两回事。晏智杰教授自称是马克思主义的信徒，自我标榜他所追求的是马克思主义的科学精神，但是他明确表示像劳动价值论这样的基础理论也可以不再坚持。早在《资本论》第一卷公开出版后不久，一个巴师夏分子就曾说过："驳倒价值理论是反对马克思的人的唯一任务，因为如果同意这个定理，那就必然要承认马克思以铁的逻辑所做出的差不多全部结论。"① 从那时起，资产阶级经济学家反对劳动价值论的努力一直延续到今天。这些都是晏智杰教授所熟知的。但他还是要以要素价值论取代劳动价值论，以建立在要素价值论基础上的要素分配论取代剩余价值论，力图从根本上动摇马克思主义经济学的科学体系。对于这样的"发展"，我认为在方向上是完全错误的。

（原载《高校理论战线》2003 年第 9 期，收入本书时略有删节）

---

① 《马克思恩格斯全集》第 16 卷，人民出版社 1964 年版，第 353 页。

不能把股份制等同于公有制

——兼与厉以宁教授商榷

（一）

　　党的十六届三中全会明确提出，要使股份制成为公有制的主要实现形式。因此，如何正确地认识股份制以及股份制与公有制的关系，就成为一个有重大现实意义的问题。

　　近来，厉以宁教授提出了"新公有制"企业的概念，在"新公有制"企业的四种形式中，把纯粹由私人持股的股份公司也包括在内。[①] 这就是说，一个企业只要实行了股份制，即使投资者完全来自私人，它的所有制性质也会成为公有。笔者认为这种把股份制等同于公有制的观点，既违背了马克思主义基本原理，又违背了十五大以来党的有关决议，而且不符合当代的实际。

　　马克思主义经济学告诉我们，任何一种社会形态的生产关系都形成一个体系。生产资料所有制是这个体系的基础和核心。生产资料的社会主义公有制同生产资料的资本主义私有制是两种根本不同的生产关系体系。马克思曾说："资本主义所有制只是生产资料的这种公有制的对立的表现。"[②]

　　马克思主义经济学还告诉我们，任何一种生产关系体系都包含着基本经济制度和它的实现形式。生产资料所有制的性质属于基本经济制度，而

---

　　① 《论新公有制企业》，《经济学动态》2004 年第 1 期。本文所引厉以宁教授的观点，均出自此文，后面不再注明。

　　② 《马克思恩格斯全集》第 48 卷，人民出版社 1985 年版，第 21 页。

它的实现形式则属于具体环节或具体制度。两者是内容和形式的关系。毛泽东在《关于正确处理人民内部矛盾的问题》中，明确区分了基本经济制度和具体环节、具体制度。他指出，社会主义生产关系建立不久，基本经济制度是先进的，是同生产力发展的要求相适应的，但生产关系体系中的某些具体环节、某些具体制度又常常同生产力发展的要求相矛盾，必须加以适时的调整。他由此做出社会主义生产关系同生产力又相适应又相矛盾的著名论断。

股份制是一种企业组织形式和资本组织形式，属于生产关系体系中的具体环节、具体制度，公有制经济可以用，私有制经济也可以用，它同所有制的性质不是一个层次的问题，不能混为一谈。股份制可以成为社会主义初级阶段公有制的主要实现形式，但却不能倒过来，认为一个企业，不论其资本来自公有还是私有，只要实行了股份制它就成了公有制企业。这种观点颠倒了基本经济制度同具体实现形式之间的关系，在理论上是错误的。

早在党的十五大前后，国内就有人鼓吹股份制即公有制。十六届三中全会前后，又有一些类似的文章与"新公有制"论相呼应。这些文章有一个明显的共同点，即都是从马克思主义经济学找寻依据。他们断章取义地歪曲引用《资本论》第三卷，第27章中的一些话，力图使人们相信，似乎马克思本人就提出过股份制即公有制的思想，这必然会在一部分群众中造成不良影响。为了正本清源，我们首先应该做的就是回到马克思，重新学习和全面理解马克思主义创始人对资本主义制度下股份制的论述。

（二）

马克思、恩格斯对股份制的剖析，除人们比较熟悉的《资本论》第三卷，第27章外，还散见于许多著作中。[①] 笔者体会，他们关于股份制的思想可以归纳为以下四个方面。

---

① 就我所读到的，还有《资本论》第一卷，第688—689页；第三卷，第1028—1030页；《马克思恩格斯全集》第12卷，第37—38、609—610页；《马克思恩格斯全集》第20卷，第303、710页；《马克思恩格斯全集》第46卷（下），第167页；《马克思恩格斯选集》第3卷，1995年版，第751页；《马克思恩格斯选集》第4卷，1995年版，第408—409、416页。

第一，股份制的出现是资本主义基本矛盾深入发展的结果。马克思、恩格斯是从生产力与生产关系的辩证统一来分析股份制的。在生产关系方面，他们又区分了生产资料资本主义私有制和它的具体实现形式这两个层面。到19世纪中叶，第一次科技革命已基本完成，它大大推进了科学、技术在生产中的应用，大大提高了生产社会化的程度，生产社会化同资本主义私人占有之间的矛盾进一步深化了。资本主义基本经济制度的基础——资产阶级对无产阶级创造的剩余价值的无偿占有——是不可能由占统治地位的资产阶级自己加以改变的，为了缓和生产力与生产关系之间的矛盾，股份制这种新的资本组织形式出现了。恩格斯说："猛烈增长着的生产力对它的资本属性的这种反作用力，要求承认生产力的社会本性的这种日益增长的压力，迫使资本家阶级本身在资本关系内部可能的限度内，越来越把生产力当做社会生产力看待。无论是信用无限膨胀的工业高涨时期，还是由大资本主义企业的破产造成的崩溃本身，都使大量生产资料不得不采取像我们在各种股份公司中所遇见的那种社会化形式。"①

第二，股份制对资本主义国家生产力的迅速增长起了明显的促进作用。股份制尽管只是资本主义私有制在具体实现形式上的改变，但毕竟在一定程度上适应了生产社会化的要求，因此对生产力的发展是有利的。马克思对此曾给予很高的评价。他说："在工业上运用股份公司的形式标志着现代各国经济生活中的新时期。……它显示出过去料想不到的联合的生产能力，并且使工业企业具有单个资本家力所不能及的规模。"②"它们对国民经济的迅速增长的影响恐怕估计再高也不为过的。"③

第三，股份制带来了资本组织形式的新变化，但并没有改变资本主义私有制的本质。在资本主义生产关系建立后很长一段时间里，占统治地位的资本组织形式是由单个资本家出资并直接经营管理的为个人（包括家族）所有的企业。19世纪中叶以后，这种旧的资本组织形式在中小企业中仍大量存在，而在资本主义经济中举足轻重的大型企业则普遍采取了股

---

① 《马克思恩格斯选集》第3卷，人民出版社1995年版，第751页。
② 《马克思恩格斯全集》第12卷，人民出版社1962年版，第37页。
③ 同上书，第609页。

份制这种新的形式。但是股份制企业仍然是资本主义性质的企业。马克思对这一变化的实质作过深刻的分析。他说："那种本身建立在社会生产方式的基础上并以生产资料和劳动力的社会集中为前提的资本，在这里直接取得了社会资本（即那些直接联合起来的个人的资本）的形式而与私人资本相对立，并且它的企业也表现为社会企业而与私人企业相对立。这是作为私人财产的资本在资本主义生产方式本身范围内的扬弃。"① 又说："股份企业——它是在资本主义体系本身的基础上对资本主义私人产业的扬弃；它越是扩大，越是侵入新的生产部门，它越会消灭私人产业。"② 还说："在股份制度内，已经存在着社会生产资料借以表现为个人财产的旧形式的对立面，但是这种向股份形式的转化本身，还是局限在资本主义界限之内，因此这种转化并没有克服财富作为社会财富的性质和作为私人财富的性质之间的对立，而只是在新的形态上发展了这种对立。"③ 马克思这几段话的含意其实是很清楚的。他一方面肯定了股份制在资本组织形式上带来的新变化，另一方面又明确指出这种变化还只是局限在资本主义生产方式容许的范围内，生产社会化和资本主义私人占有之间的矛盾并未得到克服。

第四，股份制的出现为资本主义向社会主义的转变准备了条件。马克思、恩格斯曾从各个方面多次揭示资本主义生产方式的发展在客观上为社会主义的到来准备着条件，股份制的出现是其中的一个重要方面。马克思指出："在股份公司内，职能已经同资本所有权相分离，因而劳动也已经完全同生产资料的所有权和剩余劳动的所有权相分离。资本主义生产极度发展的这个结果，是资本再转化为生产者的财产所必需的过渡点，不过这种财产不再是各个互相分离的生产者的私有财产，而是联合起来的生产者的财产，即直接的社会财产。"④ 马克思还把资本主义制度下出现的工人合作工厂与股份制企业加以对比考察。他说："工人自己的合作工作，是在旧形式内对旧形式打开的第一个缺口，虽然它在自己的实际组织中，当然

---

① 《资本论》第 3 卷，人民出版社 1974 年版，第 493 页。
② 同上书，第 496 页。
③ 同上书，第 497 页。
④ 同上书，第 494 页。

到处都再生产出并且必然会再生产出现存制度的一切缺点。但是，资本和劳动之间的对立在这种工厂内已经被扬弃。……资本主义股份制企业也和合作工厂一样，应当被看作是资本主义生产方式转化为联合的生产方式的过渡形式，只不过在前者那里，对立是消极的扬弃的，而在后者那里，对立是积极的扬弃的。"①

马克思在论及股份制时，曾多次使用"扬弃"这个范畴。扬弃在马克思主义哲学里是同辩证法中否定之否定规律联系在一起的。当运用于社会领域时，扬弃意味着对旧事物的否定，但又不是简单地否定，而是在否定中有肯定，在克服中有保留。正如恩格斯所说："在辩证法中，否定不是简单地说不。"② 马克思在讲到资本主义生产过程时曾说："劳动同它的物质存在要素——工具和材料——的分离被扬弃了。资本和雇佣劳动的存在就是以这种分离为基础的。对于这种分离在生产过程中实际上被扬弃，——因为不扬弃就根本不能进行劳动，——资本并不支付报酬。"③ 这就是说雇佣劳动与生产资料的分离在实际生产过程中被否定了，但作为资本主义生产关系的基础，这种分离仍然被保留，工人合作工厂虽然会再生产出资本主义社会的种种弊端，但在其内部，资本与雇佣劳动的对立被否定了，所以马克思称之为"积极的扬弃"。股份制企业否定了单个资本形成的私人企业，但在其内部资本与雇佣劳动的对立尚未被克服，所以马克思称之为"消极的扬弃"。

由上可见，马克思所讲的，由于股份制的出现而带来的变化，都是指资本主义基本经济制度的实现形式这个层面上的变化；股份制在从资本主义向社会主义转变中的作用，无论是过渡点也好，过渡形式也好，扬弃也好，都属于转变过程中的量变，即量的积累。马克思从未说过，由于实行了股份制，资本主义生产关系的基础——资本与雇佣劳动的对立——就不存在了，资本主义私有制就变成公有制了。

---

① 《资本论》第 3 卷，人民出版社 1974 年版，第 498 页。
② 《马克思恩格斯选集》第 3 卷，人民出版社 1995 年版，第 484 页。
③ 《马克思恩格斯全集》第 46 卷（上），人民出版社 1979 年版，第 335 页。

（三）

前面已经提到，在党的十五大前后和十六届三中全会前后有些文章提出了股份制即公有制的观点，这类文章的一个共同特点是歪曲引用马克思在《资本论》第三卷，第 27 章中关于股份制的论述，力图把他们自己的观点强加给马克思。例如，发表较早的牟其中的一篇文章写道："长期以来，我们片面地认为公有制就是国有制，而把民营企业甚至股份制企业都排斥在公有制范畴之外"，"我们今天重温马恩经典著作关于股份制的有关论述，也许非常有助于我们重新认识股份制的问题，重新认识股份制与公有制的关系问题"。他引用了股份制"是在资本主义体系本身的基础上对资本主义私人产业的扬弃；它越是扩大，越是侵入新的生产部门，它越会消灭私人产业"。又引用了"在股份制公司内部，财产不再是各个互相分离的生产者的私有财产，而是联合起来的生产者的财产，即直接的社会财产"。然后说"我们又为什么不可以得出在社会主义国家里，股份制就是公有制的结论呢？"① 对于上述两段引文，牟其中均未注明出处。第一段引文，本文也引用了，分歧在于如何理解这里说的"私人企业"。第二段引文则遍查无出处，显然是断章取义，移花接木，由作者自己杜撰出来的。

又如，不久前在一篇对"新公有制"大加吹捧的文章中，也引用了《资本论》第三卷中的两段话，一段是"那种本身建立在社会生产方式的基础上并以生产资料和劳动力的集中为前提的资本，在这里直接取得了社会资本的形式而与私人资本相对立，并且它的企业也表现为社会企业，而与私人企业相对立，这是作为私人财产的资本在资本主义生产方式范围内的扬弃"。另一段则与牟其中文章中的第一段引文完全相同。在引用了马克思的这些话以后，这篇文章认为"马克思把股份公司看作是社会企业，把公众持有的股份看作是社会资本，他认为这是资本主义私有制度的改变"。"马克思实际上认为股份制的发展改变了私有制的基础，私人财产正

---

① 《山西发展导报》1997 年 4 月 15 日。

在变得社会化。"① 马克思的这两段话本文第二部分也都引用过，而理解截然不同，为什么会出现这种情况，下面将专门谈到。

再如，在党的十六届三中全会开会期间，《经济日报》发表了一篇主张股份制即公有制的文章，该文写道："关于股份制的'公有性'，马克思早就鲜明地指出：'那种本身建立在社会生产方式的基础上并以生产资料和劳动力的集中为前提的资本在这里取得了社会资本（即那些直接联合起来的个人的资本）的形式，而与私人资本相对立。这是作为私人财产的资本在资本主义生产方式本身范围内的扬弃'。""股份制度——它是在资本主义体系本身的基础上对资本主义私人产业的扬弃。""资本主义的股份企业也和合作工厂一样，应当被看作是由资本主义生产方式转化为联合的生产方式的过渡形式。"② 这篇文章引用了马克思的这些话，试图证明马克思早已肯定了股份制的"公有性"，但却只字不提马克思在论述"扬弃"、"过渡形式"时再三强调的，这种扬弃还只是"消极的扬弃"，还只是局限在资本主义生产方式所容许的范围内，它并没有消除资本与雇佣劳动的对立，并没有改变资本主义私有制的基础。

以上这几篇文章所引用的都是《资本论》第三卷，第27章有关股份制的几段话。为什么这几段话一再被歪曲地引用作为股份制即公有制的理论依据呢？关键在于如何理解这几段话中提到的社会资本与私人资本相对立，社会企业与私人企业相对立，股份制越发展就越会消灭私人产业。其实，对于马克思这些话的本意，只要不是望文生义，不是断章取义，而是对马克思关于股份制的论述进行全面的、系统的思考，其真正含义并不难把握。马克思在讲到单个资本如何形成股份资本时曾说："恰恰是各资本作为单个资本而互相作用，才使它们作为一般资本而确立起来，并使各单个资本的表面独立性和独立存在被扬弃。这种扬弃在更大程度上表现在信用中。这种扬弃的最高形式，同时也就是资本在它的最适当形式中的最终确立，就是股份资本。"③ 对于私人企业和社会企业，恩格斯给了我们更明

---

① 《中华工商时报》2003年9月25日。

② 《经济日报》2003年10月13日。

③ 《马克思恩格斯全集》第46卷（下），人民出版社1980年版，第167页。

确的启示。他说："资本主义生产是一种社会形式，是一个经济阶段。而资本主义私人生产则是在这个阶段内这样或那样表现出来的现象。但是究竟什么是资本主义私人生产呢？那是由单个企业家所经营的生产；可是这种生产已经越来越成为一种例外了。由股份公司经营的资本主义生产，已不再是私人生产，而是为许多结合在一起的人谋利的生产。"① 在学习了马克思、恩格斯这些论述后回过头来再领会《资本论》第三卷中被一些人再三引用的那些段落，其含意是很清楚的。私人资本就是指股份制出现前由单个资本家单独出资办企业的那种资本，社会资本马克思自己已界定为"即那些直接联合起来的个人的资本"；私人企业就是指股份制出现前单个资本家直接经营的企业，社会企业就是指在一定程度上与生产社会化相适应的，由许多个人资本联合组成的股份制企业。总之，马克思、恩格斯讲的私人资本和社会资本；私人企业和社会企业；私人生产和由股份公司经营的资本主义生产，都是讲的资本主义基本经济制度在实现形式上的区分及其变化，而并不是讲生产资料所有制已经从私有制变为公有制。

　　关于股份制即公有制，除上述三篇文章外，近几年还有一些文章，认为股份制应包括在"社会所有制"之内；股份制为马克思在《资本论》第一卷第 24 章里提出的"重新建立个人所有制"提供了实现的条件，甚至把股民持有在交易所中可以自主买卖股票同"个人所有制"联在一起。对于如何理解"社会所有制"，如何理解"重建个人所有制"，几年来发表了不少争鸣的文章，对这些问题本文不拟展开论述。但有一点应该申明，笔者认为社会所有制不过是社会主义公有制的另一个说法，笔者不赞成把股份制等同于公有制，自然也不赞成把股份制等同于社会所有制。关于"重建个人所有制"，笔者发表过专门的文章。笔者体会，按照马克思的本意，那是在人类社会发展到很高的境界——共产主义社会才可能出现的，与股份制相距甚远。当马克思在世时，股份公司已存在和发展了几十年，他还对此作过深入的研究，为什么他没有把股份制同"重建个人所有制"联在一起呢？

---

① 《马克思恩格斯全集》第 22 卷，人民出版社 1965 年版，第 270 页。

（四）

　　股份制从诞生到现在已有一百多年了。随着生产的发展和经济条件的变化，股份制也出现了若干重要的新情况和新问题。第二次世界大战后，西方国家中一些政客、学者、大资本家抓住股权高度分散和工人持股等现象大肆宣扬资本主义股份制企业已成为"人民的公共公司"，"工人正在变成资本家"，资本主义已经成为"人民资本主义"等。这些论调，近些年来在资本主义国家越来越失去迷惑力，有些经济学家早就著文揭露其实质。例如，美国经济学家萨缪尔逊就说过，员工持股"是带有欺骗性质的手法"①。又如，法国一位大学教授在2001年发表的一篇文章，题目就叫：《人民资本主义是骗局》。② 倒是在国内，改革开放以来，有一些人与在西方喧嚣一时的那些论调相呼应。例如，有的文章对我国正在进行的把国有企业改制为股份制企业说成是："把过去名义上的'全民所有'的企业，向实实在在的公众所有制转化"，"在这个过程中，会把更多的国有的和民有的财产转化为社会的生产资料"。③ 又如，有的文章认为马克思对股份制的认识具有时代的局限性。在马克思生活的那个时代，少数大股东控制着股份制企业，而工人阶级和一般劳动大众生活还相当贫困，极少储蓄。在那个时代，工人股东这个概念即使出现也只是讽刺和笑话。马克思、恩格斯看到了股份制使资本家成为剪息票为生的人，但他们没有想到，这个多余集团可以逐渐为社会所淘汰，而为各阶层劳动者自己所代替。④ 那么，在当代，马克思、恩格斯对资本主义股份制的论述究竟是不是过时了呢？为了回答这个问题，我们不能不非常简略地考察一下当代资本主义国家股份制的实际状况。

　　首先来看工人持股。美、英等资本主义国家，多年来由政府倡导，推行职工持股计划。但它始终没有占据重要地位。有资料表明，在美国，参

---

① 转引自《九论社会主义和资本主义发展的历史进程》，红旗出版社2001年版，第143页。
② 《国外理论动态》2003年第9期。
③ 《中华工商时报》2003年9月25日。
④ 《经济研究》1988年第11期。

与职工持股计划的仅占职工总数的10%，持有的股票仅占全美股票总额的1‰。1985年，美国大约有7000家企业制订了职工持股计划。其中有32%的公司每年拿出5%的股票出售给职工，有37%的公司，每年拿出至少6%的股票出售给职工。这就意味着，即使这类企业中每个职工都持有本公司的股票，也很难达到控股的地步。以职工持股具有代表性的美国特拉华州高尔塑料纤维制品公司为例，该公司资本总额的80%为高尔家族及公司极少数资深高级职工所拥有，三千多名职工所持股票加起来只占股票总额的10%。其他资本主义国家也是这样。以日本为例，参与职工持股会的92%的职工拥有的股份，仅占实行员工持股企业股份总额的0.88%。可见，员工持股不可能使员工真正成为企业的主人，也不可能使员工在总体上对企业具有控制力，甚至不可能因此而参与企业的重大决策，企业仍然控制在持大股的少数人手里，它并未成为什么"人民的公共公司"。

在当代发达资本主义国家，股权的确已高度分散化了。有资料表明，在美国约有一半的家庭持有股票，股民人数高达6500万人，其中大部分当然也是劳动者。但值得人们思考的是，股权的占有极不平衡。1958—1987年，美国收入最高的1%的家庭，拥有的股份占股票总额的51%；占人口5%的高收入家庭拥有的股份，占股票总额的83%；而占人口90%的普通家庭拥有的股票不到6%。在英国，占成年人口0.5%的富人拥有全部股票的70%。而占成年人口89.8%的人，每年从股票所得平均不足830英镑。

马克思早就预言股份制的出现大大增加了那些靠剪息票发财的食利者阶层。在当代，这个阶层并没有像有人说的那样为社会所淘汰，更没有为各阶层的劳动者所代替，而是急剧地膨胀了。据统计，在美国从1948年到1980年，这个阶层就由13000人增至57万人，他们得到的利息总收入从1948年的18亿美元，增加到1990年的4671亿美元。

至于马克思所说的工人合作工厂，在当代资本主义社会仍然存在。完全由本企业的员工持股，因而整个企业为员工所有的合作性质的企业被称为职工股份所有制企业。实行这种办法的在企业总数中所占比重不大，而且绝大部分为中小企业。经营一直比较好，已积累了比较大的资本，在社会上有一定影响的职工股份所有制企业，如西班牙的蒙德拉贡合作社群体，美国宾夕法尼亚州的威尔顿钢铁公司，就更如凤毛麟角了。这些情况一方面说明此类企业所具有的生命力，另一方面又说明，在资本主义私有制占统治地位的社会里，这类属于合作性质的企业不可能有很大发展。

总之，当代资本主义的现实足以说明，马克思、恩格斯对股份制所做的深入、全面、系统的剖析，就其最基本的理论内核来说至今并未过时，它仍然是我们正确认识当代股份制这种资本组织形式的锐利武器。

（五）

有些学者认为，马克思主义创始人论述的股份制是资本主义制度下的股份制，在社会主义初级阶段，以公有制为主体，多种所有制经济共同发展，股份制就是公有制了。例如，有的文章说："在社会主义市场经济条件下成长起来的股份制经济，由于无论是国家和集体控股或参股，还是广大股民利用自己的积蓄或者私营企业主利用合法经营获得的积累而参与的股份投资，所形成的混合所有制经济，与在资本主义条件下形成的股份公司相比，其'公有性'就更加明显。国家和集体控股或参股的混合所有制企业，其性质自然部分姓'公'，其发展必然会更加符合国家的、集体的和大众的利益。即使由老百姓作为投资者而参与组建的股份公司，由于股东本身大多也是劳动者，因而也不再像在资本主义社会那样具有剥削性。"[1] 厉以宁教授也说："社会主义市场经济中，今后大量存在的是公众持股的股份制企业。其中，可能有国家参股，也可能没有国家的投资，而是纯粹由公众参股建立的。如果是由国家控股或国家参股的股份制企业，那么可以称为新公有制企业的第二种形式。现在通常把这一类企业称为混合所有制企业。""大量存在的没有国家投资的公众持股企业，是新公有制企业的第三种形式。""这种企业之所以是公有制企业，因为公众持股不仅具有集体所有的性质，而且是真正意义上的集体所有、新的集体所有，因为过去的集体所有徒有虚名。换一种说法，也可以把新的集体所有制称做共有制。""在这里需要指出的是：公众持股的企业是不是真正成为公众所

① 《经济日报》2003 年 10 月 13 日。

有，还取决于公众持股公司是不是建立了完善的法人治理结构。"我们应该怎样评论上述这些观点？真的可以认为只要实行了股份制，不论其资本的来源和构成如何都可以成为公有制企业吗？对此，我们可以从党的十五大政治报告中找到明确的答案。报告指出："股份制是现代企业的一种资本组织形式，有利于所有权与经营权的分离，有利于提高企业和资本的运作效率，资本主义可以用，社会主义也可以用。不能笼统地说股份制是公有还是私有，关键看控股权掌握在谁手中。国家和集体控股，具有明显的公有性，有利于扩大公有资本的支配范围，增强公有制的主体作用。"这段话说得很清楚，不能笼统地说只要实行了股份制，一个企业就必然成为公有企业，当然也不能笼统地说，只要实行了股份制，一个企业就必然成为私有企业，决定企业性质的在于控股权。在股份制企业中，国家或集体处于控股地位（包括绝对控股和相对控股），企业的性质可以说是公有制；如果是私人资本或外国资本处于控股地位，企业的性质就是私有制。混合所有制同样是这样，在投资主体多元化中，要看谁是主要的出资者，公有经济占多大比重，也不能笼统地把混合所有制企业都认定为公有制企业。我国现行的统计制度同样是只把国家独资和国家控股的企业归于国有企业，而国家参股的企业，其参股部分属于国家财产，但不再把这样的企业列入国有企业。"新公有制"论无视控股与参股的重要区别，把国家控股与国家参股的企业都包括在"新公有制"企业第二种形式之中，是不对的。

对于集体所有制更需要具体分析。新中国成立前，在革命根据地就出现了合作经济。1956年社会主义改造完成后，城乡集体经济已发展成为一支重要的经济力量。我国宪法第六条规定："中华人民共和国的社会主义经济制度的基础是生产资料的社会主义公有制，即全民所有制和劳动群众集体所有制。"而厉以宁教授却对我国的集体所有制经济一笔抹杀，认为在计划经济体制下，"集体所有制只是徒具'集体'之名而已"。那么，什么是他认定的真正的集体所有制呢？他强调"公众持股是一个关键问题"。笔者不赞成这些论点。笔者认为集体所有制是一种生产关系。众所周知，生产关系包括生产、交换、分配、消费过程中人与人之间的经济关系，其中生产过程中的关系和分配过程中的关系尤为重要。集体所有制之所以具有公有制的性质，不能简单化地只看到资本从何而来，归谁所有这一点上。它还要求在生产过程中全体成员处于平等的地位，不存在剥削与被剥削的关系，企业在经营管理上的重大事项由全体成员集体决定；在分配过程中，实行按劳分配，等量劳动获得相应报酬，并逐渐增加集体积累。下面以同股份制最为接近的股份合作制为例做一些分析。

十五大报告对股份合作制给予肯定。报告说："目前城乡大量出现的多种多样的股份合作制经济，是改革中的新事物，要支持和引导，不断总结经验，使之逐步完善。劳动者的劳动联合和劳动者的资本联合为主的集体经济，尤其要提倡和鼓励。"究竟应该如何界定股份合作制，学术界有几种不同的说法。上海复旦大学洪远朋教授写了《共享利益论》这部专著。对股份合作制进行了深入研究。他对股份合作制下了如下的定义："股份合作制是把合作制与股份制有机结合起来，是合作制与股份制兼容的企业制度，它与股份制既有相同的联系，又有不同的本质区别，它是合作制在市场经济条件下的新形式；……"[1] 股份合作制之所以具有公有制性质，第一，这种企业是恢复劳动者入股和股金的个人所有权，并不是恢复私有制。第二，在企业里，劳动合作与资本合作有机结合，劳动合作是基础。第三，这种企业体现了劳动者直接占有生产资料并与生产资料直接结合的原则。第四，这种企业坚持了社会主义集体经济自愿互利和公共积累的原则。第五，在企业里坚持民主管理原则。第六，从分配角度分析，这种企业实行的是按劳分配与按股分红相结合的分配方式，并不存在剥削关系。[2] 笔者比较赞同洪远朋教授的意见。因为他是从生产关系的各个方面进行分析的，并没有仅仅着眼于公众持股。

党的十五大以后，股份合作制企业发展很快。实践经验告诉我们，在股份合作制的多种多样的存在形式中也有真假之分。有的股份合作制企业由全体职工持股，每人持股的份额差别不大，他们既是所有者又是劳动者，对企业的重大决策都有参与权，在分配上以按劳分配为主，同时实行

---

① 参见洪远朋等《共享利益论》，上海人民出版社 2001 年版，第 208 页。

② 参见洪远朋等《共享利益论》，这里并未引用原文，上海人民出版社 2001 年版，第 209—213 页。

按股分红，不存在剥削关系。这样的股份合作制企业，从生产关系的本质来看，可以说是集体所有制。也有的股份合作制企业，表面上同样是全体职工持股，但管理层的极少数人持大股，其余职工持股的总额在企业资本总额中所占比重不大，企业重大事务实际上为控大股者所把持，在分配上又以按股分红为主，按劳分配为辅，在这里，实际上存在着潜在的剥削与被剥削的关系。这样的企业表面上也叫股份合作制企业，实质上是私有的股份公司，同本文前面所举的美国高尔塑料纤维制品公司，并无本质的不同。

理论和实践都告诉我们，在社会主义市场经济条件下，经济现象纷繁复杂，变化多端，一种经济是公有还是私有，需要慎重地加以区分。我们必须从生产关系体系的角度，对企业作全面的考察，才能剖开现象，把握本质。单纯把是不是公众持股，是不是建立了现代企业制度所要求的法人治理结构作为区分公有企业与非公有企业的主要依据，以至把纯粹由私人持股的股份制企业统统当做"新公有制"企业，是不对的。如果这样的观点能够成立，美、英、法、德、日等发达资本主义国家的大股份公司不是早就"新公有化"了吗？

（六）

我国社会主义初级阶段的基本经济制度是以公有制为主体，多种所有制经济共同发展。本文反复申明不能混淆公有制经济与非公有制经济的原则界限，是因为两者性质不同，在我国国民经济中的地位、作用不同，党对它们的政策也不完全相同。但这决不是说我们可以不重视非公有制经济，更不是说，要把两种经济对立起来。改革开放以来，我们党对非公有制经济一贯采取鼓励、支持的政策。党的十五大提出："非公有制经济是我国社会主义市场经济的重要组成部分。对个体、私营等非公有制经济要继续鼓励、引导，使之健康发展。这对满足人们多样化的需要，增加就业，促进国民经济的发展有重要作用。"十六大进一步指明，要实行两个毫不动摇：第一、必须毫不动摇地巩固与发展公有制经济。第二，必须毫不动摇地鼓励、支持和引导非公有制经济的发展。十六届三中全会的决定又从法律法规、市场准入、税收融资、对外贸易等诸多方面为非公有制经济的发展清除障碍，提供更为有利的条件。在党的政策的鼓励和支持下，非公有制企业，包括非公有的股份公司，发展得越来越快。从前景来看，它们将在全面建设小康社会中发挥越来越重要的作用。在这样的形势下，完全没有必要把非公有制经济的某些内容硬塞进公有制经济的范畴之内。

公有制经济是我国社会主义制度的经济基础。邓小平反复强调："一个公有制占主体，一个共同富裕，这是我们所必须坚持的社会主义的根本原则。"① 江泽民同志也多次重申这一根本原则。他在 1999 年党的十五届四中全会召开前夕的一次重要讲话中指出："公有制经济是国家引导、推动、调控经济和社会发展的重要力量，也是实现广大人民群众根本利益的重要保证。我们推进国有企业的改革和发展，说到底，就是要在发展社会主义市场经济的条件下，使国有经济不断发展壮大，增强国有经济的主导作用和控制力。这一点，在我们的指导思想上，必须十分明确。我们要积极开拓，勇于进取，但决不搞私有化。这是一条大原则，决不能有丝毫动摇。"② 最近召开的十六届三中全会继续坚持这一根本原则，规定要坚持公有制的主体地位，发挥国有经济的主导作用。

国有企业改制的实践经验告诉我们，股份制是现代企业制度，是一种有效的资本组织形式，并非私有化，应该大力推行。但在推行过程中必须做到有法可依，必须置于严密的监督管理之下，否则，它也可能走向反面，在某些人手中成为隐蔽的、渐进的私有化的捷径。在经济体制改革继续深入的今天，理论工作者应该以马克思主义为指导，以党的方针政策为依据，在理论与实践的结合上，提出既有利于公有制经济的巩固、壮大，又有利于非公有制经济健康发展的观点和建议。理论创新也必须遵循这一原则。"新公有化"论混淆了公有制经济与非公有制经济的界限，不论倡导者的主观意愿如何，在客观上必将带来消极的后果。

（原载《经济学动态》2004 年第 4 期）

---

① 《邓小平文选》第 3 卷，人民出版社 1993 年版，第 111 页。
② 《人民日报》1999 年 8 月 13 日。

正确理解马克思主义关于
社会主义公有制的论述

——答汤在新教授

《经济学动态》2004 年第 7 期刊载了汤在新教授《不要把股份制与公有制对立起来》的文章，（以下简称汤文）对笔者在《经济学动态》2004年第 4 期发表的《不能把股份制等同于公有制》一文（以下简称拙文）进行商榷。既然是指名批评，笔者愿意做出回答。

（一）

汤文批评拙文把股份制与公有制对立起来，这是一个误解。拙文不但一再表明赞成党的十六届三中全会提出的使股份制成为公有制的主要实现形式，而且具体写道："国有企业改制的实践告诉我们，股份制是现代企业制度，是一种有效的资本组织形式，并非私有化，应该大力推行。但在推行过程中必须做到有法可依，必须置于严密的监督管理之下，否则它也可能走向反面，在某些人手中成为隐蔽的渐进的私有化的捷径。"汤文只引用了拙文中"成为隐蔽的、渐进的私有化的捷径"这半句话就批评我把股份制与公有制对立起来，是不够严谨的。我说的某些人（当然是指腐败分子、犯罪分子）乘改制之机，内外勾结，上下其手，化公为私，造成国有资产大量流失，是近些年来直到目前存在的实际问题，已引起党中央、理论界和人民群众的广泛关注。国资委不是正在严密法律体系，加强监督管理，以杜绝这种非法的"捷径"吗？很难理解汤文为什么要用上述论点作为拙文把股份制与公有制对立起来的佐证。

（二）

汤文批评拙文对股份制的性质前后有三种不同的说法，而且，相互矛盾。这是汤文对拙文的又一误解。

马克思指出："每一个社会中的生产关系都形成一个统一的整体。"①这当然包括社会主义公有制。对于社会主义公有制这一生产关系体系，人们可以从不同侧面去认识它、把握它。

从社会主义公有制的本质或基本特征来看，马克思、恩格斯曾在许多著作中对此做过全面的、深刻的论述。国内一位著名经济学家曾对《马克思恩格斯全集》中30多处有关社会主义公有制的论述进行过认真的钻研。②笔者在他的研究成果的基础上，并考虑到当代的实际，把社会主义公有制的基本特征简要概括为：（1）生产资料归全社会整体所有或部分劳动者集体所有；（2）劳动者在同生产资料直接结合的条件下进行联合劳动，成为公有经济的真正主人；（3）劳动产品归劳动者共同占有，消灭了剥削，个人收入实行按劳分配。

从社会主义公有制内部诸环节及其相互关系来看，生产关系作为一个整体包括生产、交换、分配、消费诸方面的人与人之间的经济关系，而贯穿于生产关系诸方面，并在一定程度上对生产关系的性质起决定作用的，是生产资料所有制，即通过人们对生产资料的占有关系而形成的人与人之间的经济关系。马克思主义的这一基本原理完全适用于社会主义公有制。不过公有制与私有制比较起来，生产资料所有制对生产关系诸环节的制约作用更为明显。

从社会主义公有制的基本内容和实现形式来看，基本内容是体现公有制生产关系的本质或基本特征的，也可称作基本经济制度；实现形式无论在国有经济还是集体经济都是多种多样的，而且随着经济的发展和改革的

---

① 《马克思恩格斯选集》第1卷，人民出版社1995年版，第142页。

② 李光远：《劳动者个人与社会主义公有制的实现》，经济科学出版社1998年版，第294—310页。

深入，还可能出现新的实现形式。内容决定形式，形式反作用于内容，社会主义公有制的本质，即基本经济制度，是稳定的，而实现形式是多样的可变的，两者不能混为一谈。

笔者所以对社会主义公有制做如上的概述，是因为拙文正是从这几个侧面对股份制与公有制的关系进行分析的，把生产关系作为一个整体来看，并不存在前后矛盾。

第一，汤文批评拙文说："一开始，他写道：'马克思主义经济学告诉我们，任何一种生产关系体系都包含着基本经济制度和它的实现形式。生产资料所有制的性质属于基本经济制度，而它的实现形式则属于具体环节或具体制度。'在他看来公有制属于基本经济制度，而股份制属于具体制度，两者层次不同，不能相混同。"行文至此，汤文突然笔锋一转，说：在这里，首先需要明确我国的基本经济制度是以公有制为主体，多种所有制经济共同发展。"这就是说，在我国，公有制和非公有制都属于社会主义社会的基本经济制度"，"股份制企业，不管占支配地位的是国家资本还是私人资本，都是社会主义基本经济制度的实现形式"，"可见用基本经济制度和具体制度把所有制与股份制分隔开来，对立起来，未必是恰当的"。

对以上批评笔者首先要指出的是，拙文在这里所说的"基本经济制度"与汤文所说的社会主义初级阶段的"基本经济制度"并不是一回事。很明显，拙文说的是一种生产关系内，具体讲是社会主义公有制这种生产关系体系内，基本经济制度与具体实现形式之间的关系。这里所说的基本经济制度，如前所述，是指社会主义公有制的本质或基本特征，而不是说的社会主义初级阶段多种所有制经济共同发展的基本经济制度。汤文利用字面上相同而内涵不同的两个概念，实际上变换了讨论的主题，这不能说是科学的态度。

在这里，笔者还要指出，真正把内容与形式混为一谈的是汤在新教授。请看汤文中这样一段话："马克思说'股份制是发展现代社会生产力的强大杠杆'，并指出'在工业中运用股份公司的形式，标志着现代各国经济生活中的新时代'。马克思对股份制给予了如此高的评价，可以设想，他对公有制的实现形式，最为看重的是股份制而不是诸如国有企业制之类的形式。"汤文引用的马克思的话出自《马克思恩格斯全集》第12卷中的两篇文章，过去我也读过，这次仔细重读，仍认为文中对股份制既提到促进生产力发展的一面，也提到它固有的局限性和内在矛盾的一面，并不存在"如此高的评价"。至于说："可以设想，他对公有制的实现形式最为看重的是股份制而不是诸如国有企业制之类的形式"，更是汤在新教授自己的设想而不是马克思的设想，在马克思的著作中是找不到根据的。

众所周知，社会主义国家所有制是全民所有制从产生到发展成熟的过程中一个必经的阶段。《共产党宣言》早就指出："无产阶级将利用自己的政治统治，一步一步地夺取资产阶级的全部资本，把一切生产工具集中在国家即组织成为统治阶级的无产阶级手里。"① 恩格斯坚持这一观点，说："无产阶级将取得国家政权，并且首先把生产资料变为国家财产。"② 我国宪法也规定："国有经济即社会主义全民所有制经济。"国有经济当然包括国有企业。新中国成立以来我国的国有经济、国有企业尽管在管理体制上存在着这样那样的不足，但它仍然是国民经济的主要支柱，仍然对改革与发展做出了重大贡献。实践表明，我国的国有经济、国有企业，从总体上看，体现了全民所有制的本质，在一定程度上发挥了它的先进性和优越性。厉以宁教授提出的"新公有制企业"的第一种形式，只把"经过改制的新的国家所有制"包括在内，也就是说，对新中国成立以来存在了几十年的国有企业，在他看来都不属于公有制。汤在新教授同样对"国有企业制"持否定态度。这说明两位教授都是把管理体制，即国有经济、国有企业的实现形式作为判断所有制性质的依据，颠倒了内容与形式的关系。

第二，汤文对拙文的第二点批评是这样的："其次，项启源教授在论述过程中又提出另一种划分原则。他说：'决定企业性质的在于控股权。在股份制企业中，国家或集体处于控股地位（包括绝对控股和相对控股），企业的性质可以说是公有制；如果是私人资本和外国资本处于控股地位，企业的性质就是私有制。混合所有制同样是这样，在投资主体多元化中，要看谁是主要的出资者，公有经济占多大比重，也不能笼统地把混合所有

① 《马克思恩格斯选集》第 1 卷，人民出版社 1995 年版，第 293 页。
② 《马克思恩格斯选集》第 3 卷，人民出版社 1995 年版，第 630 页。

制企业都认定为公有制企业。'就是说，只有两种股份制企业，一种是公有制，另一种是私有制；混合所有制也应一分为二。"汤文表示不赞成"非公即私"或"非私即公"，因为"具体事物是复杂的，历史发展规律往往证实私和公之间存在着过渡点，存在着共同因素"。

对于上述批评，笔者首先要申明，决定股份制企业的性质在于控股权不是笔者提出来的，而是来自党的十五大政治报告。在汤文所引拙文的那段话前面，笔者详细复述了十五大政治报告中有关股份制性质的论述。当然，党的决议也是允许独立思考的。笔者之所以引用十五大报告是因为它既符合马克思主义基本原理又切合我国的实际。

其次笔者要指出，在汤文引用拙文的那几句话的后面，笔者紧接着写了这样一段话："我国现行的统计制度同样是只把国家独资和国家控股的企业归于国有企业，而国家参股的企业，其参股部分属于国家财产，但不再把这样的企业列入国有企业。'新公有制'论无视控股与参股的重要区别，把国家控股与国家参股的企业都包括在'新公有制'企业第二种形式之中是不对的。"可见，笔者之所以谈及控股权，其着重点是为了同厉以宁教授进行商榷。汤在新教授对笔者的批评，一方面是为了赞扬"新公有制"论"对我国所有制的研究态度和科学方法是值得称道的"。另一方面也是为汤在新教授自己把国家控股与国有企业建立现代企业制度对立起来的观点张本。为什么这样说呢？请看汤文的如下论述："国有企业的股份制改革，当然包括国有资本控股的股份制形式。但是大多数国有企业却不宜采取这种形式。因为在国家控股的股份制中，国家作为企业的大股东，不管是否采取投票选举，企业的一切负责人，从董事、监事到经理，实际上都是由政府任命的，他们也必然只向政府负责。在当前政府职能尚未理清的情况下，企业很难成为真正意义上的市场主体，也不会形成名副其实的法人治理结构，建立起名副其实的现代企业制度。这就是说，前面论述过的国有企业制度上的缺陷，在这里基本上仍然存在。"

笔者并不认为混合所有制企业不可以有大的发展，也不认为国家控股企业在数量上一定要比国家参股企业多。但是笔者不同意把国家控股与国有企业改革对立起来，似乎控股只是为了保持国有经济对国民经济的控制力不得已而为之的事情。

现代企业制度来自西方，我们自然要借鉴西方的成功经验，但却不能全盘照搬，而必须结合我国的国情，尤其要考虑到我国的社会制度与西方不同。① 我们党关于建立现代企业制度的历次文件中已贯彻了这一精神。中共中央十四届三中全会的《决定》，在谈到建立现代企业制度，改革和完善企业领导体制时，指出："要按照有关法规建立内部组织机构。企业中的党组织要发挥政治核心作用，保证监督党和国家方针政策的贯彻执行。全心全意依靠工人阶级。工会与职工代表大会要组织职工参加企业的民主管理，维护职工的合法权益。"党的十五大政治报告在讲到加快推进国有企业改革，建立现代企业制度时，继续强调"要建设好企业领导班子，发挥企业党组织的政治核心作用，坚持全心全意依靠工人阶级的方针"。中共中央十五届四中全会《决定》对企业领导班子的建设具体规定为："国有独资和国有控股公司的党委负责人可以通过法定程序进入董事会、监事会。董事会和监事会都要有职工代表参加。"中共中央十六届三中全会《决定》重申"企业党组织要发挥政治核心作用，并适应公司法人治理结构的要求，改进发挥作用的方式，支持股东会、董事会、监事会和经营管理者依法行使职权，参与企业重大问题的决策。要坚持党管干部的原则，并同市场化选聘企业经营管理者的机制相结合。中央和地方党委要加强和改进对国有重要骨干企业领导班子的管理。要全心全意依靠职工群众，探索现代企业制度下职工民主管理的有效途径，维护职工合法权益"。上述一系列决议一贯强调党组织在国有企业中发挥政治核心作用和全心全意依靠工人阶级。这两条是从我国的国情出发的，是资本主义国家的现代企业制度中从未有过也不可能有的。尤其值得重视的是全心全意依靠工人阶级。这表明在国有企业中职工处于当家做主的地位，而不是雇佣劳动者。这种经济关系正是社会主义公有制的基本特征之一。请问，在我国，由私有资本、外国资本控股的混合所有制企业的管理体制中，有可能容许中国共产党发挥政治核心作用，参与重大问题的决策吗？有可能实行全心全意依靠工人阶级的方针吗？这就是笔者所以不同意汤在新教授把国家控股与建立现代企业制度对立起来，也不同意"新公有制"论把国有资

---

① 参见项启源《建立现代企业制度要同我国国情相结合》，《高校理论战线》1997 年第 7 期。

本控股与国有资本参股都包括在公有制企业之中的主要原因。

　　第三，汤文对拙文的第三点批评是："最后，项启源教授在批评厉以宁同志关于公众持股的股份制是集体所有制的科学论断时，实际上又否定了他曾经坚持过的按资本所有者划企业性质的原则，而提出要以包括四个环节的生产关系整体作为划分标准。""这种观点看来是对马克思所有制理论的完整理解和运用，实际上，说得不客气，是脱离现实的搬用，忘记了我国各种所有制关系都还处在形成过程中。"接下来，汤文从农村集体所有制谈起，认为"这是一个土地所有权缺位的残缺的集体所有制。……如果这个老牌的、公认的公有制都还没有形成那么完整的生产关系体制，它的成员都没有享受到应有的、哪怕是最基本的权利，又怎么可能用它来衡量新出现的包括公众持股的各种所有制关系呢？"

　　对于汤文的上述批评笔者也有两点回应。首先，笔者在前面已经提到，生产资料所有制是贯穿于生产、交换、分配、消费诸方面的经济关系之中的。理所当然不能脱离生产关系整体孤立地去进行考察。这在马克思主义经济学中已讲得很清楚。我国老一辈著名经济学家孙冶方，在 20 世纪 70 年代末 80 年代初，曾把恩格斯对作为政治经济学对象的生产关系所下的定义与斯大林对生产关系所下的定义加以比较，发现斯大林把生产资料所有制形式当做生产关系的一个方面单独列出来，这是恩格斯定义所没有的，而恩格斯定义中的"交换"，在斯大林定义中又没有了。孙冶方认为斯大林的定义同恩格斯的比较起来是后退了。因为把所有制当做生产关系的一个方面独立出来，必然导致离开生产关系整体，孤立地去考察所有制问题。这就有可能把形形色色的假社会主义当做社会主义。他还举例说在"四人帮"控制的地区、部门和单位中，从形式上看"公有制"并没有改变，相反，他们还在叫嚷"穷过渡"，似乎比谁都更加"社会主义"。但是，我们从各个方面的人和人之间的关系来分析，就可以清楚地看出，他们搞的是假社会主义，真封建主义。① 正是在孙冶方上述论点的启发下，笔者提出股份合作制企业也有真伪之分。资本所有权固然十分重要，但仍需同生产、交换、分配、消费诸方面的经济关系联系起来做全面考察，才

―――――――――

　　①　参见孙冶方《社会主义经济的若干理论问题（续集）》，人民出版社 1982 年版，第 57—78 页。

能认清生产关系的真正性质。可见，拙文并不存在用后来提出的原则否定前面提出的原则这样的问题。

其次，汤文批评拙文引用马克思的所有制理论是"脱离现实的搬用，忘记了我国各种所有制关系都还处在形成过程中"。笔者认为是不是"脱离现实"要看对"现实"如何认识。目前我国还处于社会主义初级阶段。社会主义公有制从不成熟到发育成熟的确需要经过一个长时间的发展过程。但是"还处在形成过程中"就是说尚未形成，这同虽已形成但还不成熟是两种不同的界定。前面笔者已说过，新中国成立以来的国有经济尽管在管理体制上还有这样那样的不足，但已具有社会主义公有制的性质是肯定无疑的。对于集体所有制经济，厉以宁教授是全盘否定的，说在计划经济体制下，集体所有制"只是徒有'集体'之名而已"。汤在新教授实际上也持类似观点。他说老牌的、公认的农村集体所有制，其成员连最基本的权利都没有享受到，那岂不是也徒具集体之名吗？笔者认为两位教授的评价并不符合实际。回顾从 1956 年社会主义改造基本完成后的 40 多年，改革开放后的 20 多年，我国的集体所有制经济经历了曲折的发展过程。在农村，从互助组到初级社再到高级社，公有化程度是提高了，但高级社存在着模式过于单一，管理过于集中，分配上平均主义严重等问题。尽管如此，也不能一概否定。据有的专家估算，当时办得好的高级社约占 10% 以上。① 在这些社，社员参加管理已形成制度，经营管理水平比较高，分配办法比较合理，大体上体现了劳动群众集体所有制的基本特征。当时河南的七里营大队、江苏的华西大队、山东的下丁家大队，闻名全国，可以作为代表。据 1956 年 12 月统计资料，全国有高级社 54 万个，办得好的即使只占 10%，也数以万计了。1958 年以后的"大跃进"，"人民公社化"使整个农村经济遭受重大挫折。20 世纪 80 年代初，由广大农民首创，党组织大力支持的农村联产承包责任制，特别是包干到户，迅速覆盖全国。这是对人民公社化的否定，而不是对农村集体所有制的否定。1982年 1 月 1 日，中共中央第一个一号文件指出：目前实行的各种责任制"都是社会主义集体经济的生产责任制"。包干到户是建立在土地公有基础上

---

① 参见杜润生《联产承包制和农村合作经济的新发展》，《人民日报》1983 年 3 月 7 日。

的，大型农机具和水利设施接受国家的计划指导，有一定的公共提留，"所以它不同于合作化以前的小私有的个体经济，而是社会主义农业经济的组成部分"。1983 年 4 月，笔者曾组织一个调查组对山东省 8 个县、24 个大队进行实地调查，主要目的就是了解大包干后农村发生的变化。调查结果与中共中央一号文件的论断相符合。① 此外，从 20 世纪 80 年代上半叶开始，乡镇企业异军突起，出现了以南宋村、南街村、窦店为代表的一批"首富村"；苏南模式、温州模式影响及于全国，股份合作制由此发轫。在改革大潮中涌现出的千千万万的经济组织，虽然既有公有制也有非公有制，但确有一部分从生产关系总体来看已具有集体所有制性质，它们对我国经济的发展做出了重大贡献。总之，在中华大地上确曾存在过和至今仍然存在着社会主义集体所有制经济，这是谁也否定不了的。真正脱离了现实的，正是厉以宁、汤在新两位教授。

<h2 style="text-align:center">（三）</h2>

　　笔者与汤在新教授的主要分歧究竟在哪里？请看下面比较集中地体现我们两人观点的两段话。

　　拙文说："我国社会主义初级阶段的基本经济制度是以公有制为主体，多种所有制共同发展。本文反复申明不能混淆公有制经济与非公有制经济的原则界限，是因为两者性质不同，在我国国民经济中的地位作用不同，党对它们的政策也不完全相同。但这决不是说我们可以不重视非公有制经济，更不是说要把两种经济对立起来。改革开放以来，我们党对非公有制经济一贯采取鼓励、支持的政策。……在党的政策的鼓励和支持下，非公有制企业，包括非公有制的股份公司发展得越来越快。从前景来看，它们将在全面建设小康社会中发挥越来越重要的作用。在这种形势下，完全没有必要把非公有制经济的某些内容硬塞进公有制经济的范畴之内。"

　　汤文说："项启源教授运用三种并不相同的股份制性质分类法，否定厉以宁等同志的公有制形式分析，目的可以归结为一点，把我国并存的多

---

　　① 参见《联产承包责任制实践中提出的几个理论性问题》（内部研究报告）。

种所有制，一刀切成公私两大板块。这样一来，虽然泾渭分明，一目了然，却未必有利于认识我国正在发展着的充满生机的所有制形式，也未必有助于推进改革的步伐。"两种不同观点，从浅表层次来看，一个说不能混淆公有制经济与非公有制经济的原则界限，一个说公私泾渭分明并不利于改革的进展。但从更深层次来看，根本分歧在于要不要坚持马克思主义对社会主义公有制的科学界定。

马克思、恩格斯对社会主义公有制曾从各个角度做过全面、深刻的论述，本文一开始已经谈到，不再重复。所以，从生产关系的性质来看，公有与非公有确有原则区别，这不应该有什么歧见。关于公有制经济的地位和作用，除我国宪法已明确规定："中华人民共和国的社会主义经济制度的基础是生产资料的社会主义公有制"外，笔者最近又进一步认识到，邓小平提出的四项基本原则实际上都是以社会主义公有经济、尤其是其中的国有经济为基础的。坚持无产阶级专政，坚持共产党的领导，坚持马列主义、毛泽东思想，都属于上层建筑范围。经济基础决定上层建筑，上层建筑反作用于经济基础，经济基础一旦发生质变，上层建筑或迟或早必将发生相应的改变，这是历史唯物主义的基本原理。江泽民同志在1999年6月28日纪念中国共产党成立78周年的讲话中指出："经过新中国成立以来五十年的发展，我国的国有资产已达八万多亿元，这是属于全国人民的财产，是我国社会主义制度的重要经济基础。如果头脑不清醒随意加以处理，比如不加区分、不加限制地把国有资产大量量化到个人，并最终集中到少数人手中，那样我们的国有资产就有被掏空的危险，我们的社会主义制度就会失去经济基础。那时，中国将会是一个什么样的局面？我们靠什么来坚持社会主义制度，靠什么来巩固人民的政权，靠什么来保证实现全体人民的共同富裕？"可见，要坚持四项基本原则这一立国之本，就必须坚定不移地巩固与壮大社会主义公有制经济。所以，笔者一再强调不能混淆公有制与非公有制的原则界限，并不是主张把我国并存的多种所有制一刀切成公私两大板块，因为在新旧两种社会形态交替的过程中，多种所有制并存，并可能出现一些过渡性的经济形式，这是带有规律性的常态。我着重强调的是，真正具有社会主义公有制性质的生产关系必须处于统治地位，即成为我国国民经济的主体。这是决定我国现阶段社会性质的前提条件之一，也是社会主义初级阶段与马克思提出的共产主义第一阶段最主要的联结点。显然，非公有制经济不可能具有这样的地位和作用。把性质和地位不同的两种生产关系混为一谈，既不利于公有经济的巩固与壮大，也不利于非公有经济的健康发展。

汤文从文字上看也谈到公有经济为主体，国有经济为主导；公有经济对国民经济要有控制力；国有资本总量增加国有经济就得到加强。但是，汤文对"新公有制"论大加赞扬，特别是把厉以宁教授关于公众持股的股份公司是集体所有制的观点称赞为"科学论断"。而这正是拙文对"新公有制"论提出批评的主要之点。拙文坚持认为纯粹由私有资本构筑而成的股份公司，不论是否建立了法人治理结构，都是非公有制经济。为什么会出现这样的原则分歧，关键在于用什么标准来辨明集体所有制。

厉以宁教授为什么把公众持股的股份公司说成是集体所有制而否定在我国已存在了几十年的集体所有制经济呢？他自己讲得很清楚："所有制中最核心的是所有者能处分、转让自己的财产，而在计划经济体制下根本实现不了这一点，所以这种集体所有制只是徒有'集体'之名而已"，什么才是真正的集体所有制呢？"公众持股是一个关键问题。"① 我们都知道马克思主义对社会主义公有制的界定，最核心的恰恰在于生产资料归劳动者整体所有，既不能把国有资产量化到个人，也不容许变集体财产为个人财产。两种标准截然相反。

厉以宁教授把公众持股的股份公司称作新的集体所有制或"共有制"，其理论渊源来自西方的产权理论。在资本主义国家，不是早就有一些人借口股权分散，以财产共有的法律形式为依据，把私人资本持股的股份公司说成是"人民的公共公司"，把工人持有少量股票说成是"工人正在变成资本家"吗？人们不难辨明，由"新公有制"论提出，被汤文称赞为"科学论断"的所谓新的集体所有制，同马克思主义经济学中所说的社会主义集体所有制和我国宪法规定的"劳动群众集体所有制"，虽字面相同实际上是本质不同的两回事。

邓小平曾经指出："我们采取的所有开放、搞活、改革等方面的政策，

---

① 厉以宁：《论新公有制企业》，《经济学动态》2004 年第 1 期。

目的都是为了发展社会主义经济。我们允许个体经济发展，还允许中外合资经营和外资独营的企业发展，但是始终以社会主义公有制为主体。"① 这就明确了我国改革开放的基本方向。显然，把混合所有制中本来不属于公有经济的包括进公有经济；把本来不属于集体所有制的私有资本构成的股份公司包括进集体所有制经济，在理论上、认识上会造成混乱，在实践上是给公有经济大量掺水。而大量掺水的结果将使真正的公有制是否处于主体地位无法衡量，甚至逐渐变质。这无异于对国有经济和集体经济的改革釜底抽薪，从根本上背离了邓小平指出的改革开放的基本方向。

对于马克思主义，毛泽东曾说过："马克思这些老祖宗的书，必须读，他们的基本原理必须遵守，这是第一。但是，任何国家的共产党，任何国家的思想界，都要创造新的理论，写出新的著作，产生自己的理论家，来为当前的政治服务，单靠老祖宗是不行的。"② 这就告诉我们，马克思主义是要与时俱进，不断发展的，但必须把坚持基本原理放在第一位。在改革中，我们应该因时因地采取灵活的政策，应该创造出更能发挥公有制优势的实现方式，应该大胆提出有创新意义的理论观点，但却不容许从根本上背弃马克思主义的基本原理。

（原载《经济学动态》2005 年第 1 期）

---

① 《邓小平文选》第 3 卷，人民出版社 1993 年版，第 110 页。
② 《毛泽东读社会主义政治经济学批注和谈话（上）》，中华人民共和国史学会编印，第 85 页。